여성, 영화의 중심에 서다

여성, 영화의 중심에 서다

노예에서 AI까지
― 페미니즘으로 영화 읽기

김다산
김소임
이형숙
이형식
이희원
정문영
정혜진
최영희

책임 편집
김소임, 이희원

도서출판 동인

우리는 그 어느 때보다 여성이 세상의 중심에 근접한 시대를 살고 있다. 10여 년 전만 해도 구미 선진국 아니면 국내 일부 극렬 여성들의 관심거리로만 간주되었던 페미니즘이 모두의 언어가 되었다. 페미니즘이 자신들의 삶에 영향을 줄 수 있음을 깨달은 한국의 젊은이들에게 페미니즘은 일촉즉발, 언제 폭발할지 모르는 민감한 화두가 되었다. 그러나 막상 페미니즘이 무엇인지, 어떤 역사적 과정과 사회적 배경을 거쳐서 오늘날 회자하게 되었는지 제대로 이해하고 설명할 수 있는 사람은 많지 않다. 여성의 법적 권리가 남성과 거의 동등해진 현재에도 왜 여전히 많은 여성이 우리 사회가 남성 위주라며 불만을 제기하고 분노하는지에 대한 해답도 마찬가지이다.

한마디로 정의하기 어렵지만 페미니즘이 사회, 문화, 경제, 정치 등 삶의 전 영역에서 양성평등을 지향하고, 성차별과 불평등을 종식시키는 것을 목표로 한다는 것에는 다 동의할 것이다. 생명체가 그러하듯이 페미니즘 또한 시대와 사회가 변화하면서 그 개념이 확장되기도 하고 세분되기도 하면서 양성평등의 세상을 향해 발전해 가고 있다.

이 책은 승리하든 패배하든 여성이 중심에 서 있는 영화를 선정하여 페미니즘이 갖는 다층적 지향점을 제시하고, 그 지난했던 발전 과정 및 혜

안을 가졌던 선구자들의 비전과 이름 모를 여성들의 아픔을 나누고자 기획되었다. 이 작업에 대중 매체인 영화가 큰 도움이 된다. 왜 영화인가? 영화는 현재 인간에게 가장 큰 영향을 줄 수 있는 매체이며, 2시간이라는 러닝 타임 동안 페미니즘 운동의 중요한 역사적, 의미적 모멘트를 압축해서 보여줄 수 있기에 유용하다. 그뿐만 아니라 영화는 핵심적 정보를 화려한 영상미와 웅장한 청각 효과를 활용해 관객에게 공감각적으로 호소할 수 있다. 따라서 책보다는 영상을 선호하는 젊은이들에게 영화는 페미니즘의 역사와 목표 지점을 제시하는 데 큰 역할을 할 것이라 생각한다.

영화를 페미니즘 시각으로 읽는 방법은 다양하다. 영화학자들은 정신분석학과 기호학 등 기존의 이론에 기대면서도 문자 매체와 구별되는 영상과 소리를 담고 있는 영화만의 특징에 주목하였다. 카메라가 여성을 찍을 때 결국 남성의 시각을 반영하고 있음을 비판하기도 하였으며, 영화 속 여성의 목소리가 갖는 다층적 의미에 주목하기도 하였다. 또는 여성 캐릭터의 모습이 장르 별로 어떻게 다른지를 비교 분석하고, 영화 속 여성 이미지 변천사에 집중하기도 하였다.

이론을 활용한 일부 필자도 있으나 이 책의 주된 목표는 여성이 중심에 서 있는 영화를 통해 시대와 사회 속에 나타난 페미니즘의 지향점과 의미를 더 잘 이해하도록 하는 것이다. 총 15편의 영화[서구 영화 11편 (스위스 영화 1편, 영국 영화 1편, 미국 영화 9편), 한국 영화 3편, 중국 영화 1편]를 다루는 이 책은 크게 영화를 '시대 속 페미니즘'과 '사회 속 페미니즘'으로 분류하였다.

1부 〈여성, 시대를 만들다〉의 경우, 그 시대상을 설명하고 위대한 여성들이 시대에 정면 도전해 어떻게 혁신과 변혁을 성취하였는지, 또는 희생당하면서도 변화의 흔적을 남겼는지에 주목하였다. 더불어 영화 속 인물과 사건이 페미니즘 발전 과정에서 갖는 의미를 들여다보았다.

김소임의 「해리엇: 자유와 평등 시대를 연 여성」에서는 흑인 영웅으로 우뚝 서게 되는 탈출 노예, 해리엇의 영웅성이 영화에서 어떻게 표출되었는지를 분석한다. 이형숙이 쓴 「디 아워스: 시대 속에 갇힌 여성들」에서는 버지니아 울프의 명작 『댈러웨이 부인』을 모티브로 한 〈디 아워스〉가 1920-40년대 영국, 1950년대 미국의 소도시, 1990년대 뉴욕이라는 각기 다른 시대와 공간 속에서도 동일하게 가부장제에 갇힌 여성들을 주목하고 있음에 방점을 찍으며 그 원인을 분석한다. 이형식이 쓴 「더 헬프 / 히든 피겨스: 흑인 여성들의 자기 목소리 찾기」는 육체노동에서뿐 아니라 수학, 과학 분야에서조차 흑인이기에 억압과 차별을 경험한 여성들의 품위 있는 분투기를 시대 배경과 함께 분석한다. 이희원의 「거룩한 분노: 여성 참정권과 자유를 외친 1970년대 초 스위스 작은 마을 여성들」은 1970년대까지도 참정권을 갖지 못했던 스위스 시골 마을의 여성들이 참정권뿐 아니라 삶과 성에 대한 주체성을 확보하는 이야기를 여성 참정권 역사를 배경으로 분석한다. 김소임이 쓴 「빌리 진 킹: 세기의 대결 / 세상을 바꾼 변호인 / 아이 엠 우먼: 양성평등의 이정표를 세운 여인들」은 실존 여성 영웅들이 여전히 만연해 있던 법과 법조계, 스포츠, 예술문화에 남아있던 성차별과 맞서 싸우고 극복해가는 과정을 시대 배경과 함께 추적한다.

2부 〈여성, 사회를 열다〉에서는 영화의 주제와 인물들의 관계에 방점을 찍으면서 현대 가부장제 사회 안에서 사회와 여성, 여성과 여성, 남성과 여성의 관계 속에서 페미니스트적 삶이 어떻게 모색되고 구현되었는지를 짚어본다. 마치 판도라의 상자를 열듯, 여성들은 영국·미국·한국·중국이라는 각기 다른 사회에서 외양은 달라도 여전히 뿌리 깊게 자리 잡은 남성 위주의 가치관과 법, 관습과 제도를 열어젖힌다. 그리고 그것과 맞서며 존엄을 찾기 위해 내적, 외적으로 몸부림친다. 이 장에서는 제2 물결 페미니즘 이후, 성평등이 어느 정도 자리 잡은 21세기 가부장제의 문제들을 구체적으로 들여다본다. 또한 앞으로 나아갈 페미니즘의 방향에 대한 심층적 고민과 조심스러운 전망을 더한다.

　　정혜진의 「프라미싱 영 우먼: 성폭력 문화와 여성 비하를 고발하는 복수극」은, 이 영화가 성평등이 안착한 듯한 미국 엘리트 집단에서도 남성의 성폭력에 대해 관용적 태도를 보이는 현상을 비틀면서 다각도로 조명하는 것에 주목한다. 이형식이 쓴 「벌새 / 세자매: 가부장적 폭력에 매몰된 여성의 꿈과 여성 간 유대를 통한 희망 찾기」는 두 영화에 나타난 1990년대 여중생과 가정 폭력의 희생자인 세 자매의 생존기를 한국 사회의 가부장적 관습과 기대를 배경으로 분석한다. 최영희의 「미씽: 사라진 여자 / 너를 찾았다: 모성 신화의 딜레마」는 두 영화가 한국과 중국, 양국에 동일하게 자리한 (모성과 직업의 양립을 어렵게 하는) 가부장제와 빈부 격차에 맞서 여성 인물들이 연대를 모색하고 있음에 주목한다. 정문영의 「사랑 후의 두 여자: 다자를 향해 열린 사랑」은 프로이트, 들뢰즈 등의 이론을 활용해 무슬림 남편의 사후, 영국인 부인과 프랑스인 정부가 다자를 향해 열린 사랑을 성취해 간다는 분석을 제공한다. 이 책의 마무리에는 감다산의 「그녀: 인공 지능과 페미니즘」이 자리한다. 이 글은 영화가 여성의 목소리를 가진 OS와 사랑에 빠진 남성을 통해 테크놀로지와 젠더 수행성 문제를 어떻게 연계시키고 있는지에 주목한다. 정문영의 글과 〈사랑 후의 두 여자〉가 가부장적 관계를 넘어선 새로운 인간관계의 가능성을 모색한다면, 김다산의 글과 〈그녀〉는 AI와 챗봇, 섹스돌과 더불어 살아가게 될 21세기 페미니즘의 방향성을 고민하게 한다.

대부분이 미국 중심의 서구 영화이지만 이 책에는 한국 영화 3편, 중국 영화 1편이 포함되었다. 이 4편의 영화를 통해서는 보편적으로 페미니즘이 지향하는 비전에 대한 성찰뿐 아니라 아시아만이 지닌 독특한 여성의 상황, 갈등과 극복의 과정이 드러날 것이다. 서구 사회 중심의 페미니즘 운동이 간과해 온 소위 주변부에 있는 여성들이 겪는 어려움은 무엇인지, 법과 규범뿐 아니라 종교와 관습이 뒤얽힌 고통과 극복의 현장을 주목한다는 것만으로도 아시아 영화 분석은 큰 의미가 있다고 판단한다.

1895년 뤼미에르 형제가 만든 〈열차의 도착〉 이후, 영화는 눈부신 발전을 이룩했다. 영화사 전반기에 주변부에서 남성을 돋보이게 하는 희생자, 악녀, 성적 대상, 희화화된 인물로 그려졌던 여성들이 이제는 영화의 중심이 되어 서사를 이끌어가기도 한다. 그럼에도 불구하고 영화는 여전히 여성의 삶의 현장이 양성평등의 고지에 올라 있지 않음을 보여준다. 이 책에 담긴 15편의 영화를 통해 생각하고 공감할 수 있기를 기대한다.

2023년 10월
책임 편집 김소임

| 차 례 |

2부 여성, 사회를 열다

1부

여성, 시대를 만들다

해리엇 *Harriet*
자유와 평등 시대를 연 여성

| 김소임

감독　카시 레몬즈
각본　그레고리 알랜 하워드, 카시 레몬즈
주연　신시아 에리보
국내 미개봉

페미니즘 포커스　1849년 메릴랜드에서 여자 노예 한 명이 자유주로 탈출한다. 수많은 흑인 노예를 구해낸 해리엇 터브먼이다. 그녀는 노예 구출 조직인 '지하철도'에 가입해 안내자인 '차장'으로 임명되고, 남성 지도자의 반대에도 불구하고 남부로 돌아가 수많은 노예를 구출해낸다. 남북전쟁 발발 후 여성 최초로 무장 군인들을 지휘, 남부군의 배를 습격해 750명의 노예를 구출하기도 한다. 노예 해방이 성취된 후 여성 참정권 운동에도 참여한다. 문맹의 흑인 여성이 이뤄낸 놀라운 업적은 여성의 성취 가능성을 확장시켰다는 점에서 페미니즘의 근간을 튼튼하게 한다.

1. 해리엇 터브먼, 영웅의 조건을 완수하다

〈해리엇〉(Harriet, 2019)은 미합중국 치욕의 역사인 노예제를 배경으로 도망 노예인 해리엇 터브먼(Harriet Tubman, 1822-1913)의 노예 구출 활동을 다룬 전기 영화이다.[1] 카시 레몬즈(Kasi Lemmons, 1961-)가 연출하고 신시아 에리보(Cynthia Erivo, 1987-)가 주연을 맡았다. 레몬즈는 흑인 감독 스파이크 리(Spike Lee)의 영화 〈스쿨 데이즈〉(School Daze, 1988)를 통해 영화계에 진출했으나 배우뿐 아니라 작가, 감독의 세 가지 역할을 출중하게

해리엇을 중심으로 왼쪽은 실존 인물인 윌리엄 스틸, 오른쪽은 가상의 인물인 마리 부차논이다.

해내온 재주꾼이다. 2011년 연극배우 연기에 입문한 에리보는 2015년에서 18년, 브로드웨이에서 공연된 뮤지컬 〈컬러 퍼플〉(Color Purple)로 토니상 뮤지컬 부문 여우 주연상과 그래미상 베스트 뮤지컬 앨범상을 수상하면서 주목받았다. 에리보는 이 영화로 아카데미와 골든 글로브 여우 주연상 후보로 지명되었을 뿐 아니라 런던 영화 비평가 협회상, 팜 스프링스 국제 영화제 등 다수의 영화제에서 여우 주연상을 수상하였다.

이 영화의 주인공 해리엇 터브먼은 미국에서 최고의 영웅을 넘어 신화가 되어가고 있다고 해도 과언이 아니다.[2] 해리엇은 노예였다가 자유

---

1) 영화는 실존 인물이 아닌 인물이 3명 등장한다는 것을 제외하고는 실제 사건에서 크게 벗어나지 않는다. 실존 인물이 아닌 인물들이 등장하는데 에드워드 브로데스의 아들로 나오는 기디언 브로데스(Gideon Brodess), 해리엇을 도와주는 여성 마리 부차논(Marie Buchanon), 흑인이면서 흑인 사냥꾼으로 등장하는 비거 롱(Bigger Long)이 그들이다.
2) 영화 제목과 맞춰 그녀의 이름은 해리엇으로 부르기로 한다.

해리엇 터브먼

인이 된 벤(Ben)과 노예 신분인 릿(Rit) 사이에서 태어났다. 메릴랜드에서 태어나고 자란 해리엇의 본명은 아라민타 로스(Araminta Ross)이다. 해리엇에게 노예 신분은 대물림해서 내려온 것이다. 어머니 릿이 노예였기에 자녀 모두 주인인 에드워드 브로데스(Edward Brodess)의 노예로 살아간다.[3) 해리엇은 어린 시절부터 백인 관리자들의 폭력에 시달렸다. 어느 날 짜증이 난 백인 관리자가 던진 쇠뭉치를 머리에 맞고 난 후, 해리엇은 스스로 신의 메시지라고 믿는 비전을 보게 된다. 1844년 자유인인 존(John)과 결혼을 한 해리엇은 남부 깊숙한 곳으로 팔려나갈 것이 두려워 1849년 필라델피아로 탈출하게 된다. 탈출 후 지하철도 차장으로 발탁되어 10여 차례 노예주에 잠입해 가족을 포함해 70명을 구출해낸다.[4) 해리엇은 1978년 미국 우표에 등장하는 최초의 흑인 여성이 되었으며 이후 우표가 74종, 전기도 55편이나 발행되었다(윌렌, 간 74). 2016년 오바마 정부의 재무 장관 잭 루(Jack Lew)는 20달러 지폐에서 7대 대통령 앤드류 잭슨(Andrew. Jackson)이 빠지고 해리엇 터브먼이 들어갈 예정이라고 발표하였다.[5)

---

3) https://en.wikipedia.org/wiki/Harriet_Tubman%27s_family#Rit
4) 남북전쟁 종료 전 해리엇이 구출한 흑인 노예의 수는 70명에서 많게는 300여 명에 달하는 것으로 추정된다. https://www.loc.gov/exhibitions/women-fight-for-the-vote/about-this-exhibition/seneca-falls-and-building-a-movement-1776-1890/a-movement-at-odds-with-itself/harriet-tubman-promotes-womens-suffrage/
5) 트럼프 행정부 이후 해리엇이 지폐에 들어가는 과정이 계속 지연되고 있다. https://www.history.com/this-day-in-history/harriet-tubman-first-african-american-woman-honored-us-stamp

해리엇은 어떤 인물이기에 미국에서 최고의 영웅으로 추앙받고 있는가? 해리엇은 미국인이 최고의 가치로 삼는 '자유'와 '평등'을 위해 헌신한 인물이다. 노예 해방 이전 흑인 여자 노예는 "인종, 젠더, 계급"의 밑바닥에 위치한 "타자"였다(콜린스 21, 131). 일말의 인권도 없었으며, 자기주장도 내세울 수 없었다. 해리엇은 사회의 밑바닥에 자리한 흑인 여성으로서 감수해야 했던 법과 관습적 억압을 극복해내며 다수의 노예 구출이라는 기적적인 성취를 이룬다.

　　〈해리엇〉은 해리엇의 '흑인 여성'으로서의 영웅성에 주목한다. 영화는 노예제를 둘러싼 북부와 남부의 갈등이 폭발 직전이었던 1849년에 시작해 1865년 남북전쟁이 끝나는 지점까지 해리엇의 놀라운 극복과 성취를 보여준다. 해리엇이 보여주는 극복의 영웅성을 이해하기 위해서는 최초의 흑인 노예 해방 운동가이며, 여성 운동가이기도 한 마리아 W. 스튜어트(Maria W. Stuart, 1803-1879)의 말이 도움이 된다. 스튜어트는 흑인 여성이 억압을 극복하기 위해서는 "자기 정의", "자립", "독립"을 추구해야 한다고 주장했는데 이는 영화 속 해리엇에게서 그대로 적용 가능하다(콜린스 22). 스튜어트의 기준으로 볼 때 해리엇은 흑인 여성이 감내해야 했던 억압을 극복한 영웅적 본보기이다. 영화의 대부분은 해리엇이 도망 노예로서 노예 구출 작전을 수행하는 것에 할애되고 해리엇은 "자기 정의", "자립", "독립"의 원칙을 구현해간다. 『흑인 페미니즘 사상』의 저자 콜린스의 흑인 페미니즘 사상 분석도 해리엇을 이해하는 데 도움이 된다. 백인 남성 중심의 미국 사회는 흑인 여성을 자신의 편의대로 규정하고 억압해왔다. 콜린스는 이를 극복하기 위해서 흑인 여성들이 연대하여 스스로를 정의하고 목소리를 내야 한다며, 이를 흑인 페미니즘 사상의 핵심으로 보았다. 영화 속 해리엇은 이에 대한 모범 사례를 보여준다(179-218).

해리엇은 흑인 여성에게 부과되었던 억압을 뛰어넘었을 뿐 아니라 탁월한 비전과 리더십으로 큰 성과를 거둔다. 비록 영화에서는 자막으로만 언급되지만, 중요한 사실은 남북전쟁 종전 이후에는 해리엇이 참정권에서 배제된 여성에게 관심을 기울였다는 것이다. 해리엇은 수정 헌법 15조가 인종과 상관없이 여성은 배제하고 남성에게 참정권을 부여하자 이에 반대하는 전국 여성 참정권 협회(NWSA)와 함께 여성 참정권 운동에 참여했다. 그런 점에서 여성의 가능성과 능력의 최대치를 보여주는 해리엇은 근대 서구 사회를 여는 최초의 여성 영웅이라고 해도 과언이 아니다. 이 글에서는 영화가 해리엇의 영웅성을 어떻게 그리고 있는지 그녀의 억압 극복과 자기 주도적 리더십 중심으로 살펴본다.

2. 노예제의 발전 과정과 노예 해방 운동

노예제와 노예 해방 운동을 배경으로 한 〈해리엇〉을 보다 포괄적으로 이해하기 위해서는 노예제를 개관하는 것이 도움이 된다. 영화의 시작인 1849년 당시 미국은 남부를 중심으로 한 노예주와 반 노예주가 첨예한 갈등을 겪고 있었다. 노예주에는 남부 깊숙이 자리한 미시시피, 조지아주 뿐 아니라 수도인 워싱턴 D.C.와 근접한 버지니아, 델라웨어, 해리엇이 거주한 메릴랜드 등 15개 주가 포함되었다.

미국 흑인 노예제는 1619년 네덜란드 상인이 아프리카에서 흑인들을 데려온 것을 그 출발점으로 보고 있다. 흑인들이 처음부터 노예였는지 아니면 계약 노동자였는지는 확실치 않다. 식민지가 활성화되고 노동력이 필요해지면서 흑인 노예에 대한 수요가 증가하였다. 노예 제도가 법률로 공식적으로 인정된 것은 1662년 버지니아법이 처음이다(유종선 61). 이후 각 주마다 보다 치밀하게 노예들을 관리하기 위해서 노예법을 제정하기 시작했다. 노예법으로 노예들의 자유는 더욱 박탈되었고 운신의 폭은 제한되었으며 소유주의 권한은 강화되었다. 1662년부터 여자 노예가 낳은 자녀는 부친의 신분과 관계없이 노예로 간주되었다. 백인 남성에게 성폭행당하기 일쑤인 여성 노예의 혼혈 자녀도 노예 신분이 되었다.

1700년대에는 방적기(1770), 조면기(1793)의 발명으로 식민지의 경제 규모가 커지면서 노동자에 대한 수요가 증가하였고, 이에 따라 아프리카에서 흑인 노예들이 노예선에 실려 대규모로 들어오게 되었다. 노예법이 정비될수록 노예에 대한 처우는 더욱 가혹해졌다. 1705년 뉴욕 식민지에서 노예가 캐나다 등 자유국으로 도망치는 것을 막는 법이 실행되기 시작했다.[6] 1723년에는 노동과 예배 목적 이외의 노예 집회를 금지하고 도망은 중죄로, 폭동 모의는 사형으로 규정하였다.[7] 미합중국 독립 이후 1793년 도망 노예법이 연방법으로 제정되었다. 도망 노예를 주인에게 돌려주는 것이 합법화되자 도망 노예를 잡아 한몫 챙기려는 노예 사냥꾼들이 등장했다. 도망 노예를 도와주는 경우에는 큰 벌금을 물렸다.[8] 이 무렵 해리엇이 참여하기도 한 도망 노예들을 자유주나 자유국가인 캐나다, 멕시코 등으로 도피시키는 지하철도의 활동이 시작되었다.

지하철도는 다양한 종교 단체, 노예 해방 단체들의 지원을 받았다.

---

6) https://en.wikipedia.org/wiki/Fugitive_slaves_in_the_United_States
7) 위 문단은 아래 자료를 참고하였다.
   https://www.thirteen.org/wnet/slavery/timeline/1712.html
   https://ko.wikipedia.org/wiki/버지니아 식민지
   https://en.wikipedia.org/wiki/History_of_slavery_in_Virginia
8) https://en.wikipedia.org/wiki/Fugitive_slaves_in_the_United_States

지하철도를 지원한 인물들 중에는 초월주의자 헨리 데이비드 소로우(Henry David Thoreau), 『톰 아저씨의 오두막』의 작가 해리엇 비처 스토우(Harriet Beecher Stowe), 캔자스에서 노예 반대 폭동을 일으킨 존 브라운(John Brown), 흑인 노예 해방 운동가 프레더릭 더글러스(Frederick Douglass) 등 많은 유명인이 포함되었다. 이 조직은 공적인 본부나 출판물 대신 비밀스러운 만남의 장소, 다양한 탈출 경로, 은신처 등을 활용해서 활동하였다. 지하철도에서 활동하는 안내원이나 은신처 등은 '차장', '역' 등 열차와 관련된 은어로 불리었다. 지하철도의 도움으로 자유를 얻은 노예는 십만 명에 달하는 것으로 추정된다.9) 지하철도에 참여한 인물 중 가장 잘 알려진 사람은 영화에 등장하는 윌리엄 스틸(William Still, 1821-1902)과 해리엇이다. 스틸은 수백 명의 노예의 탈출을 돕고 그들에 대한 기록을 남겨놓았으며 훗날 저서도 출간하였다.

　　19세기에 들어와서 노예제를 둘러싼 갈등은 더 심화되었다. 1808년 연방 정부에 의해서 노예 수입이 공식적으로 금지되면서 노예 값은 치솟았다. 노예 가격은 1800년 50달러에서 1850년 500-1,000달러까지 상승하였다. 이에 따라 북부에 거주하는 자유 흑인들을 남부로 데려가는 일이 빈번하게 발생하였다. 2014년 아카데미 작품상을 수상한 〈노예 12년〉(12 Years a Slave, 2014)은 자유민 솔로몬 노섭(Solomon Northup)이 1841년 브로커의 마수에 걸려 12년 동안 남부의 농장에서 노예 살이를 한 실화를 다루고 있다. 1831년 버지니아주에서 발생한 냇 터너(Nat Turner, 1800-1831)의 봉기로 노예 단속은 더욱 강화되었다.10)

　　텍사스(1845)와 캘리포니아(1850) 등 새로운 주들의 연방 가입을 둘러

---

9) https://en.wikipedia.org/wiki/Underground_Railroad#Structure
10) 터너의 반란은 영화 〈국가의 탄생〉(The Birth of a Nation, 2016)에 잘 묘사되어 있다.

싸고 노예주와 반 노예주의 기 싸움은 점점 더 심화하고 언제 내전이 일어날지 모르는 일촉즉발의 상황이 계속되었다. 1850년 휘그당 소속 헨리 클레이(Henry Clay) 상원 의원이 제안한 1850년 타협안이 의회를 통과되면서 갈등은 봉합되었다. 이 안의 핵심 내용은 노예제 허용 여부는 주민 의사를 존중해서 결정하자는 것이며, 남부를 달래기 위해서 도망 노예법을 강화한 것이다. 자유주에서조차도 도망 노예를 발견한 사람은 누구나 신고해야 하며, 미신고 시 법적 처벌을 받게 된 것이다.

북부주와 남부주, 노예 해방론자들과 노예제 지지자들 간 갈등은 점점 더 심화하고 1860년 노예 해방론자인 에이브러햄 링컨(Abraham Lincoln, 1809-1865)이 대통령에 당선되자 노예주들의 연방 탈퇴가 이어지고 남북전쟁(1861-1865)이 시작된다. 남북전쟁 중 링컨은 1863년 반란을 일으킨 남부주 내의 노예에 대한 해방 선언을, 1865년에는 노예제를 폐지하는 수정 헌법 13조를 선포한다.[11] 링컨이 암살된 후 수정 헌법 15, 16조를 통해서 흑인 남성의 시민권과 참정권이 보장된다. 흑인 여성의 참정권은 백인 여성과 마찬가지로 1920년이 되어서야 시행된다.

3. 해리엇의 억압 극복과 리더십

영화의 도입부는 왜 해리엇이 탈출을 결심하였는지에 공을 들인다. 해리엇은 노예 신분으로서 구조적인 억압에 시달린다. 그녀는 자유인인 존과 결혼한 후 변호사의 자문을 받아 태어날 자녀를 자유인으로 키우고

---

11) 수정 헌법 13조의 하원통과 과정은 영화 〈링컨〉(Lincoln, 2012)에 상세히 묘사되어 있다.

싶다고 주인인 브로데스에게 호소하지만 묵살된다. 흑인 노예에게는 법의 보호도 약속의 존중도 해당되지 않았다. 여자 노예는 미국 사회에서 가장 밑바닥 신분임이 부각된다. 그들은 성 착취에 무방비로 노출되어 있으며, 릿이 그랬듯이 자녀가 팔려나가는 것을 목도해야만 했다.[12] 릿의 원 소유주였던 애소우 패티슨(Atthow Pattison)의 유언에 의하면 릿과 자녀들은 릿이 45세가 되면 자유인 신분이 된다. 그러나 브로데스는 유언장을 무시하고 릿과 자녀 모두를 절대로 내주지 않겠다고 선언한다. 엎친 데 덮친 격으로 브로데스가 급작스럽게 사망하고 빚 문제에 봉착하게 된 부인과 아들 기디언은 반항적인 해리엇을 남부로 팔아버리려고 한다.[13]

　　언니처럼 남부에 끌려가 중노동에 시달릴 수는 없다고 판단한 해리엇은 자유를 찾아 북쪽으로 출발한다. 자유를 향한 그녀의 여정은 스튜어트가 제시한 억압 극복의 과정이다. 먼저 해리엇은 자신을 '자유인'으로 "자기 정의"했는데 그것은 또한 "자립"과 "독립"을 향한 모험이었다. 결국 해리엇은 160킬로미터를 걸어서 자유주인 펜실베이니아 필라델피아에 도착하고 노예 구출 운동의 본산인 지하철도를 찾아가 스틸, 마리 부차논 등의 도움으로 일자리를 얻어 "자립"하게 된다. 이름도 어머니의 이름에 남편 성을 따서 해리엇 터브먼으로 개명하고, 새로 태어난다.

　　해리엇의 특이점은 혼자만의 자유에 만족하지 않고 스틸의 반대에도 불구하고 다른 사람들의 자유 획득에 목숨을 걸고 도전한다는 것이다. 영화는 해리엇의 구출 활동 중 일부가 지하철도와는 별개의 작업임을 시사

---

12) 독립선언문의 저자인 3대 대통령 토마스 제퍼슨(Thomas Jefferson)조차도 흑인 노예 샐리 헤밍스(Sally Hemming)를 정부로 삼아 자녀를 여럿 출산하였으며 그 자녀들은 제퍼슨이 죽은 후에야 해방되었다는 것은 널리 알려진 사실이다.

13) https://en.wikipedia.org/wiki/Harriet_Tubman%27s_family#Ri

한다.[14] 자유의 몸이 된 지 1년이 지난 후 해리엇은 가족이 없는 자유의 공허함을 깨닫게 되고 가족을 구해내기 위해 혼자의 몸으로 고향 메릴랜드로 향한다. 자유인과 재혼한 남편 존이 떠나기를 거부하자, 해리엇은 예정에도 없던 여러 노예를 구출해낸다. 지하철도의 '차장'으로 임명받은 해리엇은 이후에도 수차례에 걸쳐 남부로 숨어들어 가족을 비롯한 많은 노예를 구해낸다. 1850년 도망 노예법이 강화된 위험한 상황에서도 해리엇은 하나님의 계시와 인도를 믿으며 남부로 직진한다. 그녀는 자신과 가족의 자유를 넘어서 흑인 노예 전체의 자유를 위해 나선 것이다. 그녀의 활동 범위는 점점 더 확대된다. 능력과 비전을 인정받은 해리엇은 훗날 링컨 정부의 국무 장관이 되는 윌리엄 헨리 수어드(William Henry Seward, 1801-1872) 상원 의원을 만나게 된다. 도망 노예법 통과 이후에는 900여 킬로미터를 이동해서 노예들을 안전한 캐나다로 이주시킨다.

〈해리엇〉은 현대 미국 사회에서도 사회적 지위가 가장 낮은 흑인 여성이 그 누구보다도 많은 노예를 구출하고, 최초로 미군을 지휘하기까지 한 놀라운 예를 보여준다. 남북전쟁 중 콤바히강 기습 작전에서 150명의 원정군을 이끌고 750여 명의 흑인 노예를 구출하는 공을 세우기도 한다. 영화는 가상의 인물인 백인 소유주의 아들 기디언과 해리엇을 마주치게 하는데 이때 "자유 아니면 죽음"(liberty or death)이라고 선언한다. 이 말은 그녀의 평생을 요약한다.

해리엇은 스튜어트가 정의한 "억압을 극복하기" 위한 "자기 정의", "자립", "독립"뿐 아니라 그 이상의 리더십을 보여준다. 해리엇이 활약한

---

14) 스틸이 해리엇의 구출작전을 반대한 것 같지는 않다. 재정적 지원을 했을 뿐 아니라 스틸은 저서 『지하철도와 필라델피아의 천사』(*The Underground Railroad and the Angel at Philadelphia*, 1872)에서 해리엇의 용기와 성취를 칭찬하고 있다.

19세기는 미국에서도 빅토리아주의가 여성의 삶을 재단하고 있었다. 재산권도 참정권도 없이 가정을 일구는 것이 여성에게 주어진 역할이었다. 해리엇은 서구 문명이 흑인뿐 아니라 여성 전체에게 부과했던 많은 굴레와 제한, "여성은 할 수 없다"라는 시각을 넘어 놀라운 기적을 연출했으며 영화는 이것을 잘 포착해내었다. 격동의 시대에 활약했던 노예 해방 운동가 중에서도 해리엇이 독보적인 성취를 이룰 수 있었던 것은 뛰어난 리더십 덕분이다. 영화 또한 이를 놓치지 않았다. 해리엇 리더십의 가장 큰 특징은 남성에게 의존하지 않고 주체적으로 결정하고 실천한다는 것이다. 해리엇은 가부장제 사회에서 억압되어온 흑인 여성으로서는 보기 힘든 '여성' 리더십과 더불어 '흑인' 리더십까지 보여준다.

해리엇 리더십의 독특한 점은 그녀가 하나님과 직접 소통하고 메시지를 받는다는 것이다. 이는 가부장적인 19세기 교회 안에서 남성 성직자를 매개로 이루어지지 않고 직접 이뤄진다는 점에서 의미가 있다. 탈출 노예 센터를 운영하는 부차논에 의하면 해리엇은 "신의 손길을 받은 여자"이다. 본인의 말에 따르면 백인 감시관이 던진 쇠뭉치에 맞고 혼수상태에 빠졌다 깨어난 이후 계시받았다고 한다. 해리엇은 수시로 기도를 통해 신에게 간구하고, 백일몽을 통해 미래에 일어날 일에 대한 계시를 받는다. 해리엇을 처음으로 면담한 스틸은 일지에 "뇌손상"이라고 적었지만 뇌가 손상된 징후는 보이지 않는다. 영화상에서 해리엇과 신의 관계는 안정적이다.

해리엇은 신을 자신의 시각으로 이해하고, 신의 메시지를 독창적으로 '재해석'하는 능력 또한 보여준다. 신은 해리엇에게 가부장제의 무서운 신이 아니다. 신은 도리어 부드러운, 인도하고 가르치는 어머니 같은 신이다. 신과 만날 때의 느낌을 묻는 부차논에게 해리엇은 "신의 목소리가 이

끈다. 부드러운 꿈결 같은 느낌"이라며 "책 읽기를 배우듯이 주님을 통해 보고 듣는 법을 배운다"라고 말한다. 말하는 것은 신이지만 "신의 음성"에 집중하고 해석하는 것은 해리엇이다. 해리엇은 재혼한 남편 존이 탈출하기를 거부하자 존이 자신의 비전 속에 나타난 이유는 다른 이들을 데려오라는 메시지를 준 것이라고 해석하며 탈출 작전을 확대한다.

그녀의 리더십의 또 다른 특징은 유식하고 힘 있는 타자, 특히 남성들에게 의존하지 않는 자립성을 갖췄다는 것이다. 1850년대 노예 구출에 점점 더 제약이 다가오는 상황에서도 해리엇은 "나는 할 수 있다"라고 외친다. 스틸은 해리엇으로 인해 조직이 위험해질 것을 우려하며 해리엇의 독자 행동을 제어하려 한다. 스틸은 노예를 탈출시키는 데는 "기술과 세심한 계획"이 필요하며 무엇보다도 지도를 읽고 글을 읽을 수 있어야 한다고 주장하지만 해리엇은 아랑곳하지 않는다. 가족 구출이 너무 위험하다며 말리는 스틸에게 "감히 내게 할 수 없다고 말하지 말아라. 신이 지켜보고 계셨지만 날 데려다준 것은 이 발이다"라고 하면서 누구에게도 의존하지 않는 자립성을 보여준다. 신조차도 그녀에게 비전을 보여주고 지켜보았을 뿐 실천한 것은 그녀 자신이다. 탈출 작전은 언제나 위험하다. 탈출 중 친오빠가 강 대신 다리를 건너자며 해리엇의 지시를 거부하지만, 해리엇은 단호하게 홀로 강 속으로 걸어 들어가 목숨을 걸고 도강에 성공한다. 키가 150센티미터에 불과한 여인이지만 해리엇은 가장 앞장서서 상황을 헤치고 나간다. 말 타기도 총 쏘기도 달리기도 뒤지지 않는다. 지하철도의 '차장'으로서 해리엇은 흑인 노예 '승객'들을 안전하게 은신처로 인도한다. 그녀가 남성들에게 의존하지 않고 솔선수범할 수 있는 것은 북쪽의 지하철도의 간부들과 달리 노예 체험을 했기 때문이다. 자유를 당연한 것으로 여기는 협회 사람들에게 해리엇은 자유가 없는 고통을 생생한 실례를 들어서 묘사한다. 그녀의 리더십과 권위는 살아있는 체험에서 나오는 것이다.

그녀의 리더십은 또한 연대의 리더십이다. 해리엇은 유연하게 여러 사람에게서 도움을 받는다. 억압에 맞서기 위해서 흑인 여성들은 연대해 왔다(콜린스 187). 해리엇과 부차논의 우정은 연대의 좋은 예이다. 해리엇은 부차논에게서 자유인다운 매너를 배운다. 그뿐만 아니라 가짜 신분증을 가지고 그럴듯한 연기로 백인 검사관을 속이는 법과 총 쏘는 법도 배운다. 해리엇과 부차논은 일로 만난 사이이지만 진정한 우정과 존경의 관계를 구축한다. 신의 비전을 보고 실천해내는 해리엇의 놀라운 능력을 알게 된 부차논은 "내가 만난 어떤 남자보다 위대하다"라면서 찬양을 아끼지 않는다. 부차논은 흑인 노예 사냥꾼 비거 롱에게 죽임을 당하는 순간까지도 해리엇에 대한 칭찬을 아끼지 않는다. 백인 편에 서서 고자질을 일삼던 흑인 소년 월터(Walter)도 신에게서 계시받는 해리엇에게 매료되고 해리엇은 그를 적절하게 활용한다. 월터는 자신도 신과 만나고 싶어서 해리엇을 돕게 되고 그녀의 참모 역할을 톡톡히 한다.

결론적으로 그녀의 리더십은 가부장제를 넘어서 있다. 그녀는 본인이 의도했든 의도하지 않았든 집안의 가장으로, 흑인 공동체의 대장으로 등극한다. 아버지도 오빠도 그녀의 말에는 절대복종한다. 9남매 중 다섯째로 태어난 해리엇은 언니들이 남부의 농장으로 팔려 가는 것을 보고 가족을 보호해야겠다는 의지를 다지고 결국 세상을 떠난 동생의 딸까지 구해낸다. 노예 탈출의 놀라운 성과로 노예주에서 그녀는 모세로 불린다. 흑인 노예들은 노동에 시달리면서 이집트에서 히브리인들을 구해낸 구약 성서 속 모세가 다시 나타나기를 기다려왔고, 해리엇을 모세라고 여긴다. 백인 노예주들도 신출귀몰한 노예 탈출 작전을 구사하는 해리엇이 노예 출신의 여성이라고 생각하지 못하고 흑인 흉내를 내는 백인 노예 해방론자라고 생각하며 모세라고 부른다. 해리엇은 세상 사람들에게 더 이상 초라한 흑인 여자 노예가 아니다. 해리엇의 위상은 어느새 모세 급으로 성장한다. 하나님에게서 십계명을 받고 히브리인들을 가나안 땅으로 인도한 모세는 대표적인 가부장적 지도자이다. 흑인 노예들을 자유의 땅으로 인도해낸 해리엇은 남북전쟁이 끝난 후에 여성 참정권 운동에 본격적으로 참여해 여성 지도자들에게 영감을 제공함으로써 가모장이 되어간다.

4. 해리엇의 업적: 노예 해방을 넘어 여성 참정권 운동까지

영화의 마지막, 자막은 해리엇이 여생을 해방 노예와 노인 그리고 여성 참정권에 바쳤다고 적고 있다. 비록 영화에는 포함되지 않았으나 노예 해방 이후 해리엇의 관심은 흑인을 넘어 여성 전체를 향했다. 노예 신분은 벗었으나 흑인 여성들의 사회적 지위는 여전히 사회의 밑바닥이었다. 흑인 남성들은 참정권을 획득했고 백인 여성들은 백인이라는 특권을 누리고 있었다. 많은 흑인 여성이 흑인 페미니즘의 중요성을 깨닫고 흑인 여성이 처한 독특한 상황과 개선 방향에 대해 저술 활동 등을 통해 의견을 개진했다. 하지만 교육을 받지 못한 문맹의 해리엇은 이론가이기보다는 활동가였다.

해리엇은 대부분의 흑인 여성과 달리 여성 참정권 운동 단체 중에서도 전국 여성 참정권 협회 NWSA에 참여했다. 이는 그녀의 관심이 단순히 인종 문제에만 국한된 것이 아님을 보여준다. 남북전쟁이 북부의 승리로 끝난 후 흑인 남성들은 참정권을 획득하였으나 여성들은 인종을 불문하고 참정권을 얻지 못하자 여성 참정권 운동가들도 의견이 갈리게 된다. 흑인의 시민권, 참정권을 인정한 수정 헌법 14, 15조를 지지했던 루시 스톤(Lucy Stone, 1818-1983) 등은 미국 여성 참정권 협회(AWSA)를 조직한 반면, 여성이 배제된 흑인 남성의 참정권은 반대했던 엘리자베스 캐디 스탠튼(Elizabeth Cady Stanton, 1815-1902)과 수잔 B. 앤서니(Susan B. Anthony, 1820-1906) 등은 NWSA를 결성했다(김소임 229). 중요한 것은 해리엇이 흑인 남성은 포함되었으나 여성이 배제된 반쪽짜리 참정권을 반대한 NWSA에 참여했다는 것이다.15) 이 놀라운 결정에는 동갑내기 해리엇과 앤서니의 오랜 우정과 신뢰가 영향을 끼쳤겠지만 해리엇이 인종 문제를 넘어서 약자, 소외된 자의 권익과 평등권에 깊은 관심을 가졌음을 보여준다.16) 노년이 되어서도 여성 참정권 운동에 매진하는 해리엇을 보고 어떤 백인 여성이 여성에게 투표권이 있어야 한다고 믿느냐고 물었다. 해리엇은 "내가 너무 고생을 해와서 믿어야겠소"라고 응답했다고 한다.17) 영화에도 잘 들어나 있듯이 해리엇의 신념은 경험을 바탕으로 한 것이었다.

뛰어난 언변의 보유자였던 해리엇은 뉴욕, 보스턴, 워싱턴 D.C. 등에서 열렸던 여성 참정권 집회에 참석해서 독려하였다. 그녀의 연설문 중 많이 인용되는 "모든 위대한 꿈은 꿈꾸는 자와 함께 시작한다. 항상 기억

---

15) 이 결정이 놀라운 데는 NWSA의 지도자, 특히 스탠튼이 흑인에 대한 인종 차별적 발언을 하곤 했기 때문이다. 백인 여성을 "제퍼슨의 딸들", 흑인 여성은 "삼보(Sambo)의 딸들"이라고 불러 최초의 흑인 남성 페미니스트로 불리는 프레더릭 더글러스(Frederick Douglas)에게 질타를 받기도 했다. https://en.wikipedia.org/wiki/Black_feminism#18th_century

16) 노예 해방 운동과 여성 참정권 운동에 헌신해온 해리엇과 앤서니의 삶과 우정을 다룬 책으로는 Julie Knutson이 쓴 *Born in 1820: Harriet Tubman and Susan B. Anthony*(Cherry Lake Press, 2020)이 있다.

17) https://en.wikipedia.org/wiki/Harriet_Tubman

하라. 당신 안에는 힘과, 인내 그리고 세상을 바꿀 수 있는 저 별들에 도달할 수 있는 열정이 있다는 것을"은 해리엇이 세상을 바꾸고자 하는 비전을 갖고 있었음을 알게 해준다.[18] 자신의 소신을 분명하게 밝힌 해리엇은 비록 이론가, 저술가는 아니지만 흑인 페미니즘뿐 아니라 페미니즘 전반의 선두주자 중의 하나이다.

1913년에 사망한 해리엇은 여성 참정권이 인정된 것을 보지 못하였다. NWSA와 AWSA가 통합된 전미 여성 선거권 협회(NAWSA, 1890)는 온건하게 목표를 향해 나아갔다. NAWSA의 보조 단체로 탄생한 여성 참정권 연합(CU, 1913)은 영국의 서프러제트들처럼 단식 투쟁을 하는 등 과격한 운동을 펼쳤다. 20세기에 들어와 NAWSA는 조직적인 운동으로 윌슨 대통령과 반대해온 민주당 의원들까지도 설득하였고 마침내 1920년 여성 참정권은 수정 헌법 19조란 이름으로 헌법적 효력을 갖게 되었다(김소임 231-232).

5. 새로운 전기, 영화 〈해리엇〉

해리엇을 비롯한 노예 해방 운동가들이나 참정권 운동가들은 주로 어린이 책을 통해서 알려졌는데 이상화된 "초인간"으로 개성이 상실된 모습으로 그려졌다.[19] 해리엇도 마찬가지였다. 하지만 〈해리엇〉은 신화가 되어버린 해리엇 터브먼을 초인간적, 신화적 인물로 그리지 않고 인간적

---

18) https://my.lwv.org/ohio/oxford/suffragist-profiles/harriet-tubman
19) https://www.smithsonianmag.com/smithsonian-institution/true-story-harriet-tubman-movie-180973413/

인 면에 방점을 찍으려고 하였다. 레몬즈 감독은 해리엇을 전인격적인 인물로 표현하려고 전인격적인 인물로 표현하려고 했으며, 놀라운 리더십을 보여주면서도 "그녀의 용기와 여성성"을 드러냄으로써 관객으로 하여금 실제로 시간을 보냈다고, 그녀와 점심을 같이 했다고 느낄 수 있기를 원했다고 말한다.[20] 흑인 문화 전문가인 스미소니언 아프리칸 아메리칸 역사 문화 박물관 큐레이터인 메리 N. 엘리엇(Mary N. Elliott) 역시 해리엇의 전기에서 누락되어 있는 것이 해리엇의 "인간성", 여성성임을 지적하면서 영화를 통해 해리엇의 인간적 측면이 알려지기를 희망했다. 목숨을 걸고 남편을 구하러 갔으나 자유민 여자와 결혼을 했다는 것을 알게 된 해리엇의 상심이 인간적 측면의 한 예라고 할 수 있다. 엘리엇은 해리엇에 대해 "사랑을 하는 여자였어요. 깊이, 분명하게 사랑을 했어요. 그녀는 열정을 갖고 있었어요"라고 설명한다.[21] 레몬즈 감독 또한 엘리엇의 주장에 공감한다. 레몬즈 감독은 해리엇의 주된 행동 동기를 "인종이나 경계를 넘어서는 가족에 대한 사랑"으로 해석한다. 해리엇의 '인간성'을 살리는 데는 주연 배우 에리보의 공로가 크다.

〈해리엇〉에 대한 비평가들의 긍정적 리뷰에는 여러 요인이 있겠으나 에리보의 연기가 큰 역할을 했다고 생각한다. 〈해리엇〉은 로튼 토마토에서 73% 긍정 평가를 받았다. 『옵저버』(*Observer*)의 심란 한즈(Simran Hans)는 역사 영화가 김이 빠지기 쉬운데 이 영화는 보기 드물게 활력이 있다고 긍정적으로 평가한다.[22] 우리에게 남겨진 해리엇의 사진은 중년 이후

---

20) https://www.smithsonianmag.com/smithsonian-institution/true-story-harriet-tubman-movie-180973413/

21) https://www.smithsonianmag.com/smithsonian-institution/true-story-harriet-tubman-movie-180973413/

22) https://www.rottentomatoes.com/m/harriet/reviews?type=top_critics

와 노년의 늙고 근엄한 모습을 담고 있다. 하지만 에리보는 감독과 큐레이터가 염두에 두었듯이 해리엇을 슬퍼하고 좌절하지만 다시 일어서는, 젊고 살아 있는 여성으로 재현해내었다.

〈해리엇〉의 성공에는 음악의 역할 또한 크다. 영화에는 35개의 OST가 등장한다. 장르는 다양하다. 가사가 없는 연주곡이 다수이지만 가사가 있는 삽입곡들도 있다. 해리엇이 고향을 떠날 때 나오는 〈굿바이 송〉(Goodbye Song)과 해리엇이 노예를 구출할 때 자신의 존재를 알리는 〈모세여 내려가라〉(Go Down Moses), 노예 탈출 작전 시 나오는 〈시너맨〉(Sinnerman) 등 극적인 순간에 배치된 삽입곡은 가사가 가진 서사성으로 영화의 내러티브를 앞으로 견인할 뿐 아니라 음조, 목소리 그리고 가사의 서정성으로 노예로 살아가는 이들의 애환과 강한 의지를 드러낸다. 흑인 영가, 블루스, 발라드 등 다양한 장르의 노래들은 흑인 노예들의 영적인 고뇌를 드러낸다. 때로 음악이 음향 효과와 겹쳐지면서 영화의 현장성을 유지시킨다. 그럼으로써 액션 현장의 역사적 의미와 미래적 지향점을 상기시킨다. 긴장감을 주고 감동을 불러일으키는 영화 음악은 자칫 반복되어 지루할 수 있는 탈출 여정에 생명을 불어넣는다.

뮤지컬이 아님에도 영화 속 해리엇은 여러 번 노래를 부르는데 이는 "흑인 음악"의 전통을 상기시킨다. 억압된 흑인 여성이 목소리를 내는 방법으로는 흑인 음악이 있다(콜린스 192-193). 위에서 언급한 〈굿바이 송〉은 합창곡임에도 에리보가 직접 부른 해리엇의 솔로가 등장하고, 해리엇이 노예들을 불러낼 때 나오는 〈모세여 내려가라〉 또한 에리보가 직접 부른 것이다. 때로 가사는 신과의 대화이며, 때로 결연한 의지를 들어내는 기도이며 노예들의 애환이 담긴 고백이기도 하다. 흑인 영가인 〈물을 헤치며 걷다〉(Wade in the Water)는 영화의 마지막, 남부군을 공격하기 직전 해리엇이 군인들 앞에서 직접 부르는데 이들의 투쟁에 신이 함께할 것이란 메시지를 주면서 감동을 더한다. 〈일어서〉(Stand Up)는 할리우드 매체 음악상 (Hollywood Music in Media Awards 2019)에서 주제가상을 수상한 곡으로 영화의 마지막, 기록 사진을 모사한 흑백 스틸 사진들이 펼쳐질 때 나온다. "가스펠 색채를 띤 발라드"로 분류되는 〈일어서〉 가사는 젊은 해리엇이 겪어내었던 놀라운 모험담을 담고 있다.[23] "나는 내가 할 수 있는 일을 해야 할 때 했다. 내 사람들을 위해서"라는 노래 가사는 해리엇이 왜 영웅인지에 대한 소박한 근거를 제공한다.

구름이 걷히고 별이 밤을 가득 채울 때
그때 나는 일어서리라
내 사람들을 데리고
우리는 같이 새집으로 가리라
저 강 너머에
당신은 자유가 부르는 것이 들리는가?
대답하라고 부르는 것이?

마지막 가사, "나는 네가 있을 자리를 준비하러 간다"는 1913년 해리엇의 사망 전 마지막 말이다.[24] 해리엇은 흑인 여성을 비롯한 모든 억압받은 자들의 자리를 준비한 영웅임이 분명하다.

---

23) https://en.wikipedia.org/wiki/Stand_Up_(Cynthia_Erivo_song)

24) https://en.wikipedia.org/wiki/Stand_Up_(Cynthia_Erivo_song)

▎참고 영화

〈국가의 탄생 The Birth of a Nation〉. 네이트 파커 Nate Parker 감독, 2016.
〈노예 12년 12 Years a Slave〉. 스티브 맥퀸 Steve McQueen 감독, 2014.
〈링컨 Lincoln〉. 스티븐 스필버그 Steven Spielberg 감독, 2012.

▎참고 문헌

김소임. 「여성의 교육과 참정권」. 『문화로 읽는 페미니즘』. 이화여자대학교 출판문화
　　　원, 2021. 204-236.
월렌, 재닛 · 간, 마조리. 『노예제도에 반대한 여성들 자유를 말하다』. 초록서재, 2015.
유종선. 『미국사 다이제스트100』. 가람기획, 2012.
콜린스, 패트리샤 힐. 『흑인 페미니즘 사상』. 박미선, 주해연 옮김. 여이연, 2009.
https://en.wikipedia.org/wiki/Fugitive_slaves_in_the_United_States
https://en.wikipedia.org/wiki/Harriet_Tubman
https://en.wikipedia.org/wiki/History_of_slavery_in_Virginia
https://en.wikipedia.org/wiki/Stand_Up_(Cynthia_Erivo_song)
https://en.wikipedia.org/wiki/Underground_Railroad
https://ko.wikipedia.org/wiki/버지니아 식민지
https://my.lwv.org/ohio/oxford/suffragist-profiles/harriet-tubman
http://www.harriet-tubman.org/facts/
https://www.history.com/this-day-in-history/harriet-tubman-first-african-american-woman-
　　　honored-us-stamp
https://www.loc.gov/exhibitions/women-fight-for-the-vote/about-this-exhibition/seneca-fal
　　　ls-and-building-a-movement-1776-1890/a-movement-at-odds-with-itself/harriet-tub
　　　man-promotes-womens-suffrage/
https://www.rottentomatoes.com/m/harriet/reviews?type=top_critics
https://www.smithsonianmag.com/smithsonian-institution/true-story-harriet-tubman-movie
　　　-180973413/
https://www.thirteen.org/wnet/slavery/timeline/1712.html

| 그림 자료

https://movie.naver.com/movie/bi/mi/basic.naver?code=188471
https://movieposters2.com/Harriet-2019-movie-poster_1679142.html
https://www.flickr.com/photos/housedivided/5325094887

디 아워스 *The Hours*
시대 속에 갇힌 여성들*

ǀ 이형숙

감독　스티븐 달드리
각본　데이비드 헤어
원작　마이클 커닝햄
주연　니콜 키드먼, 줄리앤 무어, 메릴 스트립
국내 개봉　2003년 2월
역사적 배경　20세기 초 영국의 대표적 모더니즘 작가이자
　　　　　　페미니스트인 버지니아 울프의 일생 및 그녀
　　　　　　가 쓴 소설

페미니즘 포커스　페미니즘 사상의 선구자라 할 수 있는 버지니아 울프는 평생 여성에게 불평등한 가부장적 가치와 제도에 대한 비판을 글에 담아내었으나, 전쟁과 억압으로 점철된 사회 속에서 극심한 우울증을 견디지 못하고 결국 자살한다. 울프의 대표작인 『댈러웨이 부인』을 모티프로 하고 있는 영화 〈디 아워스〉는 작가의 생전인 1920년대 영국, 그리고 그녀의 독자들이 살고 있는 1950년대와 2000년대 미국을 배경으로 하여, 울프가 지녔던 고뇌가 시공간을 가로질러 반복되고 있음을 보여준다. 영화 속 세 여성 주인공의 자신다운 삶을 위한 부단한 노력은 지금 우리에게도 유효한 질문을 던진다.

＊ 본 글은 『영미문학페미니즘』 25.2 (2017): 97-111에 출판되었던 논문을 축약 및 수정하였다.

1. 〈디 아워스〉가 투영하는 울프와 그녀의 닮은꼴들[1]

2000년대 초반 영국의 스티븐 달드리(Stephen Daldry, 1960-) 감독이 버지니아 울프(Virginia Woolf, 1882-1941)의 인생과 작품들을 소재로 영화를 제작한다고 알려졌을 때, 대중의 관심은 전에 없이 컸다. 물론 영화 팬들의 일차적인 관심은 장편 영화라고는 〈빌리 엘리엇〉(Billy Elliot, 2000) 한 편밖에 제작한 적이 없는 신예 감독의 영화에 당대 할리우드 영화계의 초대형 스타인 니콜 키드먼(Nicole Kidman), 줄리앤 무어(Julianne Moore), 메릴 스트립(Meryl Streep)이 동시에 출연한다는 점이었다. 그러나 작품에 대한 보다 진지한 호기심은 작품 소재와 이를 예술적으로 구현하는 수단으로서 선택된 영화라는 매체의 적합성에 대한 의문에서 비롯되었다. 울프가 문학의 영화화에 대해 의구심을 품었을 뿐 아니라, 울프의 문학 세계가 영화화하기 어려운 서사와 언어로만 가능할 듯한 '의식의 흐름' 기법으로 구성되었기 때문이었다. 따라서 울프의 인생과 작품을 혼합하여 영화적 서사를 만든다는 것 자체가 새로운 실험으로 여겨졌다.

그 결과 창작된 영화 〈디 아워스〉(The Hours, 2002)는 소설가 마이클 커닝햄(Michael Cunningham, 1952-)의 1999년 퓰리처상 수상작인 동명의 소설 『디 아워스』(1998)를 원작으로 한다.[2] 커닝햄의 이 소설은 울프의 『댈러웨이 부인』(Mrs. Dalloway, 1925)과 그녀의 자전적 이야기, 그리고 새롭게 더해진 이야기를 조합하여 만들어진 독특한 창작물이다. 울프의 대표작 중의

---

1) 혼란을 피하기 위하여 이후로 현실의 인물은 울프, 울프가 커닝햄이나 달드리의 작품 속 인물로 등장할 때는 버지니아로 칭한다. 레너드(Leonard) 울프도 같은 방식으로 표기한다.
2) 국내에서는 정명진 번역으로 『세월』이라는 제목으로 출간되었다. 본 글에서는 영화 제목과의 연속성을 위하여 『디 아워스』로 칭한다.

하나인『댈러웨이 부인』은 제1차 세계대전 직후 영국 런던에 살고 있는 상류층 부인인 클라리사 댈러웨이(Clarissa Dalloway)가 파티를 준비하는 하루 동안 그녀와 주변 인물들이 보고 느끼고 생각하는 바를 사건의 물리적 발생 순서에서 벗어난 자유로운 방식으로 기술한다. 이 과정에서 제1차 세계대전에 참전한 뒤 외상 후 스트레스 장애를 극복하지 못하는 셉티머스 워렌 스미스(Septimus Warren Smith)의 비극과, 남편의 이름에 의해서만 정의되는 부르주아 여성의 삶에 갇혀 소외와 우울을 느끼는 주인공 클라리사의 모습이 미묘하게 교차된다. 그러나 영화는 단지 울프의 소설에만 기대지 않고, 1923년『댈러웨이 부인』을 집필하던 시기와 1941년 3월 자살하기 전 며칠 동안 울프의 자전적 이야기, 그리고 1950년대 로스앤젤레스에서 중산층 여성의 삶에 만족하지 못하는『댈러웨이 부인』의 독자인 로라 브라운(Laura Brown, 줄리앤 무어), 그리고 1990년대 뉴욕에서 에이즈로 죽어가는 전 남자친구를 돌보는 동성애자 편집인인 클라리사 본(Clarissa Vaughn, 메릴 스트립)의 이야기를 병치시킨다. 이들은 모두 현재든 과거든 각 시대의 가부장적 사회 분위기와 제도들이 만들어낸 틀에 갇혀 방황하는 여성이라는 공통점을 지닌다. 오랜 시간이 지나 새로운 세계에 살고 있음에도 로라와 클라리사의 삶 속에는 오래 전 울프 자신이 댈러웨이 부인을 통해 투영했던 고뇌가 여전히 반복되고 있는 것이다.

잘 알려져 있듯 울프는 20세기 초 서구 모더니즘 문학 및 초기 페미니즘 사상의 선구자 중 한 사람이지만, 평생 심한 우울증을 극복하지 못하고 결국 자살로 생을 마감했다.[3] 10대 초반부터 20대 초반까지 어머니, 아버지, 그리고 형제의 죽음을 경험했던 그녀의 비극적 가정사, 부계에서 의

---

3) 현대 의학에 따르면 그녀는 '양극성 장애'를 앓았던 것으로 추정되나, 당시에는 지금과 같은 진단이나 치료방법이 없었던 것으로 알려진다.

심되어오던 신경병증 가족력, 어린 시절 의붓형제들이 자행했던 성적 괴롭힘, 당시 사회로서는 수용되기 어려웠던 동성애 관계, 창작의 고뇌, 전쟁에 대한 환멸과 공포, 여성을 독립적 인간으로 인정하지 않는 가부장제에 대한 저항 등 여러 상황의 복합적 상호 작용이 그녀의 우울증 원인으로 추정된다.

특히 그중에서도 울프가 여성의 기본권 신장을 외쳐온 생애 동안, 한 순간에 인간과 문명을 파괴해버리는 세계대전을 두 번이나 경험해야 했다는 점이 그녀의 정신세계에 미쳤을 영향을 생각하지 않을 수 없다. 울프는 여성들이 투표할 권리나 남성과 동등한 교육을 받을 권리를 빼앗겼던 19세기 말에 태어나, 19세기에서 20세기 초에 영국에서 치열하게 진행되었던 여성 참정권 운동을 지지했고, 특히 1910년에는 국민 참정권 연맹(People's Suffrage Federation)에서 1년간 일했다(Park 119-120). 그러나 그녀는 폭력적 수단도 불사했던 에멀린 팽크허스트(Emmeline Pankhurst, 1858-1928)를 주축으로 진행되었던 당대의 보다 과격하고 급진적인 참정권 운동가들에 대해서는 모호한 입장이었다. 그녀의 시각에서는 이러한 운동의 전투성이 가부장제나 군사주의와 연결된 것으로 보였기 때문이었다(Park 132-134). 울프가 당대 진행되던 여성 운동의 모든 양상을 수용한 것은 아니었다고 해도, 부단히 여성들의 지위 향상을 위해 사회 비판적인 견해를 밝히는 가운데 당시 여성들의 롤 모델이 되었다. 뿐만 아니라 울프의 글들은 현재 페미니즘의 계파를 막론하고 "성경처럼 여겨지는" 텍스트가 되었다(Park 119). 울프는 이처럼 여성이 남성과 동등한 인격으로 존중받는 사회를 위해 노력을 기울여 왔던 진보적인 여성이었다. 하지만 그런 그녀도 자신의 우울증에 대해서는 남성 의사들의 처방을 따라야만 했다. 이렇게 자신이 원하지 않는 방식으로 살아야 했던 것은 그녀에겐 타협하기 어려운 삶의 크나 큰 모순이었다. 이 영화는 이러한 울프의 자기 괴리 및 고뇌가 극으로 치달던 시절 그녀 삶의 편린을 허구적으로 재구성하며, 울프가 직면했던 가부장제의 억압 및 여성 우울이라는 문제가 울프의 시대에서 끝나지 않은 채 지속되고 있음을 보여준다.

울프가 경험했던 이러한 모순적 삶이 이후 시대에서도 반복되고 있음을 보여주기 위하여 이 영화가 선택한 두 번째 시공간은 1950년대 미국 로스앤젤레스의 한 가정이다. 남편과 어린 아들과 함께 살며 둘째를 임신한 로라는, 겉으로 보기에는 더 없이 단란하고 아름다운 가정을 이루고 있다. 그러나 1950년대 미국 텔레비전의 상업 광고에 등장했을 법하게 그림처럼 완벽해 보이는 이 가정은 전후 미국 핵가족 사회가 안고 있던 괴리를 그대로 보여준다. 제2차 세계대전 동안 미국의 여성들은 참전한 남성들을 대신하여 산업 현장에서 생산 활동을 하며 전시 경제를 지탱하지만, 전후 남성들이 전쟁터에서 돌아오자 그들에게 자리를 내어주고 가정으로 돌아갈 것을 요구하는 사회적 압박을 직면한다(Chafe 83). 이에 더하여 곧이어 시작되는 냉전 체제는 공산주의에 대항하기 위하여 가정의 단결을 중시하도록 요구했으며, 특히 미디어는 전통적인 성 역할에 기초한 불평등한 남녀의 역할을 미화하며 강화하였다(Catalano 45).『댈러웨이 부인』을 읽으며 이웃집 여인에게 당대에는 금기시된 동성애적 감정을 느끼는 로라는 이 같은 사회적 규범과 결혼 생활에 갇혀 깊은 우울에 빠진다.

이에 비하면 2001년 뉴욕은 여성들에게 앞선 두 시대보다 훨씬 개방적인 삶을 허용한다. 이 도시에서 전문 출판인으로 살고 있는 클라리사는 동성 연인과 동거하며 하나밖에 없는 사랑하는 딸과 함께, 관습에 개의치 않는 주체적인 삶을 영위하는 듯 보인다. 그러나 그녀 역시 10대 시절 전 남자친구이자 에이즈로 죽어가는 동성애자 작가인 리처드(Richard, 에드 해리스 Ed Harris)의 부양자, 딸의 어머니, 한 여성의 동반자, 성공한 전문직 여성이라는 다중의 역할 속에 갇혀 헤어나지 못하고 있다. 삶이 얼마 남지 않은 리처드를 위해 완벽한 파티를 열고자 동분서주하던 어느 날, 그녀는 마침내 오랜 세월 억눌러왔던 자신의 감정을 직면한다. 이 순간 21세기 클라리사의 삶이 20세기 초 울프가 제기했던 질문들에 대한 대답을 거의 제시하지 못 하고 있다는 것이 드러난다. 1920년대 여성들이 싸워야 할 문제들이 보다 가시적이었다면 1950년대, 그리고 2000년대에 이를수록 여성들이 마주하는 문제들이 일상 속으로 자연스레 파고들어 쉽사리 눈에 띄지 않는다는 차이만이 명확해질 뿐이다. 이 영화는 이처럼 80여 년의 시간을 가로질러 세 여성의 삶을 병치하면서, 사회와 가족의 구속 속에서 여성의 정체성 문제가 어떠한 양상으로 계속되고 있는지를 독특한 기법으로 그려낸다.

2. 여성의 갇힘, 그 지속성

〈디 아워스〉의 주인공들은 마치 현실의 작가 울프가 창작한 허구의 인물인 댈러웨이 부인이 지속적으로 환생한 것이 아닌가 여겨질 정도로 서로 닮아 있다. 이는 시공간만 다를 뿐 주체적인 삶을 갈망하는 이들 여성의 문제는 끊임없이 반복되고 있음을 시사한다. 이들을 묶는 가장 큰 공통점은 이들이 특정 시간의 속박을 극복하지 못해 현재의 삶에서 평온을 찾지 못한다는 사실이다. 그들은 모두 현재의 상태에서 벗어나기를 원하지만 이를 실행하기는 쉽지 않다. 본 글에서 주목하는 '시간'의 개념은 넓게는 각 인물들이 살고 있는 시대 상황과, 우리의 기억 속에 저장되는 과거, 현재, 미래로 분절되는 시간 단위를 모두 의미한다. 이 영화에서는 특히 이 두 가지 의미의 시간, 그리고 이 시간과 상호 작용하며 서로를 구성하는 공간이 복합적으로 얽혀 인물들의 삶에 지속적으로 압박을 가하고 있다.

먼저 작가 울프를 반영하면서도 상당 부분 허구를 가미시킨 주인공 중 한 명인 버지니아(니콜 키드먼)에게, 현실이란 오래 끌어온 숙제와 같고 그래서 어느 순간에는 이를 마치기 위한 결단이 필요하다. 이 영화의 시작에 자살을 작정하고 강으로 향하는 버지니아는 남편 레너드(스티븐 딜레인 Stephen Dillane)에게 남긴 유서에서 더 이상 편지도 쓰기 어려울 만큼 지속되는 환청을 토로하는데, 이것은 그녀의 우울증이 견디기 어려운 지경에 이르렀음을 보여준다. 그녀는 온 정신력을 쏟아 창작에 몰두하면서도, 우울증 치료를 위해 이사한 시골 리치몬드에서의 단조로운 삶에 답답함을 느끼고 활기찬 런던으로 돌아가기를 열망한다. 그럼에도 그녀의 남편은 『댈러웨이 부인』에서 셉티머스의 의견을 무시하고 요양원으로 보냈던 정신과 의사들처럼, 버지니아에게 시골 요양을 처방한 남성 정신과 의사의 뜻을 따른다. 즉 그는 사랑과 보살핌의 이름으로 그녀를 원치 않는 상황에 감금시킨다. 그녀는 끊임없이 과거 런던 생활을 그리워하며 급기야 남편 몰래 런던 행 기차를 타러 역으로 향하지만, 이전에 두 번이나 자살 시도를 한 적이 있는 아내를 아는 남편은 이내 사색이 되어 쫓아온다. 자신에게 이로운 것이 무엇인지 안다는 의사들에 의한 관리와 감금에 절규하는 그녀는 결국 어느 곳으로도 떠나지 못한 채 되돌아와야만 한다.

앞서 언급한 것처럼 실제 울프의 자살 원인에 대해서는 여러 이유가 추측되는데, 달드리의 영화에서는 이미 진행되고 있는 상황인 우울증의 악화와 치료만 제시될 뿐 그 어떤 원인도 상세히 설명되지 않은 채 모호하게 처리된다. 이러한 모호함은 서사상의 혼란을 야기하기도 하지만, 한 편으로는 여전히 논쟁이 계속되고 있는 울프의 자살 원인에 대한 관객의 상상력에 여지를 남겨두는 장치로 이해될 수 있다. 영화는 울프의 자살 원인을 그녀가 부적절하다고 느끼는 우울증 치료 방식에 집중한다. 이를 통해, 다양한 개인적 불행과 역사적 비극이라는 울프에 관한 대표적 서사에 가려져 크게 부각되지 않았던 그 시대의 "의학적 가부장"(Leblanc 129)의 권위 문제, 특히 남성 의사 및 가족과 여성 환자 사이의 권력 불평등 문제를 강조한다.

1951년 로스앤젤레스의 안정된 중산층 가정주부이자 『댈러웨이 부인』의 독자인 로라도 현재의 삶에 안착하지 못한 채 죽음을 생각하고 있다. 그녀는 참전 용사로서 성공적으로 사회에 복귀한 남편 댄(Dan)(존 C. 라일리 John C. Reilly)과 유년기 아들 리치(Richie)(잭 로벨로 Jack Rovello)와 함께 안정된 삶을 누리며 남부러울 것 없어 보인다. 겉으로 보기에는, 애정 어린 남편을 위한 생일 케이크가 제대로 만들어지지 않는 것이 오늘 그녀가 직면한 유일한 문제이다. 그럼에도 그녀는 케이크를 만들다 말고 어린 아들을 이웃에 맡긴 채 홀로 낯선 호텔방에 들어가 자살을 꿈꾼다. 그녀의 겉모습만 본다면 그 누구도 이해할 수 없는 행동이다. 그녀는 사실 가사 일에는 소질이 없음에도 "전후 가정주부로서 당시 문화의 기대"(Ingersoll 134)에 따라 완벽한 가정을 꾸려야 하는 사회적 압력에 힘들어한다. 또한 이 시대 미국 사회에서 용인되지 않았던 동성애적인 감정을 이웃 여인 키티(Kitty)(토니 콜레트 Toni Collette)에게 느끼지만 이를 숨길 수밖에 없기에 괴로워한다. 무엇보다도 로라는 소녀 시절처럼 혼자서 독서를 즐길 수 있는 자신만의 시간과 공간이 주어지지 않는 결혼 생활에 아직도 적응하지 못한다. 무사히 생일 파티를 마친 날 밤, 함께 잠자리에 들고자 침대에서 기다리는 남편에게 선뜻 가지 못한 채 욕실에서 혼자 울고 있는 모습은 그녀의 내면이 얼마나 공허와 좌절로 가득 찼는지를 보여준다. 이후 가족을 떠난 그녀는 영화의 마지막에 성인이 되어 자살한 아들의 장례식에서 비로소 수십 년 만에 아들을 마주한다. 이 자리에서 그녀는 젊은 날의 삶을 죽음에 비유하여 "나는 삶을 선택했습니다"라고 말한다. 자신이 가족을 떠났던 이유를 한 마디로 함축하는 것이다. 시대가 요구하는 완벽한 어머니와 아내라는 여성의 역할에 갇혀 숨 막힘을 느끼며 설 자리를 찾지 못하던 그녀는, 이미 20세기 초에 여성에게 '자기만의 방'이 필요함을 외치던 울프 및 그녀가 창조해낸 댈러웨이 부인의 고뇌가 1950년대의 미국에서도 계속되고 있음을 예시한다.

이처럼 현재의 역할에 갇힌 채 과거 자신의 모습을 그리워하며 우울해 하는 여성의 모습은 2001년 뉴욕에 살고 있는 클라리사에게서도 발견된다. 10년째 동성 연인 샐리(Sally)(앨리슨 재니 Allison Janney)와 살고 있으며 알지 못하는 남자의 정자를 제공받아 인공수정으로 낳은 딸 줄리아(Julia)(클레어 데인즈 Claire Danes)도 잘 크고 있고, 출판사 편집인으로서 안정된 삶을 누리고 있는 클라리사는 앞서 두 여성에 비해 가부장 사회의 제약에서 훨씬 자유로운 인물이다. 그런 그녀의 삶에도 끊임없이 우울한 그림자가 드리우는 이유는 그녀가 열여덟 살 때 사랑에 빠졌던 과거의 연인이며 현재 에이즈로 투병 중인 리처드 때문이다. 이미 십대 시절 한여름의 풋사랑 이후 각자 동성애자로서 다른 사랑들을 찾아 살아왔지만, 현재 병든 리처드를 돌보고 있는 사람은 뉴욕에 사는 클라리사이다. 그녀와 리처드의 관계는 『댈러웨이 부인』에서 병든 남편을 돌보고 있는 루크레지아(Lucrezia)와 셉티머스 관계의 반복, 또는 병든 울프와 그녀를 돌보아온 남편 레너드의 관계의 역전이다. 그녀는 또한 리처드를 위한 파티를 열정적으로 준비하고, 과거의 사랑을 잊지 못한다는 점에서 리처드가 십대 시절부터 부르는 그녀의 별명 그대로 댈러웨이 부인 자체이기도 하다. 그녀는 "[파티의] 여주인으로서의 정체성과 댈러웨이 부인의 화신"(Leavenworth 515)이라는 역할 안에 갇혀버린 채, 리처드를 버린 어머니와 연인들을 "대신하는 어머니"(Sheehan 418)이자 실질적인 아내이다. 그러나 환각 증세를 겪으며 하루하루 죽음을 기다릴 뿐인 리처드를 돌보는 그녀에게는 어떠한 감정적 보상도 따르지 않는다. 단지 18년 전 리처드와의 아름다웠던 추억 하나에 의지해서 현재를 살고 있을 뿐이다. 아무리 정성을 다해도 좀처럼 삶의 의지를 회복하지 못하는 옛 연인으로 인해 점차 "감정적으로 죽은"(Wiener 159) 사람처럼 되어가는 그녀는, 모순적이게도 리처드와 함께할 때만 그나마 살아있음을 느낀다고 말한다. 그는 현재 그녀의 삶의 에너지를 소진시키는 주요 원인이면서 동시에 그 삶을 지탱하는 유일한 원동력이 되는 것이다. 하지만 '시인'이자 '선지자'인 버지니아를 닮은 리처드는 자신이 이 세상에서 사라져야만 클라리사가 자신을 잊고 새 삶을 찾을 수 있음을 알고 있다. 그리고 그는 버지니아가 시인에게 부여한 역할, 즉 "살아남은 사람들이 좀 더 삶을 소중히 여길 수 있도록" 하는 역할을 수행하기 위해 자살을 선택한다.

이처럼 이 영화에서 인물들은 자신을 얽매는 상황들로 점철된 현재를 살며, 미래를 꿈꾸기보다 과거의 제한된 기억들로 끊임없이 회귀한다. 때문에 그들의 경험은 시대가 부과하는 역할과 자신들의 추억의 틀을 좀처럼 벗어나지 못한다. 그럼에도 인물들이 이러한 경험의 틀을 깨고 자신을 속박하는 상황에서 잠시나마 상징적인 일탈을 시도하는 순간이 있는데, 이는 그들이 현재 자신들에게 기대되는 성 역할에서 어긋나는 대상과 짧게 입을 맞추는 장면들이다. 이 영화는 버지니아가 자신을 찾아온 언니

바네사(Vanessa)(미란다 리처드슨 Miranda Richardson)에게, 로라가 이웃 여인인 키티에게, 그리고 클라리사와 리처드가 짧게 입을 맞추는 장면을 삽입한다. 이 장면들은 일견 현실의 울프가 비타 색크빌 웨스트(Vita Sackville-West, 1892-1962)와 동성애 관계였던 점을 에둘러 상기시키는 장치라고 읽을 수도 있다. 그러나 키티에 대한 조심스러운 감정이 느껴지는 로라의 경우를 제외하고는, 버지니아 자매에게서 근친상간이나, 클라리사와 리처드에게서 새롭게 솟아나는 남녀의 애정을 읽어내기에는 이 행동들이 너무나 급작스럽고 순간적이다. 때문에 이 장면들에서의 입맞춤은 성적인 행위라기보다는, 자신의 시대와 현실에 적응하지 못하는 이들이 자신들의 삶을 옥죄고 있는 사회의 기대에 작지만 상징적인 균열을 가하는 행위로 보는 것이 타당해 보인다. 결국 이 모든 입맞춤 장면이 보여주는 일탈은 인물들이 자신을 옥죄는 틀을 거부하며 스스로를 정의하고자 하는 짧지만 강렬한, 그러나 결국 그들을 감싸고 있는 시간의 무게 속에서 지속될 수 없는 몸부림이라 할 수 있다.

3. 영화적 기법으로 표현되는 갇힘의 모티프

1920년대, 50년대, 그리고 2000년대를 넘나드는 〈디 아워스〉에서 인물들은 모두 시대를 막론하고 현재의 삶에 안착하지 못한 채 심리적으로 갇혀 있으며, 이는 영화의 서사 기법으로도 가시화된다. 이 작품에서는 다양한 영화적 작법에서도 이처럼 '구속' 또는 '갇힘'의 모티프를 발견할 수 있는데, 특히 이를 인물의 구성과 영화의 색감, 그리고 편집 기법에서 찾을 수 있다. 먼저 이 영화의 인물들은 모두 울프 자신 또는 『댈러웨이 부인』 속 인물들의 변형이자 조합으로 이 애초의 틀을 탈피하여 새로운 인물로 탄생할 기회를 갖지 못한다. 영화의 직접적 토대가 되는 소설 『디 아워스』의 작가 커닝햄은 자신의 작품 속 인물 구성에 대해 다음과 같이 말한다.

> 나는 『댈러웨이 부인』을 다시 쓴다는 생각을 단 한 번도 한 적이 없어요. 그런 일은 생각지도 않았죠. 내가 하고자 한 것은 연주자가 과거로부터 존재하는 위대한 작품에 대한 즉흥 연주를 하는 음악, 재즈와 같은 것이었어요. 처음부터 다시 만드는 것도, 그것에 대한 어떠한 직접적인 소유권을 청구하고자 하는 것도 아닌, 그 작품에 경의를 표하고 기존에 존재하는 예술 작품으로부터 다른 예술을 만들어내는 것이죠. (Schiff 113)

그는 울프의 작품을 다시 쓰는 것이 아니라, 로라의 모델이 되는 자기 어머니 및 울프를 닮은 버지니아라는 인물의 이야기를 포함시켜 새로운 이야기를 쓰려 했다고 밝힌다(115-116). 그러나 이처럼 커닝햄이 새롭게 창조한 우주 안에 공존하고 있는 서로 다른 시대의 인물들은 모두 벗어날 수 없는 어떠한 틀에 갇힌 듯, 서로가 서로를 끝없이 복제하며 일정한 궤도 안을 맴돌고 있다. 먼저 이 모든 인물들의 삶을 통찰하며 그들의 인생을 써 내려가는 신과 같은 존재로 그려지는 버지니아는, 가부장적 사회 질서로부터의 탈출을 절규하는 자신의 독자 로라, 그리고 자신이 원하지 않는 방식으로 흘러가는 삶의 공허와 부조리함을 견디지 못하고 자살하는 리처드와 닮아 있다. 로라는 버지니아이자 울프일 뿐 아니라 파티의 허망함을 느끼면서도 파티 주최자로서의 최선을 다하려 노력한다는 점에서 클라리사 댈레웨이 및 클라리사 본 모두와 비슷하다. 21세기의 클라리사는 로라, 옛사랑을 잊지 못하는 『댈러웨이 부인』의 클라리사, 아픈 남편을 돌보는 루크레지아, 또한 버지니아의 남편 레너드, 그리고 울프의 실제 남편과도 같은 운명을 공유한다. 리처드 역시 버지니아이자 울프이며, 그녀의 소설 속 분신인 셉티머스이고, 현재 클라리사가 그를 위한 파티를 준비한다는 점에서 리처드 댈러웨이이기도 하다. 마가렛 페처(Margret Fetzer)는 이러한 리처드에 대해 "오직 문학적 인용으로만 구성되어 있는 그는 자살조차 또 다른 인용일 뿐으로, 죽음에서조차 그의 운명을 벗어나지 못한다"라며 "그에게는 죽거나 결국 이와 진배없는 인용으로 사는 것 두 가지 선택밖에는 없다"(67-68)라고 이야기한다. 이는 비단 리처드뿐만 아니라 다른 모든 인물들에게도 해당되는 것으로, 버지니아나 그녀의 '원본'이 되는 울프조차 도 그 삶과 죽음이 그녀를 닮은 후대의 다른 인물들의 역할 반복에 의해 더욱 명확한 의미를 부여받기 때문이다. 이처럼 이 영화의 인물들은 고정된 인물 유형 사이를 끊임없이 반복 순환하면서 애초에 울프가 창조해낸 역할의 틀 안에 갇혀 있다. 이러한 구성은 여성 인물들의 속박의 문제가 단지 그들만의 고립된 문제가 아니라, 그들의 삶과 유기적으로 연결되어 있는 남성 및 사회 전체의 문제이기도 하다는 것을 깨닫게 한다.

이 영화의 독특한 색감 또한 인물이 특정 시대상 안에 갇혀 있다는 느낌을 전한다. 이 영화에는 버지니아의 시대인 1920년대, 로라의 시대인 1950년대, 그리고 클라리사의 시대인 2000년대를 각각의 시대에 특정한 색감을 부여해 그려냄으로써, 복잡한 서사를 따라가는 관객의 이해를 돕는 동시에 독특한 분위기를 형성한다. 먼저 울프의 시대는 과거의 영화에 많이 쓰이던 세피아 색조, 로라의 시대는 1950년대 영화에 많이 쓰이던 화사한 테크니컬러, 그리고 클라리사의 시대는 리얼리즘 영화에 많이 나올 법한 채도가 낮은 거칠고 어두운 계열의 색감을 가지고 있다.[4] 이 영화에서 세 갈래의 이야기를 표현하기 위하여 각각 그 시대 영화의 색감을 사용한 것은 각 시대를 표현하는 상징이 된다고 볼 수 있다. 이에 따라 관객은 각 인물이 자신들을 물들이고 있는 고정된 색감에서 벗어날 수 있을 때 비로소 그들을 가두고 있는 시간의 속박에서 자유로워지리라는 상상을 할 수 있게 된다. 이 영화 전체에서 자신의 색감에서 벗어나는 인물은 로라가 유일하다. 영화의 마지막에 로라는 지금껏 그녀의 젊은 시절을 보여주던 1950년대를 벗어나 2000년대의 세계에 재등장한다. 그녀가 이 영화에서 유일하게 죽음 대신 삶을 위하여 자신에게 강압되던 사회의 역할을 뒤로한 채, 자신의 자리를 버리고 떠난 인물이었기에 가능한 일이다. 그러나 그녀가 들어선 시간이 죄책감 속에 자신이 버린 아들의 죽음을 맞닥뜨려야 하는 음울하고 스산한 무채색의 현실이라는 데서 그 탈피가 진정한 해방의 의미로는 와닿지 않는다. 결국 영화는 사회에서 자신들에게 강요되는 역할에 반기를 들며 스스로를 재정의하려 노력했던 여성들이 어떠한 대가를 치러야 했는지를 일깨워준다. 서로를 인용하며 끊임없이 떠도는 기호와 같은 인물들은 자신을 가두는 이 세 가지 색감의 어느 하나를 탈피한다고 하여도 죽음이 아니고서는 또 다른 시간의 속박 안으로 떨어질 뿐임을 암시하면서 말이다.

마지막으로 이 영화에서 인물들의 갇힌 상태를 상징적으로 표현하는 기법은 독창적인 편집 방식이다. 울프의 『댈러웨이 부인』은 기본적으로 특정한 사건을 따라 전개되기보다는 서로 다른 인물의 의식 사이를 무작위로 넘나들고 있기에 전형적인 발단, 전개, 절정, 결말의 구조를 가지지

---

4) 이 세 가지 색감에 대해서는 잉거솔(Ingersoll) 1?0쪽, 리벤워스(Leavenworth) 504쪽 등 여러 학자의 글이 공통적으로 언급하고 있다.

않는다. 커닝햄의 소설 역시 전작과 다른 방식이기는 하지만 의식의 흐름 기법에 기초하고 있다. 따라서 이처럼 여러 인물의 내면을 넘나드는 내용을 어떻게 화면 위에 표현할 것인가가 〈디 아워스〉를 바라보는 이들의 가장 큰 관심 중 하나였다. 이에 달드리는 무형의 생각을 표현하는 데 집착하는 대신 서로 다른 시공간을 엮어 보여주는 과감한 교차편집 기법을 사용하여 울프나 커닝햄보다도 훨씬 빠른 속도로 인물들 사이를 오간다. 이를 통해 '흐름'과 '박자감'은 물론 각각 독특한 색채 안에 담긴 각 인물 고유의 서사적 공간까지도 확보함으로써 전작들의 주요 특징을 되살리되, 이를 넘어서는 독창적 리듬의 영화를 만들어내는 것이다.

이 영화의 가장 큰 특징은 이러한 교차편집으로 인해 인물들이 두 편의 전작에서보다 더욱 시간과 운명 속에 갇혀있다는 인상을 불러일으킨다는 점이다. 이러한 교차편집은 특정한 시각적 상징물을 중심으로 이루어지는데, 먼저 영화의 시작과 더불어 세 여성이 누워있는 침대가 그 예라 할 수 있다. 1951년의 장면에서 남편 댄이 아침 일찍 꽃 한 다발을 사서 귀가할 때 아내 로라는 카메라를 향해 누운 채 침대에서 자고 있고, 뒤이어 1923년 리치몬드 울프 가의 2층 침실에서 역시 비슷한 모습으로 누워있는 버지니아가 등장한다. 이어지는 장면은 2001년 뉴욕의 클라리사의 집에서 같은 방향으로 침대에 누워있는 클라리사의 모습이다. 이 연속 장면에서 공통적으로 여성 인물들이 아직 침대에 누워있다는 것은 앞으로 펼쳐질 그들의 하루의 시작을 알리는 신호임과 동시에, 똑같은 구도로 프레임에 잡히는 세 여성 사이의 일종의 평행 관계를 확립하는 영화적 메시지이다.

조금 지나 클라리사가 욕실의 거울을 바라본 뒤 세수를 시작하면, 뒤이어 버지니아가 방의 세면대에서 세수를 하기 전 거울을 응시하는 장면이 이어지고, 곧바로 로라가 침대 맡에 놓인 소설 『댈러웨이 부인』을 집어 드는 모습이 뒤따른다. 여기에서 거울은 과거와 현재, 이상과 현실의 거리 속에서 분열된 자아를 표현하기 위한 전형적인 문학적 상징으로 해석될 수 있는데, 이런 의미에서 로라가 침대에서 일어나자마자 자신과 닮은 인물이 등장하는 소설을 집어 드는 것은 앞서 두 인물이 거울을 바라보는 행위에 견줄 수 있다.

영화에서 세 여성의 장면을 효과적으로 묶어주는 또 다른 상징물은 꽃이다. 반복적으로 등장하는 꽃은 이 세 시대와 세 인물의 관련성을 보여주는 가장 확실한 시각적 상징이라 할 수 있다. 세수 장면에 이어 클라리사가 붉은 꽃이 담긴 화병을 옮기는 숏은 곧이어 댄이 자신의 집에서 노란 꽃이 담긴 화병을 옮기는 숏, 그리고 버지니아의 하녀인 넬리(Nelly) (린다 바셋 Linda Bassett)가 푸른 꽃이 담긴 화병을 옮기는 숏으로 매우 빠르게 이어지면서 마치 이 세 장면이 한 공간에서 벌어지는 듯한 착각마저 불러일으킨다. 이후 버지니아가 그 유명한 "댈러웨이 부인은 꽃을 스스로 사겠다고 말했다"라는 『댈러웨이 부인』의 첫 문장을 입 밖으로 되뇌면, 로라는 자신의 침대에서 이 문장을 소리 내어 읽고, 클라리사는 이 장면을 실행에 옮기듯 "샐리, 꽃은 내가 직접 사야겠어"라고 외친다. 이 순간 세 인물 사이에는 "작가, 독자, 그리고 소설 속 인물"이라는 관계가 성립된다 (Schiff 119). 그리고 이 관계 속에서 때로는 서로가 서로의 모습으로, 때로는 서로가 서로의 주변 인물의 모습으로 변형되면서 이들의 삶은 유기적으로 연결된다.

이처럼 다양한 시각적 상징물을 중심으로 이루어지는 이 영화에서의 탄탄한 교차편집은 서로 다른 시대를 사는 세 여성 인물의 운명을 수평적 선상에 놓고 볼 수 있도록 유도할 뿐 아니라, 자칫 산만하게 느껴질 수 있는 세 개의 이야기에 통일성을 부여한다. 이 기법을 통하여 정교한 톱니바퀴처럼 맞물려 있는 이 세 여인의 이야기가 시대를 넘어 반복되고 있음이 강조되고, 그들이 각자가 처한 상황 속에, 또한 이 영화 전체가 제시하는 시공간의 틀 속에 갇혀 있음이 암시된다.

4. 창작 행위를 통한 출구 찾기

〈디 아워스〉에는 커닝햄의 소설과 마찬가지로 인물들이 다양한 방식으로 무엇인가를 만드는 모습이 자주 등장하는데, 이 행위는 각 인물들의 정체성 찾기의 일부이자 각자의 갇힌 상황을 견디는 방편으로 볼 수 있다. 만드는 행위는 주요 여성 인물들뿐 아니라 그 주변의 인물들에게서도 보인다. 여성 인물들의 억압된 감정이 그들과 삶을 공유하는 주변 인물들에게도 전이되는 것이다. 출판 편집인인 레너드는 책을 만드는 일에 종사하고 있고, 리처드의 동성 연인이었던 루이스(Louis)(제프 다니엘스 Jeff Daniels)는 드라마를 가르치는 교수로 이 또한 일종의 창작 행위와 맞닿아 있다. 심지어 꼬마 리치조차도 엄마가 자신을 맡겨놓은 이웃집에서 장난감으로 집을 짓는 데 몰두한다. 엄마가 자신을 두고 갔다는 사실을 잊기 위하여 분노에 차서 장난감 만드는 데 집중하는 리치의 모습이 보여주듯, 주변 인물들의 창작 또는 만드는 행위는 크고 작은 범위에서 그들이 처한 현실을 잊거나 견디는 일종의 탈출구이다. 레너드는 새로 들어오는 출판 원고의 활자본을 교정하는 일에 집중하며, 우울증에 걸려 두 번이나 자살을 시도한 아내와의 척박한 삶을 잠시나마 잊는다. 클라리사 만큼이나 리처드와의 과거에서 벗어나지 못하는 루이스는 자신의 드라마 수업을 듣는 학생과 사랑에 빠지면서 새로운 삶을 꿈꾼다.

영화의 주요 인물들에게 무엇인가를 만드는 행위는 그들이 삶을 정의하는 데 더욱 중요한 의미를 지닌다. 먼저 『댈러웨이 부인』의 클라리사처럼 〈디 아워스〉의 로라와 클라리사도 각각 당일 저녁에 있을 파티를 준비한다. 로라는 남편 댄의 생일 파티를, 클라리사는 리처드의 '카루더스상'(Carrouthers Award) 수상을 축하하는 파티를 열어주고자 한다. 그러나 두 여성이 공통적으로 가진 문제는 사랑하는 이를 위한 파티를 자발적으로 준비하고 있음에도 이 준비 과정이 즐겁지 않다는 것이다. 로라의 고민은 표면적으로는 생일 케이크가 제대로 만들어지지 않는다는 데 있다. 그러나 그녀의 결혼 생활에서 실패한 생일 케이크는 단지 망가진 한 번의 요리로 끝나는 게 아니라 1950년대 이성애적 가부장주의 사회가 요구하는 어머니이자 아내 역할을 해내지 못한 그녀의 실패를 상징적으로 의미한다. 매년 생일 케이크를 만드는 것과 같은 가사 행위는 결혼한 부부에게 요구되는 역할이자 의식이다. 이브 세즈윅(Eve Sedgwick)이 지적하듯 다른 모든 사회적 역할과 마찬가지로 "결혼 자체도 무대"와 같으며 "연극처럼, 결혼도 다른 사람들의 눈에, 그리고 다른 사람들의 눈을 위해 존재"하는 것이기 때문이다(Pidduck 52 재인용). 이 케이크를 잘 만들어 생일상에 내어 놓는다는 것은 그녀가 자신이 속한 시대의 요구에 잘 적응하고 그 안에서의 안정된 자리를 찾았음을 확인하는 것이기도 하다.

이처럼 여성의 안정된 가사 수행이 가정이라는 공동체를 유지하는 데 기본이 된다는 생각은 레너드와 버지니아의 일화에서도 찾을 수 있다. 우울증에 시달리며 대부분의 시간을 글을 쓰느라 집안을 돌보지 않는 안주인을 대신하여 울프 부부의 가사를 지탱하는 것은 하녀 넬리이다. 혼자 런던으로 탈출하고자 기차역에서 나와 있는 버지니아에게 레너드가 "이제 집에 가야 하오. 넬리가 저녁을 짓고 있으니까. 우리는 넬리가 만든 저녁을 먹을 의무가 있소"라고 말하는 장면은 상처 입은 가정을 유지시키는 마지막 수단이 이처럼 가정생활의 작은 '의식'을 꾸준히 지키려는 노력일 수 있음을 시사한다. 로라가 살던 전후 미국 사회 역시 이러한 생각에는 변함이 없었으며, 따라서 가사의 의무는 엄마와 아내의 역할로만 여성을 정의하던 시대에 여성들이 자신의 존재 의미를 확인할 시험대와도 같다. 그러나 결국 생일 케이크를 망친 데다 뒤이어 방문한 키티에 대한 입맞춤도 어색하게 끝나버리면서 로라는 이 사회 어느 곳에서도 자신이 온전히 설 자리가 없음을 재확인하게 된다.

비슷한 맥락에서 클라리사에게도 파티 준비는 그녀의 삶에 활력을 불어넣어 줄 수 있는 중요한 수단이다. 무채색의 음울한 색조로 그려지는 그녀의 하루 중 유일하게 화려한 색을 만날 수 있는 때도 그녀가 파티를 위해 산 풍성한 꽃이 등장하는 장면이다. 『댈러웨이 부인』의 클라리사도 "베풀고, 조합하고, 창조하는 것"(185)이라며 파티를 찬양한다. 그러나 문제는 곧 이어 이 파티가 누구에게 베푸는 것인지, 베풀기 자체를 위한 베풂은 아닌지 자문하는 데서 드러나는데, 같은 질문을 <디 아워스>에서는 냉소적인 리처드가 직접적으로 클라리사에게 던진다. 그는 클라리사가 언제나 침묵을 은폐하기 위해 파티를 연다고 꼬집으며 이 파티가 누구를 위한 것인지 묻고, "나는 오로지 당신을 만족시키기 위해 살아있는 것 같다"라고 말한다. 겉보기에는 아픈 옛 애인의 충실한 간병인이자 샐리의 연인이며 줄리아의 어머니, 그리고 성실한 전문직의 역할까지 씩씩하게 잘 해내고 있는 듯한 클라리사의 삶 한가운데 자리한 공허를 날카롭게 짚어내고 있는 것이다. 그녀는 열여덟 살의 이루지 못한 사랑을 잊지 못한 채 평생을 그의 언저리에서 지냈고, 이제 나날이 시들어가며 죽음만을 기다리는 그의 옆에서 함께 지쳐간다. 그녀에게 리처드를 위한 파티 준비는 과거에 얽매인 정체된 삶을 견뎌내기 위한 유일한 게임과도 같은 것이다. 리처드는 클라리사의 파티가 이 모든 과거에 대한 집착과 공허한 삶을 가리는 위장임을 알고 있으며, 그녀가 삶을 새롭게 직면하기 위해서는 자신이 사라져야 한다는 것도 안다. 그렇기에 리처드의 자살 이후 그녀가 하루 종일 준비했던 파티 음식을 모두 쓰레기통에 버리는 것은 그녀로서는 "상징적인 체념과 분노"인 동시에 "안도의 행위" 또한 될 수 있다(Wiener 159).

　　로라와 클라리사에게 파티 준비라는 만들기 행위가 있다면, 작가인 리처드와 버지니아에게는 글쓰기가 있다. 영화에는 커닝햄의 소설에서는 볼 수 없는 리처드의 시점을 볼 수 있는 장면이 단 한 번 나온다. 자살을 포기한 로라가 리치를 차에 태워 귀가할 때 꼬마 리치가 불안한 눈빛으로 "엄마 사랑해요"라고 말하자마자, 바로 다음 장면에 2001년의 리처드가 어머니 로라의 웨딩드레스 입은 사진을 바라보며 홀로 눈물 흘리는 모습이 이어진다. 리처드가 로라의 어린 아들 리치였음을 처음으로 알려주는 이 짧지만 강렬한 장면은, 그동안 리처드의 인생에서 가족을 버리고 떠난 로라의 부재로 인한 상처가 얼마나 컸는지를 일깨워준다. 클라리사와 마찬가지로 그의 삶도 어머니가 떠난 순간의 과거에서 벗어나지 못한 채, 그 한순간이 남긴 고통의 자장 안에서 맴돌고 있었던 것이다. 그가 이 고통의 시간을 벗어나기 위해서는 과거로 돌아가 그 시간과 화해하는 수밖에 없는데, 그에게는 이 화해의 수단이 글쓰기이다. 수십 년 동안 거의 연락하지 않고 지내는 모자가 간접적으로나마 다시 만나는 것도 로라가 그의 소설을 읽음으로써 이루어진다. 세상의 모든 순간에 일어나는 모든 일에 대해 쓰고 싶었지만 그렇게 하지 못했다고 자조하는 그는 자신의 소설에서 어머니 로라를 상기시키는 인물이 자살하는 것으로 그린다. 이것은 자신을 버린 어머니에 대한 그의 오랜 원망의 한풀이이자, 이 글을 읽는 어머니가 자신에 대해 지녔던 죄책감에서 벗어날 수 있도록 치르는 일종의 의식이다. 과거로부터 지속되어온 고통스러운 시간을 이해하고 그동안 쌓인 감정을 해소하는 이 의식이 끝나자 리처드는 자신과 어머니, 클라리사 모두를 과거의 속박으로부터 해방시키기 위해 스스로 자신의 시간을 매듭 짓는다. 리벤워스는 리처드의 자살이 비록 잠정적이나마 "삶에 대한 축연"이라고 말하는데(516), 이 말은 그의 죽음으로 한 자리에 모인 클라리사, 로라, 그리고 줄리아와 샐리가 (대부분은 버려지겠지만) 여전히 남은 얼마간의 파티 음식을 함께 나누리라는 점에서 적절하다. 함께 음식을 나누는 행위는 "결국은 파티"이고, "아직 죽지 않은, 상대적으로 덜 상처 입은 이들"을 위한 파티이기 때문이다(Cunningham 226).

마지막으로 영화라는 허구와 현실의 경계에 존재하는 버지니아는 글쓰기에 전념하고 있다. 그녀에게 글쓰기란 자신이 살고 있는 세상과 소통하는 방법이자 요양 치료의 굴레에 갇힌 그녀가 답답함을 견디도록 하는 유일한 할 일이며, 무엇보다 자신이 속하지 않은 또 다른 세상과 조우할 수 있는 기회이다. 이러한 글쓰기는 자신을 가둔 시대의 틀을 깨고자 하는 버지니아와 같은 여성의 열망을 상징함과 동시에, 글쓰기 외에는 자아를 구현할 방법을 달리 찾기 어려웠다는 점에서 시대의 틀 자체를 상기시키기도 한다. 영화에서 바네사는 버지니아에게 그녀가 현재 살고 있는 인생과 글로 쓰는 인생 두 가지를 살고 있다고 말하는데, 이는 특히 이 영화의 독특한 편집에 의해 더욱 강조된 주제이다. 버지니아가 소설의 첫 문장을 쓸 때 클라리사가 직접 꽃을 사러 나가면서 이를 실행하는 장면이 뒤따르거나, 그녀가 주인공의 죽음을 상상할 때 호텔방의 로라가 갑자기 차오른 물에 잠기는 판타지와 같은 장면이 이어지는 것, 그리고 그녀가 주인공이 아닌 시인이자 선지자가 죽게 될 것이라고 할 때에 자살 직전의 리처드의 모습을 보여주는 것 모두 버지니아가 마치 신처럼 이들 후세 사람들의 삶을 예견하고 이를 글로써 직접 창조해낸 듯하다.

사실 이 판타지 같은 구조에는 작가와 독자, 허구와 실재, 글쓰기와 삶 사이의 관계가 복합적으로 함축되어 있다. 버지니아가 자신의 경험에 기초해 쓴 소설은 1951년에 이 소설 독자의 삶을 변화시키고, 이 독서는 2001년을 사는 누군가의 시간에 영향을 줄 뿐만 아니라 또 다른 허구 및 또 다른 인생을 탄생시키기 때문이다. 따라서 작가가 글을 쓰는 행위는 실재를 기초로 하여 허구를 창조할 뿐 아니라 또 다른 실재와 허구의 시간을 향해 나아가는 것이다. 때문에 커닝햄의 소설과 이 영화에 현실의 작가인 울프가 허구적 인물로서 등장하거나, 커닝햄의 소설 속에서 클라리사가 목격했다고 생각하는 배우 메릴 스트립이 이 영화에서 바로 그 클라리사의 역할을 하는 것, 1990년대 초반 영국과 미국의 연극무대에서 『비타와 버지니아』(Vita and Virginia, 1992)의 울프 역할을 하던 배우 에일린 앳킨스(Eileen Atkins)가 꽃집 주인으로 등장하며,[5] 무엇보다도 작가 커닝햄 자신이 클라리사가 걷는 거리의 행인으로 잠시 카메오 출연하는 것은 이 작품의 재치 있는 상호텍스트적 관계를 드러낸다. 뿐만 아니라, 작품이 주장하고자 하는 글쓰기와 삶, 허구와 실재 사이의 순환의 고리를 강조하는 장치로도 작용한다.[6] 결국 버지니아에게 글쓰기는 자신의 시대에 갇힌 그녀의 삶을 의미 있게 만드는 과정이자 자신의 시간을 넘어서는 여행과도 같다. 이는 현실의 울프에게도 마찬가지이다. 자신이 처한 현실 속에 감금되

---

5) 앳킨스는 1997년 영화 〈댈러웨이 부인〉의 각본을 쓰기도 했다.
6) 이 작품에서 스트립, 앳킨스, 커닝햄의 등장에 대해서는 미칠린(Michlin) 24쪽, 고현철 25쪽 등을 참조했다.

기를 거부하고 스스로 생을 마감한 이후에도 그녀가 전달하고자 했던 삶의 통찰은 그녀의 책을 읽는 독자들을 통해 끝없이 재해석되며 새로운 삶의 이야기를 만들어내고, 이를 통해 그녀 자신의 삶도 재창조 되는 것이다. 이는 결국 롤랑 바르트(Roland Barthes, 1915-1980)가 말한 독자를 탄생시키는 작가의 죽음이자(213), 타인의 인생과 작품에서 새로운 모습으로 등장하는 작가의 재탄생을 보여주는 것이다.

5. 또 다른 시대 속으로

제작 단계부터 화제를 몰고 왔던 <디 아워스>는 개봉 후 2003년 골든글로브 작품상 및 여우 주연상(키드먼), 베를린 영화제 은곰상(키드먼, 무어, 스트립), 아카데미 여우 주연상(키드먼)을 포함, 수십 개의 상을 받으며 전 세계적으로 각광받았다. 80여 년 전 울프의 비전으로 시작된 여성들의 이야기가 21세기 초 관객들에게도 큰 울림을 전하고 있음을 입증한 것이다. 영화의 끝에는 울프의 실제 유서나 커닝햄의 소설에도 나오지 않는 버지니아의 유서 마지막 내용이 새롭게 더해진다. 이 글에서 그녀는 남편에게 "삶을 직시하세요. 항상 삶을 직시하고 있는 그대로 받아들이세요. 있는 그대로 사랑하고, 그리고, 치워버리세요. 레너드, 항상 우리 사이에 있는 그 세월들, 항상 그 세월들을, 항상, 그 사랑을, 항상, 그 시간들을"이라고 쓰고 있다. 버지니아가 남편에게 남기는 이 마지막 한 마디는 어떠한 것이든 자신에게 주어진 순간들을 포용하고 사랑하되 이에 너무 집착하지 않은 채 흘려보내기를 당부한다. 결국은 자신이 원하는 방향으로 가든 그렇지 않든 그렇게 쌓인 경험들과 그 속에서 겪은 사랑과 고통이 우리의 삶 자체이기 때문일 것이다.

〈디 아워스〉는 울프가 질문했던 여성의 삶의 조건이 서로 다른 시간과 공간 속에서도 얼마나 유사하며, 그 변화가 얼마나 더디게 진행되는지를 보여준다. 이를 위해 감독은 각자 다른 시대를 살면서도 서로와 닮아 있을 뿐 아니라 불가분의 관계로 연결되어 있는 인물들을 그려낸다. 그들은 공통적으로 공동체가 규정한 성적, 사회적 역할의 속박 속에서 행복을 찾지 못한 채 힘겹게 시간을 견뎌가고 있다. 그러나 이를 그리는 과정에서 이 작품은 시간과 삶, 운명에 구속된 인간을 반영하는 데만 그치지 않고 그 안에서 나름대로 각 인물들이 자신의 시간을 버텨내기 위해 기울이는 최선의 노력을 보여주며 삶의 본질에 대한 질문을 던진다. 이를 통해 시간의 무게를 견뎌내고 그것까지도 사랑할 수 있는 삶의 가치가 시인이자 선지자인 영화 속의 버지니아 및 그녀의 모체인 현실의 울프의 글을 통해서 세상에 전달되는 것이다. 그리고 현실과 허구, 작가와 독자, 과거와 현재의 경계를 넘나드는 독특한 서사 기법을 통해 21세기에 울프의 이야기를 재창작하는 영화 〈디 아워스〉는 울프 작품의 또 다른 해석이자 최선을 다한 또 하나의 창작 행위이다.

▎참고 문헌

고현철. 「소설 『디 아워스』와 영화 〈디 아워스〉의 포스트모더니즘적 성격과 그 해석」. 『문학과 영상』 8.3 (2007): 39-60.

Barthes, Rolan. "The Death of the Author." *Theories of Authorship: A Reader*. Ed. John Caughie. London: Routledge, 1999. 208-213.

Catalano, Christina. "Shaping the American Woman: Feminism and Advertising in the 1950s." *Constructing the Past* 3.1 (2002): 45-55.

Chafe, Williams. *The Unfinished Journey: America since World War II*. New York: Oxford UP, 1991.

Cunningham, Michael. *The Hours: A Novel*. New York: Picador, 1998.

Fetzer, Margret. "Reading as Creative Intercourse: Michael Cunningham's and Stephen Daldry's *The Hours*." *Anglistick* 19.1 (2008): 65-83.

Ingersoll, Earl G. *Screening Woolf: Virginia Woolf on/and/in Film*. Madison: Fairleigh Dickinson UP, 2017.

Leavenworth, Maria Lindgren. "A Life as Potent and Dangerous as Literature Itself: Intermediated Moves from *Mrs. Dalloway* to *The Hours*." *Journal of Popular Culture* 43.3 (2010): 503-523.

LeBlanc, Michael. "Melancholic Arrangements: Music, Queer Melodrama, and the Seeds of Transformation in *The Hours*." *Camera Obscura: Feminism, Culture, and Media Studies* 61.21.1 (2006): 105-145.

Michlin, Monica. "Expanding Adaptation: Intertextuality and Remediation in Stephen Daldry's *The Hours*." *Interfaces: Image, Texte, Language* 34 (2012-2013): 139-164.

Park, Sowon. "Suffrage and Virginia Woolf: 'The Mass Behind the Single Voice.'" *The Review of English Studies* 56.223 (2005): 119-134.

Pidduck, Julianne. "The Times of *The Hours*: Queer Melodrama and the Dilemma of Marriage." *Camera Obscura: Feminism, Culture, and Media Studies* 82.28.1 (2013): 37-67.

Schiff, James. "An Interview with Michael Cunningham." *The Missouri Review* 26.2 (2003): 111-128.

Sheehan, Maureen. "*The Hours*: the 'as-if' personality and problems of loving." *Journal of Analytical Psychology* 49 (2004): 413-420.

Wiener, Diane R. "A Meditation on Depression: Tim and Narrative Peregrination in the Film *The Hours*." *Depression and Narrative: Telling the Dark*. Ed. Hilary Anne Clark. Albany, NY: State U of New York P, 2008. 157-164.

Woolf, Virginia. *Mrs. Dalloway*. New York: A Harvest Book, 1953.

| 그림 자료

https://movie.daum.net/moviedb/main?movieId=4218#photoId=111578

더 헬프 *The Help* / 히든 피겨스 *Hidden Figures*
흑인 여성들의 자기 목소리 찾기

ㅣ 이형식

감독 테이트 테일러
각본 테이트 테일러
원작 캐스린 스토켓
주연 엠마 스톤, 바이올라 데이비스, 옥타비아 스펜서,
       브라이스 달라스 하워드, 제시카 차스테인
국내 개봉 2011년 11월
역사적 배경 미국의 1960년대 민권 운동 시기,
       1963년 미시시피주 잭슨

감독 테오도어 멜피
각본 테오도오 멜피, 앨리슨 슈로더
원작 마고 리 셰털리
주연 타라지 헨슨, 옥타비아 스펜서, 자넬 모내
국내 개봉 2017년 3월
역사적 배경 미국의 1960년대 민권 운동 시기,
       1961년 버지니아주 랭글리 연구소

페미니즘 포커스 두 영화는 각각 1963년의 미시시피 주 잭슨, 1961년의 버지니아 랭글리 연구소에서 일어난 흑인 여성들의 자기 목소리 찾기 노력을 다룬다. 1950년대부터 싹터온 흑인의 민권 운동이 1963년 마틴 루터 킹의 유명한 "I have a dream" 스피치로 정점에 달하는 일련의 흐름 속에 백인 가정에서 일하는 가정부들의 입을 통해, 그리고 백인 남성 위주의 우주 센터에서 일하는 흑인 여성 수학자와 엔지니어를 통해 그동안 억눌렸던 흑인 여성의 이야기가 전개된다.

1. 1960년대 미국을 사는 흑인 여성의 현실

〈더 헬프〉(The Help, 2011)와 〈히든 피겨스〉(Hidden Figures, 2017)는 많은 공통점이 있다. 우선 두 영화는 각각 1961년의 버지니아 랭글리 연구소와 1963년의 미시시피주 잭슨에서 일어난 흑인 여성들의 자기 목소리 찾기 노력을 다룬다. 1950년대부터 싹터 온 흑인의 민권 운동이 1960년대의 마틴 루터 킹(Martin Luther King Jr., 1929-1968)의 유명한 "내게는 꿈이 있습니다"(I have a dream) 스피치로 정점에 달하는 일련의 흐름 속에 각 영화는 백인 가정에서 일하는 가정부들과 백인 남성 위주의 우주 센터에서 일하는 흑인 여성 수학자와 엔지니어를 통해 그동안 억눌렸던 흑인 여성의 이야기를 전개시킨다. 또 다른 공통점은 두 영화 모두 2010년대에 개봉되었다는 사실이다. 2010년대는 백인 경찰의 강압적인 진압으로 목숨을 잃은 흑인들로 인해 "흑인의 생명도 소중하다"(Black Lives Matter) 운동이 미국 전역으로 퍼져나간 시기이다. 2014년 미주리주의 퍼거슨에서는 마이클 브라운이라는 흑인 십대 소년이 백인 경찰의 총에 맞아서 숨졌다. 같은 해

뉴욕시에서는 에릭 가너라는 흑인이 경찰에 의해 목이 졸리면서 "숨을 쉴 수가 없어요"(I can't breathe)라는 말을 남기고 숨졌다. 많은 다른 흑인들도 체포 과정에서 경찰에 의해 목이 졸려 죽으면서 같은 말을 되풀이했고, 이 말은 흑인들의 시위에서 중요한 슬로건이 되었다. 1960년대 민권 운동으로 흑인들의 권리가 많이 신장된 것 같지만 2010년대에도 여전히 흑인을 잠재적 범죄자로 보는 백인의 시선이 존재하고 있으며 단순히 흑인이라는 이유로 경찰의 폭력에 희생되는 일이 바로 이 시간에도 벌어지고 있다는 위기의식이 흑인들 사이에 퍼져 있었다. 두 영화는 민권 운동 후 50년이 지난 2010년대에도 흑인들이 여전히 폭력적인 환경에 노출되어 있다는 공감대가 팽배해 있던 시기에 개봉되었다. 두 영화가 바로 이런 시기에 개봉되어 비평적 상업적 성공을 거두었다는 것은 많은 것을 시사한다.

세 번째 공통점은 두 영화 모두 상업적으로나 비평적으로 높은 성과를 거두었고 두 영화에 출연한 흑인 배우들이 아카데미 수상 후보에 오르거나 아카데미상을 수상하고, 또 이 영화들의 성공으로 인해 배우로서 커리어가 한층 더 도약하는 결과를 얻었다는 점이다. 〈더 헬프〉는 2012년 아카데미 시상식에서 여우 조연상(옥타비아 스펜서 Octavia Spencer)을 수상했으며, 최우수 작품상, 여우 주연상(바이올라 데이비스 Viola Davis), 여우 조연상(제시카 차스테인 Jessica Chastain) 후보에 올랐다. 이 영화는 전 세계적으로 2억 1천2백만 달러의 수익을 올렸고 비평적으로도 로튼 토마토 평점 7점을 받았다. 〈히든 피겨스〉는 2017년 아카데미 시상식에서 최우수 작품상, 여우 조연상(옥타비아 스펜서), 각색상 후보에 올랐다. 이 영화는 또한 2천5백만 달러 예산을 들여 2억 3천6백만 달러의 수익을 거두어 2016년에 가장 큰 이득을 올린 영화라는 평가를 받았다. 비평적으로는 로튼 토마토 평점 7.6점을 비롯해서 많은 매체에서 좋은 평가를 받았다.

_역사적 배경

미국에 노예로 끌려왔던 아프리카계 미국인은 1863년 남북전쟁 중 이루어진 노예 해방 선언으로 법적으로는 해방이 되었지만 여전히 백인 농장주의 소작인으로, 일꾼으로, 가정부로 종속된 삶을 살았다. 1896년에 있었던 플레시 대 퍼거슨(Plessy vs. Fergusson) 판결로 굳어진 "분리하지만 차별하지 않는다"(separate but equal)라는 결정으로 흑백 분리 정책은 합법이 되었고 미국 사회의 도처에서 당연한 것으로 여겨졌다. 그러나 1954년에 내려진 브라운 대 토피카 교육 위원회(Brown vs. Board of Education of Topeka) 대법원 판결로 인해 뒤집혔고 이제 미국에서 인종 분리 정책은 불법이 되었다. 1955년에는 로자 팍스(Rosa Parks)라는 흑인 여성이 몽고메리 버스 보이콧 운동을 촉발시킴으로써 민권 운동은 들불처럼 미국 전역으로 번지기 시작했다. 특히 마틴 루터 킹 목사가 이끄는 남부의 온건한 민권 운동은 수동적이고 비폭력적인 저항을 통해 흑인들의 단체 행동의 힘을 보여주었고, 마침 시작된 텔레비전 방송은 미국의 남부 어느 시골에서 일어난 사건도 전국적으로 중계했다. 〈셀마〉(Selma, 2014)라는 영화에서 재현되었듯이 흑인 시위대에 물대포를 쏘고, 개를 풀어서 물게 하고, 말을 타고 가며 곤봉으로 머리를 때리는 경찰들의 잔혹 행위는 온 국민에게 인종 차별의 잔학성을 깨닫게 해주었다.

더구나 이 시기는 사회의 각 계층과 집단에서 백인 남성들이 지배하는 제도권에 대항하여 청년 운동, 반전 운동, 페미니즘 운동이 동시에 일어났던 시기이기도 했다. 역사상 가장 젊은 대통령으로 신선한 이미지와 정책으로 미국을 이끌어가던 존 F. 케네디(John F. Kennedy, 1917-1963) 대통령이 암살되자 "그들이 죽였다"(They did it)라는 음모론도 나오면서 기성 백인 지배 계급에 대한 불신은 더 커졌고, 이어서 로버트 케네디(Robert

Kennedy, 1925-1968), 마틴 루터 킹 주니어, 말콤 엑스(Malcom X, 1925-1965), 전미 유색 인종 지위 향상 협회(NAACP)의 리더인 메드가 에버스(Medgar Evers) 등 지도자들이 연이어 암살되면서 1960년대는 가히 암살의 시대가 되었다. 이러한 역사적 배경은 두 영화에서 다큐멘터리 영상으로 삽입되어 역사적 분위기를 알려준다.

민권 운동이 격렬히 벌어지는 한가운데서도 남부의 소위 딥 사우스 (Deep South)라고 불리는 주들에서는 분리 정책과 흑인 차별이 여전히 굳건하게 존재했다. 〈더 헬프〉의 배경은 미시시피주의 잭슨으로, 이곳에서 흑인 가정부들은 자기 아이를 남에게 맡겨두고 백인의 아이들을 키우며 살림을 도와주기 위해 출근을 한다. 〈히든 피겨스〉의 배경은 랭글리 연구소가 위치한 버지니아주 햄튼인데, 이 연구소에서 일하는 흑인 여성들은 대학을 졸업한 인텔리 엔지니어이자 수학자이지만 분리 정책의 적용을 받는다.

2. 〈더 헬프〉, 가정부들 목소리를 내다

이 영화는 캐스린 스토켓(Kathryn Stockett, 1969-)이 쓴 동명의 소설(2009)을 원작으로 하고 시대적, 지리적 배경은 1963년의 미시시피주 잭슨이다. 미시시피주는 앨라배마, 루이지애나, 아칸소와 함께 딥 사우스에 속한 지역으로 과거 플랜테이션에서 많은 노예를 거느렸던 백인 지주들을 중심으로 인종 차별 의식이 가장 강했던 곳이다. 흑인은 하위 계층에 속했고 특히 흑인 여성들은 인종적, 성적, 계층적 차별이라는 삼중의 고통을 받으며 생활한다. 이 영화에서도 흑인 남성은 많이 등장하지 않고, 등장한다고 해도 미니의 남편처럼 여성을 구타하거나 학대하는 남성이다. 흑인 여성들은 남자가 거의 부재한 집안에서 가족의 생계를 떠맡으며 자신의 자식을 남에게 맡긴 채 백인의 가정에서 자녀 양육 등 가사를 도와주며, 이런 여성들은 "헬프"라는 이름으로 불렸다. 흑인 여성들은 주로 상류층 백인 여성들과 갈등 관계에 있다. 백인 여성들은 부유한 가정 환경에서 자라나 큰 집을 소유하고 경제적인 풍요를 누리면서 사교적인 일에만 관심이 있다.

그러나 모든 백인 여성이 이처럼 인종 차별적인 태도로 흑인 헬프들을 대하는 것은 아니다. 1963년은 본격적인 페미니즘 운동이 태동하던 초기였고, 이 영화에는 대학에서 교육을 받고 흑인 여성들을 열린 마음으로 동등하게 대하면서 그들의 곤경을 이해하는 주인공이 등장한다. 미시시피 주립 대학교를 졸업하고 작가를 꿈꾸는 스키터(Skeeter)가 바로 그러한 인물이다. 그녀가 이렇게 불리는 것은 그녀가 태어났을 때 너무 마른 그녀가 모기 같다고 해서 오빠가 "모스키토"와 유사한 발음으로 이름을 붙였기 때문이다. 이 영화는 잭슨시의 신문사에 취직한 스키터가 '헬프'에 대해서 취재를 시작하면서 흑인 여성들로 하여금 자기 삶을 이야기하게 하는 방식으로 진행된다. 이미 결혼한 친구들과 달리 스키터는 남자도 사귀지 않고 결혼 생각도 없어서 엄마 샬롯은 혹시 그녀가 레즈비언이 아닌가 하고 의심한다. 엄마의 강요에 의해 스튜어트라는 남자를 만나 데이트를 하지만, 남자는 너무나 자신의 의사 표현이 분명한 그녀를 보고 "자신의 생각을 그대로 말하는 여자는 처음 보았소"라고 말한다.

__흑인 여성 주인공들

영화는 에이블린 클락(Aibileen Clark, 바이올라 데이비스)의 보이스 오버로 시작된다. 처음에 스키터가 가정부들의 이야기를 그들의 관점에서 쓰고 싶다고 했을 때 편집장은 아무도 응하지 않을 거라고 했으나 에이블린이 제일 먼저 인터뷰에 응한 것이다. 엘리자베스 리폴트(Elizabeth Leefolt)의 집에서 그녀의 딸 메이 모블리를 돌보는 에이블린은 14세에 처음으로 "헬프"로 나섰으며 지금까지 17명의 아이를 돌보았던 지난날의 경험을 스키터에게 들려준다. 스키터의 첫 질문은 자신의 아이를 다른 사람에게 맡기고 백인의 집에서 아기를 보살피는 일이 어떤 느낌이냐는 것이다. 이야기가 진행되는 중에 에이블린은 가장 가슴 아팠던 일로 목재소에서 일하던 아들이 트럭에 치여 죽은 사건을 든다. 아들을 병원에 내려놓고 경적을 울렸으나 병원에서 할 수 있는 일이 없어서 집으로 데려와 아들이 죽어가는 모습을 지켜볼 수밖에 없었던 그녀는 아들의 기일이 되면 죽고 싶다고 말한다. 그녀는 가슴 속에 응어리진 원한을 평소에 기도로 적어놓았으며 어떤 때는 밤을 새기도 한다고 토로한다. 스키터의 프로젝트를 계기로 에이블린의 이야기는 책으로 엮어져 나오며, 그녀는 24세에 죽은 아들이 언젠가 우리 집안에서 작가가 나올 것이라고 했는데 그것이 바로 자신이었다며 작가로서의 삶에 희망을 가진다. 인터뷰는 처음에 엘리자베스의 집에서 진행되었으나 주변의 시선을 의식한 에이블린의 제안으로 인해 에이블린의 집에서 진행된다. 스키터가 처음 집에 오던 날 그녀는 "백인을 처음 집에 들인다"라고 말한다.

또 한 명의 중요한 인물은 에이블린의 친구인 미니 잭슨(Minny Jackson, 옥타비아 스펜서)이다. 힐리에게 해고된 미니는 자발적으로 에이블린의 집으로 찾아와서 스키터에게 자신의 이야기도 들려주겠다고 말한다.

그녀가 일단 이야기를 시작하자 아무도 멈출 수가 없으며 그녀의 이야기는 밤을 새고 다음날 아침까지 계속된다. 그녀는 다른 가정부들도 동참할 수 있도록 독려해야겠다고 말한다. 이 영화에서 가장 결정적이고 코믹한 에피소드 또한 미니가 만들어낸다. 그녀는 힐리에게 해고된 후 사과를 하겠다고 찾아가는 길에 파이를 구워서 힐리에게 갖다 준다. 힐리가 맛있게 두 조각을 먹은 뒤 맛의 비결이 무엇이냐고 묻자 그 속에 특별한 성분, 즉 자신의 대변이 들어있다고 밝힌다. 힐리는 경악하고 이것은 나중에 힐리를 꼼짝 못하게 만드는 무기가 된다.

또 한 명의 중요한 흑인 여성 인물의 이야기는 작가인 스키터가 서술하는데 그것은 바로 자신의 유모에 관한 것이다. 더 많은 가정부의 동참으로 수집된 원고를 본 편집장은 "너의 이야기도 써라" 하며 스키터를 독려하고, 그녀는 자신을 키워주었던 흑인 가정부 콘스탄틴 이야기를 포함시킨다. 콘스탄틴은 그녀를 어릴 때부터 키워주고 그녀가 어려움에 처할 때마다 용기를 주며 다시 일어서도록 격려해주었던 엄마와 같은 존재였다. 회상 장면에서 콘스탄틴은 고교 졸업 파티에 댄스 요청을 못 받아서 실망한 스키터에게 용기를 북돋워 준다. 스키터의 엄마는 엄청난 미인이었으나 스키터 자신은 그다지 인기가 없었던 것이다. 콘스탄틴은 "남을 미워하면 네가 미워진다. 바보 같은 사람들 말을 듣지 마라, 엄마가 네 삶을 결정하는 것이 아니다, 네 자신이 결정하는 거다, 그리고 너는 언젠가 크게 될 거다"라는 말로 스키터의 자존감을 세워준다. 콘스탄틴이 갑자기 해고된 것 또한 사회에 만연한 인종 차별주의 때문이었다. 계기는 스키터의 어머니 샬롯이 "미국의 딸 협회"(Daughters of America)에서 올해의 여성으로 선발된 것과 관련된다. 샬롯이 워싱턴에서 온 회장에게 메달을 받고 집에서 파티를 하는 중에 콘스탄틴의 딸이 갑작스럽게 엄마를 방문하러 온다.

그녀가 파티 장소를 통해 부엌으로 가려고 하자 회장은 샬롯을 크게 나무란다. 흑인이 이런 행동을 하는 것을 용납할 수 있느냐고 화를 낸 뒤 당장 해고시키라는 회장의 압력에 샬롯은 콘스탄틴을 그 자리에서 해고하고 딸과 함께 쫓아낸다. 29년 동안 스키터의 집에서 일했지만 작별 인사도 제대로 못하고 쫓겨난 콘스탄틴은 딸과 함께 집을 떠나기 전에 자기 집의 기둥에서 스키터가 어릴 때 키를 쟀던 표식을 발견하고 슬픔에 잠긴다. 시카고로 이주한 콘스탄틴은 곧 세상을 떠났고 스키터는 콘스탄틴이 살던 집을 다시 방문하여 어린 시절의 추억에 잠긴다.

__억압적인 백인 여성들

이 영화에서 인종 차별의 선봉에 서는 것은 흑인 가정부들을 고용한 백인 여성들이다. 비평가 로저 에버트(Roger Ebert)의 말처럼 이 영화에서 백인 남자들은 별로 역할이 없다. 백인 여성들은 자신들의 우월한 지위를 가정부들을 억압하는 데 사용하고 사교 모임과 가십, 허영심에 시간과 정성을 바친다.

백인 여성 중 가장 악역은 힐리 홀브룩(Hilly Holbrook)(브라이스 댈러스 하워드 Bryce Dallas Howard)이다. 인종 차별주의자인 그녀는 다른 사람들도 차별에 동참하도록 강요한다. 이 영화에서 가장 큰 이슈는 화장실 사용 문제인데 힐리는 흑인들이 병균을 가지고 있어서 같은 화장실을 사용할 경우 병을 옮길 수 있다고 주장한다. 그녀는 집 밖에 따로 화장실을 짓고 미니에게 그곳을 사용하도록 지시한다. 폭풍우 치는 날 밤 비를 맞으며 실외 화장실을 갈 수 없었던 미니가 힐리의 어머니의 권유로 실내 화장실을 가자 현장을 덮친 그녀는 당장 미니를 해고한다. 그것도 모자라 미니가 촛불 장식을 훔쳐갔다고 소문을 내는가 하면 나중에 에이블린에게도 식기를 훔쳐갔다고 모함하여 엘리자베스가 그녀를 해고하게 만든다. 해고된 미니를 대신하여 힐리의 집에서 일하게 된 율 메이가 두 아들이 우등으로 고등학교를 졸업하고 대학에 진학하는 상황을 설명하고 등록금이 75달러가 모자라니 좀 빌려달라고 하자 "크리스천처럼 일을 해서 돈을 벌어라"라며 매정하게 거절한다. 절박한 율 메이가 청소하다가 반지를 발견하여 훔치자 힐리는 그녀를 경찰에 고발하여 투옥시킨다.

에이블린을 고용한 백인 주인은 엘리자베스인데 그녀는 산후 우울증에 빠져 자신의 딸을 전적으로 에이블린에게 맡기고 정서적으로도 딸을 챙기지 못한다. 밤새 기저귀를 갈아주지 않은 그녀를 보며 에이블린은 리폴트 씨 부부는 아기를 가져서는 안 된다고 말한다. 엘리자베스는 또한 힐리의 강요로 에이블린을 위한 화장실을 따로 만든다. 영화의 한 장면에서 에이블린은 38도가 넘는 화장실에서 볼일을 본다. 그럼에도 불구하고 에이블린은 엄마의 사랑에 굶주린 엘리자베스의 딸 메이에게 "너는 착하고, 똑똑하고, 중요해"라는 말을 반복해서 말함으로써 그녀의 자존감을 키워준다. 이처럼 사랑을 받은 메이는 "당신이 나의 진짜 엄마예요"라고 에이블린에게 말한다. 에이블린이 식기를 훔쳐갔다고 모함하며 당장 해고하라는 힐리의 말에 엘리자베스는 에이블린을 내친다. 메이가 울면서 매달리자 에이블린은 "너는 내가 돌본 마지막 여자애야"라고 하면서 "너는 착하고, 똑똑하고, 중요해"라는 말을 다시 해준다. 사교적인 일에만 관심을 쏟고 친구의 말에 좌지우지되는 엘리자베스는 어머니로서 수준 미달이며 스스로 사고할 능력도 없다.

한 가지 아이러니한 일은 어릴 때 흑인 가정부를 어머니처럼 따르며 좋아하던 메이와 같은 백인 여자아이들도 자라고 나면 백인 우월주의를 체득해 자기 엄마처럼 변한다는 사실이다. 미니는 자신들이 아무리 힘들게 아기를 키워놓아도 어른이 되면 "자기 엄마들처럼 변해"라고 말한다.

권력을 이용하여 인종 차별의 비인간적인 면을 가장 잘 보여주는 인물은 바로 워싱턴에서 내려온 "미국의 딸 협회" 회장 그레이시 히긴보탐이다. 그녀는 스키터의 엄마 샬롯에게 압력을 넣어 29년간 일한 콘스탄틴을 그 자리에서 해고하게 만든다. 콘스탄틴은 작별 인사도 못하고 떠난다. 스키터가 엄마도 그들 모녀를 사랑하면서 왜 그랬느냐고 항의하자 샬롯은 "그 사람은 우리 회장이었어. 내가 어쩌겠니?"라고 말한다.

이 영화에서 가장 쟁점이 되는 이슈는 흑백 분리 화장실인데 이것을 고집하는 백인 여성들의 사고에는 흑인을 동등한 인간으로 보기보다는 병균을 가진 인간 이하의 존재로 보는 시각이 존재한다. 이들은 흑인 여성에게 가사와 육아, 요리 등 모든 일을 맡기지만 같이 식사하고 같은 화장실을 사용하는 것은 허용하지 않는다.

__우호적인 백인 여성들

이들과는 대조적으로 흑인을 인간적으로 대하며 인종 차별적인 사회에서 자신의 목소리를 내는 여성들이 있다. 흑인의 삶을 그들의 시각에서 보여주려고 인터뷰를 하는 스키터는 일상적인 행동에서도 그들을 존중한다. 오랜 만에 집에 와서 엄마를 만나러 가면서도 정원에서 일하는 흑인에게 다정하게 말을 걸고, 인터뷰를 위해 만난 에이블린이 자신을 계속 "맴"(ma'am)이라고 부르자 그렇게 부르지 말라고 한다. 그녀는 인종 차별 분위기가 만연한 남부에서 흑인 여성들의 이야기를 용기 있게 책으로 내며 어머니로부터도 "용기는 가끔 격세 유전을 하는가 보다. 우리 가문에 용기를 되찾아주어서 고마워"라는 격려를 받는다.

흑인들을 우호적으로 보는 또 다른 백인 여성은 실리아 풋이다. 그녀는 힐리의 전 애인과 결혼했다는 이유로 힐리의 미움을 받으며 전체 백인 여성들에게 따돌림을 당한다. 두 번이나 아기를 유산한 그녀는 다섯 명의 가정부에게 거절당하는 등 가정부를 구하는 데 어려움을 겪던 중 힐리에게 해고된 미니를 고용하게 된다. 실리아는 미니가 보는 앞에서 세 번째 아이도 유산하고, 여자들의 파티에 갔다가 따돌림을 당하자, 친구도 없고 아기도 잃은 절박한 마음에서 고향으로 돌아가겠다고 말한다. 그때 미니는 "떠나면 힐리에게 지는 거다"라는 말로 그녀에게 용기를 북돋아 준다. 실리아는 미니를 인간적으로 대하여 부엌에서 혼자 식사하는 미니에게 다가와 같이 식사를 하자고 한다. 미니를 통해 삶이 달라진 실리아는 남편도 변화시키고 실리아의 남편은 미니에게 "당신이 아내의 삶을 구했어요"라고 하며 평생직장을 보장한다. 실리아는 미니에게 배운 대로 요리를 해서 식탁을 차려서 미니를 초대하고 그녀의 남편은 미니의 의자도 빼준다.

__페미니즘의 주제와 기법

이 영화에서 볼 수 있는 첫 번째 주제는 페미니즘 문학이나 연극에서 많이 볼 수 있는 여성들 간의 유대와 결속이다. 가부장제 사회에서 목소리와 권리를 빼앗기고 고통받는 여성들이 서로 공통점을 발견하고 서로 지지하면서 각자 자주성을 획득하고 주체적인 존재로 홀로 서 가는 과정은 중요한 페미니즘 예술의 주제이다. 이 영화에서 여성간의 유대는 인종을 초월하여 이루어진다. 우선 인종과 계층의 차이에도 불구하고 흑인 여성의 솔직한 목소리를 끌어낸 스키터와 에이블린의 유대가 있다. 글쓰기와 기도문 작성을 자신의 존재 이유로 삼는 에이블린은 스키터를 통해 자신의 삶을 세상에 알리기를 원한다. 스키터 또한 콘스탄틴을 잃은 상실의 경험을 통해 에이블린과 같은 가정부들의 시각으로 이야기를 쓰기로 작정한다. 두 사람의 유대는 에이블린의 홀로서기를 유도하고 그녀는 마지막 장면에서 "나로 살아가는 게 어떤 건지 이제껏 아무도 물어보지 않았어요. 일단 그 문제에 대한 진실을 이야기하고 나자 해방감을 느꼈어요"라고 말한다. 앞에서 살펴보았듯이 이처럼 끈끈한 유대는 스키터와 콘스탄틴, 실리아와 미니, 에이블린과 메이 사이에서도 발견된다. 책이 성공적으로 출판되어 교회에서 교인 전체가 서명한 책을 가지고 스키터를 방문한 에이블린과 미니는 스키터가 뉴욕에 있는 하퍼 앤 로우 출판사에서 제안받았다는 소식을 듣는다. 그러나 책이 미칠 후폭풍이 두려워 그들을 남겨두고 갈 수 없다고 스키터가 말하자 두 사람은 서로를 보살필 터이니 아무 염려하지 말고 앞으로 뻗어 나가라고 격려한다. 흑인 하녀들에게 자신들의 이야기를 털어놓도록 격려했던 백인 작가 스키터가 이번에는 이들의 격려로 용기를 얻어 작가로 발전하게 되는 것이다.

영화에서 에이블린의 독백을 보이스 오버 내레이션으로 제공하는 서사 기법 또한 흑인 여성의 목소리를 직접 들려준다는 점에서 페미니즘 기법이라고 할 수 있다. 자신의 아이들을 돌보지 못하고 백인의 가정부가 되어 억압을 견뎌 온 에이블린은 스키터의 인터뷰에 임하게 되면서 자신의 목소리를 전면에 앞세운다. 유사 이래 여성의 억압은 목소리의 억압이었다. 백인 여성의 경우에도 페미니즘 운동이 가장 강조했던 것은 "개인적인 것이 정치적"이며 개인의 이야기를 속 시원하게 털어놓도록 격려하는 것으로 표출된다. 특히 초기 페미니즘 연극은 "의식화 작업"[1]을 통해 뚜렷

---

1) 페미니즘 연극 초기에는 자신이 억압당하며 살고 있다는 사실조차 깨닫지 못하는 여성들을 위해 그들의 의식을 일깨우고 고양시키는 작업들이 진행되었다. 그것을 통해 메건 테리(Megan

한 플롯 없이 여성 캐릭터로 하여금 이야기를 풀어놓도록 진행하면서 관객들의 공감을 끌어내었다. 이 영화에서도 에이블린이 스키터와의 인터뷰를 승낙하면서 다른 여성들도 용기를 내어 참여하고 결국에는 이것이 하나의 기폭제가 되어 그들의 스토리를 담은 한 권의 책으로 결실을 맺는다. 그리고 책이 완성되기 위해서는 흑인 여성의 양육을 받고 힘을 얻었던 백인 여성의 이야기가 반드시 포함되어야 한다. 왜냐하면 인종과 계층을 초월한 여성의 유대가 표현되기 위해서는 흑인 가정부에 의해 양육된 경험을 가진 백인 여성이 인종 차별주의에 함몰되지 않은 새로운 시각으로 이들이 살아온 이야기를 서술해야 하기 때문이다. "너의 이야기를 써라"라는 편집장의 권유를 받은 스키터는 자신의 스토리를 포함시키기로 하고 자신에게 엄마와 같았던 콘스탄틴의 이야기를 서술한다.

　　페미니즘 연극과 영화에서는 음식이 인간관계의 단절 혹은 황폐함이나 유대와 결속을 표현하는 중요한 매개체 역할을 하는 것을 볼 수 있다. 혼밥이나 음식 섭취의 거부는 신체와 마음의 피폐함을 불러오지만 음식을 나누는 행위는 단절되었던 인간관계를 회복하고 마음의 문을 열게 하는 역할을 한다.[2] 이 영화에서 미니와 실리아는 요리를 통해 소통한다. 백인 여성의 집에서 일하다가 쫓겨난 미니와, 백인이지만 마을 여자들에게 따돌림당하고 유산도 여러 번 했던 실리아는, 음식을 통해 서로 교감할 수 있는 기회를 갖는다. 특히 흑인들에게는 독특한 자기들만의 음식과 레시

Terry, 1932-2023)와 같은 극작가들은 남성 중심의 틀에 박힌 사실주의 극에서 탈피하여 여성들이 마음대로 목소리를 낼 수 있도록 자신들의 이야기를 풀어놓도록 권유했고 일정한 플롯 없이 그 자체가 연극이 되도록 공연하였다.

2) 미국의 페미니즘 극작가 베스 헨리(Beth Henley, 1952-)는 『마음의 범죄』(*Crimes of the Heart*)에서 자매들이 음식을 통해 서로 소통하며 기쁨을 나누는 장면을 보여주고 있으며, 그에 반해 마샤 노먼(Marsha Norman, 1947-)은 『게팅 아웃』(*Getting Out*)에서 음식을 거부하며 음식을 먹는 도구인 포크로 자해하는 알리(Arlie)라는 여성 인물을 보여주고 있다.

피가 있는데 미니는 크리스코 오일이 모든 음식에 얼마나 유용한지 보여주며 특히 치킨을 튀기는 데 사용되는 비법을 전수한다. 요리에 대한 자신감은 실리아에게 인생을 대하는 자세에 변화를 주고 그것은 남편이 금방 알아볼 정도로 뚜렷하다. 두 상처받은 영혼은 음식을 통해 교감하며 각자 자존감을 회복하여 자주적으로 사는 인생을 향해 나아간다.

3. 〈히든 피겨스〉, 우주여행의 숨은 선구자들

__각자의 위치에서 능력을 발휘한 흑인 여성들

이 영화는 1961년 냉전 속에서 미·소 우주 경쟁이 한창일 때 버지니아주 햄튼의 랭글리 연구소에서 근무했던 여성 삼총사 캐서린 고블 존슨(Katherine Goble Johnson, 1918-2020)(터라지 P. 헨슨 Taraji P. Henson), 도로시 반(Dorothy Vaughan, 1910-2008)(옥타비아 스펜서 Octavia Spencer), 그리고 메리 잭슨(Mary Jackson, 1921-2005)(자넬 모네이 Janelle Monáe)을 주인공으로 하고 있다. 영화는 진취적이고 진보적인 분위기가 무르익었던 케네디 대통령 집권기에 여전히 인종 차별이 심했던 사회적 분위기를 역사적 백 드롭으로 깔면서 그 속에서 빛을 발하는 흑인 여주인공들을 부각시킨다. 소련이 개를 우주선에 태워서 궤도를 돌았던 뉴스와 소련의 우주인 가가린이 최초의 궤도 비행을 한 뉴스 화면을 실제로 등장시킴으로써, 이 영화는 당시 소련에 뒤진 미국인들의 자존심이 얼마나 상처받았는지 보여준다. 앨 해리슨(Al Harrison)(케빈 코스트너 Kevin Costner) 본부장은 대통령으로부터 끊임없이 압박받고 그것은 바로 직원들에게 그대로 전달된다. 이제부터 저녁에 집에 들어가지 못한다는 명령이 떨어지자 모든 직원들이 전화통에 매달려 아내에게 전화하는 장면은 인상적이다.

버지니아주는 여전히 흑백 분리를 실시하는 주이기 때문에 흑인이 백인 학교에 입학하지 못한다고 당당히 말하는 판사, 두 아들과 함께 도서관에 책을 빌리러 갔다가 쫓겨나는 흑인 연구원 도로시 반, 그 배경에서 인종 차별을 철폐하라고 시위하는 흑인의 무리, "흑인"(colored)이라는 표지가 있는 음수대에서 물을 마시는 흑인, 화염병을 던져서 흑인 버스를 불태운 뉴스와 그에 대해 논평하는 마틴 루터 킹의 모습은 아직 본격적으로 민권 운동이 시작되기 전 미국의 시대상을 보여준다.

영화의 제목인 〈히든 피겨스〉는 '숨겨진 인물들'이라는 뜻이지만 '보이지 않는 숫자'라는 뜻으로도 해석할 수 있어서 나사의 수학 천재들이 간과하고 놓치고 있는 숫자들을 흑인 여성 수학자 캐서린 존슨이 찾아내서 우주선 발사에 기여한다는 뜻도 있다. 주인공인 캐서린, 도로시, 메리는 흑인들로 이루어진 웨스트 컴퓨팅 그룹(건물)에서 일한다. 이들은 다른 흑인 여성들과 함께 그 계산이 어디에 쓰이는지도 모르면서 그냥 시키는 대로 기계적으로 계산만 하는 "컴퓨터들"이라고 불린다. 이들이 일하는 방에는 "흑인 컴퓨터"라는 팻말이 걸려있다. 어느 날 백인 여성인 미첼이 와서 분석기하학을 할 수 있는 사람을 찾고 그 일에 적격인 캐서린이 차출되고, 메리는 엔지니어 부서에 정규직으로 승진된다. 사실상 전체 슈퍼바이저 역할을 하고 있는 도로시는 흑인이라서 승진이 되지 않는다는 대답을 듣는다.

캐서린은 본부장 앨 해리슨이 총책임을 맡고 있는 우주 과업 그룹으로 발령받고 부서를 옮긴다. 이곳에 근무하는 첫 흑인 여성이자 분석기하학자인지라 그녀가 처음 이 부서에 배치되었을 때 미첼은 행동 규범을 말해준다. 그 행동 규범은 먼저 말을 걸지 않으며 없는 듯이 행동하고, 무릎위 길이 치마와 장신구 착용을 금지하라는 것 등이다. 마침 지나가던 어떤 직원이 그녀가 소지품을 넣어 온 상자에 휴지통을 올려놓음으로써 그녀는 청소부 취급을 당한다. 캐서린이 화장실이 어디 있냐고 묻자 루스라는 직원은 "당신들 화장실"이 어디 있는지 모른다고 말한다. 이 영화에서 가장 기억에 남는 장면은 그 건물에서 유일한 흑인인 그녀가 흑인전용 화장실에 가기 위해 800미터 떨어진 웨스트 컴퓨팅 그룹 건물로 뛰어갔다 오는 장면이다. 심지어 비가 오는데도 서류를 가지고 뛰어 갔다 오느라 서류가 비에 젖는 일이 생긴다. 캐서린은 뛰어난 실력으로 해리슨 본부장의 눈에 띄면서 자신에게 가해진 온갖 장벽들을 헤치고 결국 존 글렌(John Glenn, 1921-2016)의 프렌드십 7호가 성공적으로 임무를 마치고 귀환하는 데 핵심적인 역할을 한다.

메리는 도로시의 팀에서 정규직으로 승진하여 로켓의 열 방호(heat shield) 팀에서 근무하면서 디자인의 결함을 발견한다. 질린스키라는 폴란드계 유대인인 팀장은 그녀에게 엔지니어링 훈련 프로그램에 자리가 생겼으니 도전해보라고 용기를 준다. 흑인 여성이라서 헛된 희망을 꿈꾸지 않겠다고 메리가 대답하자 그는 나치의 수용소에서 부모님을 모두 잃은 자신이 지금 이 로켓 밑에 서 있다는 것 자체가 "불가능한 것을 살아내는 것"이라고 말하며 격려한다. 그러나 그녀가 엔지니어가 되기 위해서는 백인 고등학교에서 수업을 들어야 하는데 흑인이 남자 학교에서 수업을 듣는 것이 허용되지 않는다. 메리는 진정서를 내고 백인 판사를 설득하여 결국 백인 남자 고등학교에서 수업을 듣게 된다. 이런 노력의 결과로 메리 잭슨은 항공 우주 분야에서 최초의 흑인 엔지니어가 된다.

셋 중에서 가장 나이도 많고 능력이 있는 도로시는 슈퍼바이저가 공석이 된 뒤 사실상 그 일을 수행하고 있음에도 흑인이기 때문에 승진을 거부당한다. IBM 컴퓨터가 들어오면서 흑인 직원들 모두 일자리를 잃을 뻔한 위기에 빠지지만, 혼자서 포트란(Fortran)을 공부해서 기계를 들여놓고도 활용을 못하고 있는 연구소가 어려움을 타개할 수 있도록 한다. 도로시는 흑인들을 모아놓고 IBM 프로그래밍 짜는 법도 알아야 한다고 하면서 그들에게 도전을 가하고 컴퓨터를 작동시키지 못해서 쩔쩔 매는 백인 직원들을 대신해서 그 일을 맡게 된다. 미첼이 와서 그녀를 IBM 컴퓨터가 있는 부서로 데려가려 하자 그녀는 우리 부원들 모두 같이 가지 않으면 안 가겠다고 버틴다. 결국 흑인 여자 직원 모두가 웨스트 컴퓨팅 그룹의 건물을 나와 다른 건물로 이동하는 역사적으로 획기적인 광경이 연출된다. 마침내 도로시는 최초의 흑인 슈퍼바이저로 승진하게 된다.

주인공 세 사람은 각자 뛰어난 능력과 불굴의 의지로 백인 위주의 장벽을 돌파하지만 그들만의 유대와 결속으로 서로 지지해준다는 점에서 페미니즘 영화의 메시지를 전한다. 영화는 세 여성이 함께 출근하다가 자동차가 고장 나는 장면으로 코믹하게 시작한다. 또 캐서린이 일이 많아서 늦게 퇴근할 때 다른 두 사람은 깜깜해질 때까지 그녀를 기다린다. 이 영화에서 흑인 여성 주인공 간의 유대는 이들이 함께 출근하고 퇴근하며, 같이 교회 활동을 하고 가족들끼리 어울리는 장면을 통해 표현된다. 캐서린의 앞에 짐 존슨 대령이 등장하자 도로시와 메리는 그와의 교제를 부추기고 용기를 주며, 메리가 엔지니어가 되기 위해 백인 학교에 가야 한다고 걱정하자 캐서린과 도로시는 청원하라고 하면서 힘을 실어준다. 이 과정에서도 이들은 음식을 만들어 먹고 술을 마시고 춤을 추면서 친구 간의 유대와 결속에 음식이 얼마나 중요한지 보여준다. 짐 존슨이 처음에 캐서린을 무시했다가 다시 용서를 구하며 재회의 기회를 갖는 것도 도로시의 아들의 생일 파티에서이고, 그녀와의 관계를 회복하는 것도 독감에 걸린 캐서린에게 줄 수프를 만들어 오는 것을 통해서이다.

도로시는 친구들뿐만 아니라 "웨스트 컴퓨팅 그룹"에 있는 다른 흑인 여성 "컴퓨터"들과도 깊은 유대와 신뢰를 형성한다. IBM이 도입되면서 일자리를 잃게 되는 위기를 맞이하자 도로시는 동료들이 함께 가지 않으면 그 직책을 받아들이지 않겠다고 선언한다. 결과적으로 모든 흑인 여성 "컴퓨터"들이 IBM 컴퓨터실로 이동하는 장관이 펼쳐지게 된 것이다.

__백인 억압자들

이 영화의 시대 배경인 1961년은 아직 민권 운동이 본격화하지 않은 시기로 거의 모든 백인들의 태도와 행동에서 흑인들을 동등한 인간으로 대하지 않는 혐오가 묻어난다. 캐서린이 처음으로 사무실에 들어서자 그녀를 보는 백인들의 눈길은 거부감과 적대감을 품고 있다.

캐서린을 가장 많이 억압하는 백인 캐릭터는 스태포드이다. 선임 연구원인 그는 캐서린을 여성이라고 무시하고 신뢰하지 않으며, 그녀가 커피포트에서 커피를 따라 마시자 다음날 "흑인용"이라고 적힌 커피포트를 따로 갖다놓는다. 또한 흑인 여자가 뭘 알겠냐는 태도로 검토를 위한 서류를 보안용 검정색 펜으로 지우고 그녀에게 준다. 그러나 불빛에 비춰서 숨겨진 숫자들을 알아낸 캐서린은 칠판에다 계산을 하고 해리슨 본부장을 비롯한 모든 사람은 비밀 열람 권한이 없는 그녀가 어떻게 알아냈는지 놀라움을 금치 못한다. 러시아 스파이냐고 묻는 사람들에게 그녀는 "행간을 읽고" "그 너머를 보았다"라고 대답한다. 해리슨은 스태포드에게 앞으로는 가리지 말고 보안 서류를 주라고 하면서 그녀에게 부과된 금지 조항을 하나씩 철폐해 나간다. 캐서린이 보고서에 스태포드와 자신의 이름을 같이 쓰자 스태포드는 "컴퓨터는 보고서 작성을 못한다"라고 하면서 그녀를 인간이 아니라 컴퓨터로 취급한다. 그는 모든 일에서 프로토콜을 이야기하면서 그녀가 여자이고 흑인이어서 자격이 없다고 그녀를 배제시킨다. 그의 방해에도 불구하고 캐서린은 성공적으로 우주선 발사에 필요한 계산들을 성공적으로 수행한다. 그 후 IBM의 도입으로 캐서린의 역할이 사라지게 되어 웨스트 컴퓨팅 그룹으로 돌아갔을 때 우주선 발사 직전에 착오가 생기고 해리슨은 급히 캐서린을 불러오게 한다. 캐서린이 과거에 화장실을 찾아서 800미터를 달음질했던 것처럼 이제는 백인 직원이 그녀를 데리러 질주한다. 계산을 끝낸 캐서린이 백인 남자 직원과 관제실로 달려갈 때 그 장면은 글렌이 우주선 타러 가는 장면과 크로스 커팅으로 제시된다. 캐서린이 계산했다는 메시지를 해리슨이 글렌에게 전달하자 글렌은 안심하고 로켓에 탄다. 마지막 장면에서 캐서린은 보고서에 자신의 이름을 타이핑하고 스태포드는 그녀에게 커피를 갖다 준다.

미첼은 자신의 말대로 "흑인에게 반감"이 있는 것은 아니지만 생태적으로 흑인에게 우호적이지 않은 사고방식과 말투를 체득하고 있다. 캐서린에게 행동 지침을 전달하거나, 도로시에게 흑인은 슈퍼바이저가 될 수 없다고 말할 때, 그녀는 백인 위주의 시스템 속에서 자신에게 주어진 일을 하는 것이라고 할 수 있다. 그러나 그들의 상황을 이해하거나 도와주려는 마음은 전혀 없이 무표정한 얼굴로 그들을 대함으로써 절망을 안긴다. 아이러니하게도 도로시가 컴퓨터 부서로 영전하게 된 소식을 전하는 것도, 도로시가 정식으로 IBM 슈퍼바이저로 임명될 때 그 임명장을 전달하는 것도 미첼이다. 어느 날 화장실에서 우연히 도로시를 만난 미첼은 "당신들에게 악감정은 없다"라고 말한다.

__백인 조력자들

여성 주인공에게 기회를 주고 날개를 달아주는 역할을 하는 장본인은 우주 과업 그룹의 본부장인 해리슨이다. 〈더 헬프〉에서처럼 이 영화에서도 백인 구세주(white savior) 수사(trope)가 작동한다는 일부 비평가들의 비난은 어느 정도 사실이라고 여겨진다. 캐서린의 수학 실력이 빛이 나기 위해서는 우선 캐서린 자신이 재능 있는 능력자여야만 하고 온갖 역경과 방해를 딛고 일어설 만한 의지가 강한 여성이어야 한다는 점은 논란의 여지가 없다. 그러나 그 능력을 알아보고 그녀를 방해하는 요소들을 제거해주는 백인 본부장이 없었더라면 미국의 우주 개발과 로켓 발사의 성공은 훨씬 더 늦어졌을 것이다. 해리슨이 커피포트에서 "흑인"이라는 표시를 떼어내거나, 캐서린이 화장실을 가기 위해 800미터를 달린다는 사실을 알았을 때 해머를 가지고 화장실에 달린 "흑인"이라는 팻말을 망치로 쳐서 과감하게 떼어내는 행동은 그를 구세주처럼 보이게 한다.

당시 해리슨은 소련과의 우주 경쟁에서 뒤처지고 있다는 사실에 엄청난 압박을 느끼고 있었으며 대통령으로부터도 압력을 받는 상황이었다. 따라서 우주선 발사를 성공시키기 위해서라면 그것이 누구이든지 손을 뻗을 수밖에 없었던 것이다. 그러나 그가 단지 업무적인 성공을 위해서 캐서린과 도로시를 도운 것은 아니었다. 그에게는 이들을 인간적으로 대하는 따뜻한 마음이 깔려 있었다. 그것을 잘 보여주는 장면이 캐서린이 다시 웨스트 컴퓨팅 그룹으로 돌아갈 때 그녀의 결혼 소식을 듣고 직원을 통해 진주 목걸이를 선물하는 장면이다. 아내로 하여금 선물을 고르게 하여 캐서린에게 전달하는 행동은 그가 캐서린을 단지 유능한 직원으로서뿐 아니라 인간적으로 아끼고 있음을 보여준다. 또한 그는 사사건건 캐서린을 걸고넘어지는 스태포드를 견제하는 역할을 함으로써 캐서린이 마음대로 실력을 발휘하도록 돕는다.

글렌은 미국 최초로 지구 궤도 비행에 성공한 우주 비행사이며 후에 머국 상원 의원으로 24년간 재직한 미국의 영웅인데 이 영화에서는 흑인들을 존중하는 인물로 등장한다. 소련과의 우주 경쟁에서 위기를 느낀 미국은 머큐리 세븐이라는 우주 테스트 파일럿 일곱 명을 선발했는데 이 영화에서 글렌이 프렌드십 7을 타고 우주 궤도 비행에 성공하는 장면이 영화의 클라이맥스라고 할 수 있다. 우주 비행사 일곱 명이 랭글리 연구소를 방문했을 때 백인 직원과 흑인 직원들이 따로 도열해서 이들을 맞이한다. 다른 비행사들이 백인 직원들과 인사하고 건물로 들어가는 데 반해 글렌은 흑인 직원들에게 와서 인사를 하면서 캐서린을 비롯한 흑인들과 대화를 나눈다. 이 장면은 〈더 헬프〉에서 스키터만이 흑인들을 인간적으로 대하고 친절하게 인사하는 모습을 상기시킨다. 계산 문제로 인해 우주 비행 프로그램에 문제가 생겼을 때 캐서린이 계산을 하는 모습을 본 글렌은 그녀를 더욱 더 철저하게 신뢰한다. 나중에 그가 탄 로켓이 발사 직전에 계산에 문제가 생겼을 때 해리슨이 캐서린에게 다시 계산을 시키고 글렌에게 전화해서 캐서린이 계산한 좌표를 불러준다. 해리슨은 캐서린이 기계보다 더 정확하다고 말하고, 글렌은 감사의 말을 전해달라고 말하고 우주선에 탑승한다. 우주선이 지구에 귀환할 때도 열 방지판에 문제가 생겼을 때 캐서린이 역추진 장치를 버리지 말라고 제안함으로써 글렌의 무사 귀환을 돕는다.

__흑인 남성들

이 영화에서 흑인 여성들에 비해 흑인 남성들의 역할은 두드러지지 않는다. 따라서 흑인 여성들이 차별을 이겨내고 자신의 역량을 발휘하게 하는데 흑인 남성들이 주도적인 역할을 하면서 남성과 여성의 연대를 끌어내는 장면은 나오지 않는다. 그 이유는 1960년대 초에 몇몇 지도자들을 빼고는 일반 흑인 남성들이 앞장서서 어떤 역할을 하기에는 교육의 정도나 사회적 경험이 많지 않았기 때문이다. 이 영화에서 주목해야 할 흑인 남성들은 모두 여자 주인공과 연관된 남성들이다. 우선 캐서린에게 구애해서 결국 결혼까지 하는 짐 존슨이 있다. 캐서린은 남편이 죽은 후 혼자서 부모 역할을 감당하며 세 딸을 키운다. 그러던 그녀에게 주 방위군 임무를 위해 새로 부임한 짐 존슨 대령이 다가온다. 메리와 도로시는 짐과 사귀어보라고 권유하고, 교회 파티에서 짐이 다가오자 딸 셋 가진 과부라고 캐서린을 소개한다. 그러나 첫 만남에서 짐은 캐서린이 우주 센터에서 일하고 있다는 이야기를 듣고 여성이 그런 일을 하고 있다는 것을 믿지 못하겠다는 반응을 보인다. 캐서린은 자신이 웨스트버지니아 주립 대학원을 졸업한 최초의 흑인 여성이며, 우주선 이착륙을 위한 계산을 담당하고 있다고 쏘아붙이고 그의 곁을 떠난다. 자신의 실수를 깨달은 짐은 도로시의 아들 생일을 빌미로 다시 캐서린에게 접근하여 진지하게 사과한 후 다시 시작하고 싶다고 말한다. 캐서린이 독감에 걸렸을 때 수프를 만들어서 오는 등 로맨틱한 관계를 계속해오던 그는 결국 그녀와 결혼한다. 짐은 처음에 가부장적인 생각으로 여성의 능력을 과소평가하였으나 캐서린이 어떤 존재인지 깨닫고 전적으로 힘을 실어준다.

또 다른 흑인 남성 주인공은 메리의 남편인 리바이 잭슨이다. 캐서린보다 더 당찬 메리는 모든 일에 적극적이고 도전적이다. 난관이 있을 때 그것을 극복하는 데 전혀 주저함이 없다. 그러나 그녀의 남편 리바이는 메리가 엔지니어가 되기 위해서 백인 학교에 다니겠다고 할 때 흑인 여자 엔지니어란 불가능하다며 그녀가 상처받는 것을 원치 않는다고 말한다.

다소 과격하고 정치적인 리바이는 메리가 야간 수업을 위해 집을 나서는 순간 흑인들의 버스에 화염병을 던진 백인들이 체포되었다는 뉴스를 보고 있다. 폭력적인 내용의 뉴스를 아이들에게 보여주지 말라는 메리에게 리바이는 아이들도 이것을 봐야 한다고 반박한다. 이처럼 메리의 꿈에 대해 부정적이던 그는 나중에 메리에게 잘 다녀오라며 샤프펜슬을 선물하면서 "당신은 좋은 엔지니어가 될 거야. 아무도 메리 잭슨의 꿈을 막지 못해. 나를 포함해서"라는 말로 그녀를 격려한다. 흑인 여성의 획기적인 역할을 다룬 이 영화에서 흑인 남성이 그다지 많이 등장하지 않으며, 나온다고 하더라도 여자 주인공을 뒤에서 지지해주고 용기를 북돋워 주는 수준에 그친다.

__똑똑한 흑인 여성은 백인 남성의 도움을 받아야 두각을 나타내는가?

저스틴 크롤(Justin Kroll)은 "세 명의 여성이 이 미션에 가담함으로써 모든 젠더와 인종과 전문직의 경계를 넘어섰다"라고 논평한다. 이들은 흑인이면서 여성, 그리고 하층민 계급 출신이라는 점에서 삼중의 차별적 요건을 가지고 있었지만 그 장벽을 넘어서려는 불굴의 의지로 미국 역사에 큰 족적을 남기는 성취를 이룬 것이다. 그러나 마고 리 셰털리(Margot Lee Shetterly)의 논픽션을 영화화한 이 영화가 성공한 것은 백인 남성의 각색과 연출 덕이라는 왜곡된 시각도 있다. 처음에 앨리슨 슈로더(Allison Schroeder)라는 작가가 각색을 담당했으나 데오도어 멜피(Theodore Melfi) 감독이 제작팀에 합류하면서 각색에도 가담을 하여 원작과 실제 역사에 없는 부분들을 첨가했다. 이 영화의 대부분 주인공은 실제 인물에 근거를 두지만 가장 중요한 역할을 하는 앨 해리슨(Al Harrison)은 가공의 인물이다. 앞에서 이야기했듯이 해리슨이 화장실 팻말을 망치로 부수거나, 직권으로 캐서린을 우주 관제 센터에 들어오도록 함으로써 여자 주인공을 위해 모든 방해 요소를 제거하게 한 것은 그를 멋진 영웅으로 부각시키는 결과를 낳았다. 백인 구원자 장치를 이용했다는 비난에 대해 멜피는 백인 영화/흑인 영화의 구분은 잘못된 것이며, 이 영화는 그냥 인간적인 영화일 뿐이라고 항변한다. 덱스터 토마스(Dexter Thomas)는 이러한 백인 미화에 대해 비판하면서 "옳은 일을 하는 백인도 필요하고, 옳은 일을 하는 흑인도 필요하죠. 누군가는 옳은 일을 하면 되죠. 옳은 일이 성취되기만 한다면 누가 하든 무슨 상관이 있어요?"라고 한 멜피의 말을 인용한다. 그렇지만 결국 영화의 흥행과 상업성을 높이기 위해서 백인이 구세주 노릇을 하게 되면 아무래도 영화의 실제 주인공인 흑인 여성들은 빛이 바랠 수밖에 없다. 제바 블레이(Zeba Blay)는 "그동안 많은 진전이 있었는지 모르지만 할리우드가 흑인들의 이야기를 하는 데는 아직 갈 길이 멀다"라고 꼬집는다. 그럼에도 불구하고 뛰어난 수학 실력으로 로켓을 발사하게 하고, 스스로 포트란을 공부하여 IBM을 돌리며, 판사의 판결을 얻어내면서까지 백인 중심의 남자 학교에 들어가서 공부를 해낸 이들의 진취적이고 자주적인 여성상은 후대에 등장할 많은 흑인 여성에게 모델이 된 것이다.

4. 두 영화의 공통점과 차이점, 페미니즘 영화로서의 의미

이 글의 서두에서 두 영화가 흑인 여성들의 자기 목소리 찾기라는 주제를 다루고 있으며, 개봉 시기가 비슷하고, 비평적 상업적 성공을 거두었다는 데 공통점이 있다는 점을 적시하였다. 두 영화가 가진 또 하나의 공통점은 흑인에 대한 차별이 주로 배변, 음식 섭취 등 생리적이고 기본적인 인간 욕구와 관련해서 이루어졌다는 것이다. 이것은 흑인을 같은 인간으로 보기보다는 인간 이하의 동물과 같은 존재로 보는 시각이 백인들 사이에 여전히 만연하다는 사실에서 기인한다. 〈더 헬프〉에서 백인들은 자기가 먹을 요리는 흑인이 만들게 하면서 같은 변기에 앉는 것은 허락하지 않는다. 같은 변기를 쓰면 병균이 옮을 수 있다는 근거 없는 믿음을 가진 힐리가 흑인 가정부를 위해 밖에다 화장실을 따로 만들고, 다른 친구들에게도 그렇게 하라고 종용한다. 〈히든 피겨스〉에서도 캐서린은 인간의 기본 욕구이며 필요인 배변을 위해 800미터를 달려야 한다. 또 하나의 차별은 물과 커피와 같은 음식 섭취와 관련된 것이다. 이 영화는 흑인 음수대가 따로 마련되어 있고, 흑인 식당이 따로 있는 모습을 힐끗 스치는 거리의 광경에서 보여준다. 캐서린은 백인들만 있는 사무실에서 처음 근무할 때 공동 커피포트에 자연스럽게 가서 커피를 따른다. 그러나 그녀의 행동은 모든 백인의 눈총을 받고, 다음날 테이블에는 "흑인용"이라는 딱지가 붙은 작은 커피포트가 놓이게 된다. 같은 컵을 사용하는 것이 아니라 커피포트에서 커피를 따를 뿐인데도 흑인으로부터 혹시 병균이라도 옮을 수 있다는 고정관념이 이런 장면을 연출하게 한다.

두 영화의 차이점은 〈히든 피겨스〉가 대학을 졸업하고 연구소에서 근무하는 엘리트 여성을 주인공으로 삼은 데 반해 〈더 헬프〉는 남부의 하층민 가정부들이 주인공이라는 점이다. 따라서 〈히든 피겨스〉에서는 주인공들이 겪어야 하는 인종 차별의 고통이 연구소의 백인 위주의 시스템과 주로 백인 남성들에게서 오는 것이라면 〈더 헬프〉에서는 이들이 상대해야 하는 대상이 남부 귀족 집안의 사교계 여성들이다. 〈히든 피겨스〉에서는 세 명의 여성 주인공 각자가 자신들을 억압하는 시스템에 진취적으로 반항하고 실력으로 그들로부터 인정과 승인을 받아낸다. 이들이 받는 억압은 여성으로서의 억압보다는 흑인이기 때문에 받는 억압으로 더 많이 재현된다. 〈더 헬프〉에서는 백인 여성 주인공의 활약이 더 결정적이어서 그녀가 억압을 받는 흑인 여성들의 목소리를 끌어낸다. 그녀의 지지와 도움을 통해 가정부들은 자신의 목소리를 낼 용기를 얻고 상호 연대를 통해 자주성을 쟁취한다. 이러한 차이에도 불구하고 두 영화는 인종, 계층, 젠더라는 삼중의 억압을 겪고 살아가는 흑인 여성들이 자주적인 삶을 살아가는 과정을 그리면서 아직까지도 미국 사회에 존재하는 억압과 차별의 현실을 다시 생각해보도록 관객들을 초청한다.

| 참고 문헌

Blay, Zeba. "'Hidden Figures' And The Diversity Conversation We Aren't Having."
  https://www.huffpost.com/entry/hidden-figures-and-the-diversity-conversation-we-arent-having_n_58adc9bee4b0d0a6ef470492

Ebert, Roger. "The Help keep right on helping."
  https://www.rogerebert.com/reviews/the-help-2011

Kroll, Justin. "Kevin Costner Joins Taraji P. Henson, Octavia Spencer in 'Hidden Figures.'" (EXCLUSIVE)
  https://variety.com/2016/film/news/kevin-costner-hidden-figures-taraji-henson-octavia-spencer-1201718423/

Thomas, Dexter. "Oscar-nominated "Hidden Figures" was whitewashed — but it didn't have to be."
  https://www.vice.com/en/article/d3xmja/oscar-nominated-hidden-figures-was-whitewashed-but-it-didnt-have-to-be

▎그림 자료

http://www.blackfilm.com/read/wp-content/uploads/2016/08/Hidden-Figures-poster.jpg
https://en.wikipedia.org/wiki/The_Help_(film)#/media/File:The_Help_(2011_film).jpg

거룩한 분노 *Die Göttliche Ordnung*
여성 참정권과 자유를 외친 1970년대 초
스위스 작은 마을 여성들

| 이희원

감독　페트라 볼프
각본　페트라 볼프
주연　마리 루엔베르게르
국내 개봉　2018년 6월
역사적 배경　1970년대 초 스위스가 여성들에게 참정권을
　　　　　　부여했던 시기

페미니즘 포커스　1960년대 말, 1970년대 초 성 혁명과 제2 물결 페미니즘이 미국과 유럽을 휩쓸었다. 그러나 스위스의 한 작은 마을은 여전히 중세적 어둠 속에 갇혀 여성을 열등한 존재로만 여기고 있었다. 심지어 이 보수적인 마을은 여성에게 참정권조차 허락하지 않았다. 〈거룩한 분노〉는 이 문제에 심각한 이의를 제기하는 이 마을의 평범한 가정주부 노라와 몇몇 여성들에게 주목한다. 영화 속 노라는 베티 프리단이 '이름 붙일 수 없는 문제들'이라 일컫는 마음의 병을 앓다가 마침내 각성하여 마을 여성들과 함께 참정권을 넘어서 개인적 자유마저 획득한다. 이 과정에서 노라와 여성들은 평화적 시위를 주도하고 일상 속 정치력과 자매애를 보여주며, '개인적인 것이 정치적인 것이다'와 '자매애는 강하다'라는 제2 물결 페미니즘 슬로건의 중요성을 되살린다. 여성 문제에서 가장 낙후되었던 스위스의 작은 마을이 드디어 페미니즘의 물결에 올라 타 여성 해방을 향해 전진한다.

1. 〈거룩한 분노〉, 역사에서 영화로

1971년 2월 7일, 스위스 여성들은 공식적으로 참정권을 얻었다. 오늘날 세계 경제 평가에서 '세계 최고의 나라'로 손꼽히며 직접 민주주의를 실행하는 스위스[1]가 여성 참정권을 합법적으로 인정한 것이 고작 50여 년밖에 안 되었다는 것은 매우 충격적이다. 스위스의 여성 감독 페트라 볼프(Petra Biondina Volpe, 1970-)는 이 사실에 주목하고 1971년 여성 참정권 국민 투표를 앞둔 스위스의 어느 작은 마을 이야기를 영상에 담아낸다. 그것이 바로 〈거룩한 분노〉(Die Göttliche Ordnung, The Divine Order, 2017)다. 볼프는 이 영화를 만들게 된 계기가 스위스 공식 역사가 여성의 참정권 박탈에 대해 침묵했기 때문이라고 다음과 같이 밝힌다.

> 우리[영화 제작자와 볼프]는 여성 참정권 문제에 대해 학교에서 배운 적이 없다는 사실을 알게 되었다. . . . 우리[스위스] 여성들은 100여 년 동안 참정권을 얻기 위해 투쟁해 왔다. . . . 학교에서 이 사실을 배울 수 없다면 우리[영화 제작자와 볼프]가 우리[스위스] 역사 속 우리[여성들]의 장면을 볼 때가 되었다고 생각했다. (Tayler)

---

1) 2020년 스위스는 '세계 최고의 나라' 순위와 2021년 세계 1인당 자산 순위에서 1위를 차지했다. 아래 사이트 참조.
https://www.hani.co.kr/arti/economy/economy_general/927151.html
https://blog.naver.com/sdjebo/222426177713
1848년 현대적 의미의 민주적 연방 국가를 세운 스위스는 직접 민주제를 실시하고 있다. 직접 민주제란 누구든 어떤 문제이든 법이 정한 수 이상의 서명을 얻어 국가에 제출하면 국민 투표를 시행해 가부를 결정짓는 제도이다. 이원복 248-255와 아래 사이트 참조.
https://ko.wikipedia.org/wiki/%EC%8A%A4%EC%9C%84%EC%8A%A4%EC%9D%98_%EA%B5%AD%EB%AF%BC%ED%88%AC%ED%91%9C

이런 면에서 〈거룩한 역사〉는 페미니스트 시각의 숨겨진 역사 발굴 작업인 셈이며, 페미니스트 여성 감독 볼프를 가장 잘 드러내는 영화라고 할 수 있다. 볼프는 다음과 같이 자신을 페미니스트로 규정한다.

> 나는 완전한 페미니스트다. 나는 태어날 때부터 페미니스트였다. 나는 동등한 권리를 원하고, 이것을 위해 싸울 것이며, 기회가 있을 때마다 이것에 힘을 보탤 것이다. 이것이 매우 중요하기 때문이다. 나는 페미니스트라는 말을 무서워하지 않는다. (Tayler)

스위스의 가부장적 혼인법이 개정된 것이 1985년[2]에 불과하다는 사실은 볼프가 페미니스트가 된 이유를 설명해준다. 스위스 여성들은 혼인법이 개정된 1985년 9월에야 비로소 가정에서 남성과 동등한 권리를 부여받았다. 그때까지 스위스 법은 혼인 가정의 재산권을 포함하여 각종 경제적, 법적 권한을 남편에게만 부과해, 아내는 남편의 허락 없이 은행 계좌를 열 수도, 임대 계약을 할 수도, 취업을 할 수도 없었다(Tayor; Birt).[3] 볼프에 따르면, 그녀는 어린 시절 내내 혼인법 때문에 할머니와 어머니가 '감옥' 같은 결혼 생활을 견뎌내는 모습을 지켜보았고, 그 과정에서 여성 해방과 여성의 권리 획득을 인생 과업으로 삼게 되었다고 한다. 또 청소년

---

2) 볼프는 테일러(Taylor)와 비렛(Biret)과의 인터뷰에서 혼인법의 개정을 1988년으로 언급하는데 자료에 따르면 1985년이다. 아래 사이트 참조.
https://www.thelocal.ch/20190308/12-fascinating-facts-about-the-history-of-womens-rights-in-switzerland
https://www.nytimes.com/1985/09/23/world/swiss-grant-women-equal-marriage-rights.html
3) 아래 사이트도 참조할 만하다.
https://www.thelocal.ch/20190308/12-fascinating-facts-about-the-history-of-womens-rights-in-switzerland

시절 주변 사람들이 '여자는 예술가가 될 수 없다'고 충고하는 말을 들으며 세상이 불공평하고 성차별적임을 직접 체험했다고도 덧붙인다(Taylor; Birt; Simon).

페미니스트 시각에서 숨겨진 역사를 조명하는 영화, 〈거룩한 분노〉를 만들기 위해 볼프는 스위스 여성사 자료실에서 꽤 많은 연구를 진행했으며, 여성 참정권을 위해 캠페인을 벌이고 스위스 혼인법을 무효화하기 위해 투쟁했던 페미니스트들과의 인터뷰도 진행했다(Coffin). 그녀는 이러한 연구와 인터뷰를 기반으로 1970년대 초반 스위스 어느 작은 마을의 가부장적인 분위기와 그 안에서 힘겹게 살아가는 여성들의 모습을 〈거룩한 분노〉에 담아냈다. 성경의 '거룩한 질서'(the divine order)라는 끈으로 묶여 있는 스위스 시골 마을의 풍경을 생생하게 재현한 것이다.[4] 그러나 〈거룩한 분노〉는 논픽션 역사적 배경에 노라(Nora)(마리 루엔베르게르 Marie Leuenberger)라는 가상의 인물을 중심으로 가상의 이야기(픽션)를 펼쳐낸다. 즉 이 영화는 평범한 가정주부 노라가 잃어버린 자신을 되찾고 용기를 내 마을의 다른 여성들과 함께 여성 참정권을 위해 싸우는 이야기를 전한다. 그러나 이 영화는 단순히 여성 참정권을 얻어내는 과정에 국한하는 것이 아니라, 금기시 됐던 여성의 성(性)까지 유머러스한 통찰력으로 담아내 관객들을 영화 속으로 유혹한다.

볼프는 1970년 스위스 이탈리아계 노동자 이민 가족에게서 태어났다.[5] 어린 시절부터 영화를 좋아했던 그녀는 독일 포츠담의 바벨스베르크

---

[4] 볼프 감독과 〈거룩한 분노〉의 제작진은 그 당시의 사회적인 분위기를 충실하게 재현하기 위해 의상부터 소품까지 모든 부분에 세밀한 노력을 기울였다.
Coffin과 http://www.koreafilm.co.kr/movie/review/divineorder.htm 참조.

[5] 볼프는 스위스와 이탈리아 이중 국적자다. 그녀는 현재 뉴욕에서 살면서 베를린에 사무실을 두고 활동 중이다. 그녀는 싱글로 알려져 있지만 그 외의 사생활에 대해선 알려진 바가 없다.

(Babelsberg, Potsdam) 지역에 있는 영화 학교, 콘라트 볼프(Konrad Wolf)에서 수학한 후 꾸준히 시나리오 작가와 감독으로 활동해 왔다. 그녀는 데뷔작 〈드림랜드〉(Traumland, 2013)로 스위스 영화상 4개 부문에 후보로 올랐고, 세계적인 명성을 얻은 스위스 청소년 영화 〈하이디〉(Heidi, 2015)의 각본을 맡아 이름을 알리기도 했다. 그러나 볼프에게 커다란 성공을 안겨주었던 것은 〈거룩한 분노〉다. 이 영화는 트라이베카 영화제[6]에서 여우 주연상, 관객상, (뛰어난 스토리텔링을 선보인 여성 작가 및 감독에게 주어지는) 노라 에 프론 상을 수상했다. 또한 캘리포니아에서 열린 제40회 밀 밸리 영화제에 서 월드시네마 인디 부문 은상을, 스페인에서 열린 제55회 히혼 국제 영화 제에선 장편 영화 부문 여성 감독상을 수상했다. 나아가 이 영화는 제90 회 아카데미 시상식 최우수 외국어 영화상 부문 스위스 대표작으로 선정 되었고, 스위스에선 흥행에 큰 성공까지 거두었다. 이렇게 〈거룩한 분노〉 로 능력 있는 감독으로 인정받은 볼프는 최근 탄탄대로를 걷는 중이다. TV 미니시리즈 〈평화의 미로〉(Labyrinth of Peace, 2020)로 극찬받았고, 미국 의 액션 스타 로런스 피시번(Laurence Fishburne)과 클리프튼 콜린스 주니어 (Clifton Collins Jr.)와 함께 감옥 드라마 〈프랭크와 루이스〉(Frank and Louis)를 준비 중이다.

---

6) 9·11 테러로 초토화된 뉴욕 트라이베카(Tribeca) 지역에 희망을 불어넣자는 목적으로 배우 로 버트 드니로(Robert De Niro, 1943-)와 프로듀서 제인 로젠탈(Jane Rosenthal, 1956-) 주도로 2002년부터 시작된 영화제이다. 2019년 김보라 감독의 〈벌새〉가 이 영화제에서 최우수 국제 장편 영화상, 최우수 여우 주연상, 촬영상을 수상했다.

2. 〈거룩한 분노〉의 역사적 배경:
1971년 여성 참정권을 공식화한 나라, 스위스[7]

스위스는 1971년 2월 7일, 유럽 국가들 중에서 거의 마지막으로 (독일보다 53년, 오스트리아보다 52년, 프랑스보다 27년, 이탈리아보다 26년 늦게) 여성들에게 참정권을 부여했다. 스위스가 뒤늦게나마 여성 참정권을 허용하게 된 것은 스위스 여성들과 여성 단체들이 연방 평의회[8]를 압박하고 국민 투표에서 과반수 표를 얻기 위해 근 100여 년간 끊임없이 노력해온 덕분이다.

취리히(Zurich) 칸톤 여성들은 칸톤의 헌법이 개정될 때인 1868년 참정권을 요구했지만 성공하지 못했다. 이후 25년이 지난 1893년 스위스 여성 노동자 연맹이 공식적으로 여성 참정권을 요구했다. 사회당은 1904년부터 여성의 정치 참여를 지지했고, 1909년 여성 참정권을 위한 여러 협회들은 함께 스위스 여성 참정권 협회를 결성했다. 1918년 스위스 총파업에서 여성 참정권은 9가지 요구 사항 중 두 번째 요구 사항이었다. 그해 12월, 연방 평의원 두 명이 여성 참정권을 요구하는 두 가지 법안을 발의해 연방 평의회에 보냈지만 무시되었다. 그러자 1929년 스위스 여성 참정권 협회는 사회당, 노동조합과 함께 대대적인 청원 운동을 벌여 남성과 여성

---

7) 2절 중 스위스 여성 참정권 관련 내용은 아래 사이트를 참고로 작성되었으며, 따로 인용 표기를 하지 않는다. 이외의 자료에 의거한 경우에만 인용 표기를 한다.
https://en.wikipedia.org/wiki/Women's_suffrage_in_Switzerland
https://www.parlament.ch/en/%C3%BCber-das-parlament/political-women/conquest-of-equal-rights/women-suffrage

8) 스위스는 26개의 칸톤(주州)으로 구성된 연방 국가이다. 외교, 군사, 경제 분야만 연방 정부가 책임을 지고 다른 문제들은 각 칸톤이 자치권을 갖는다. 그러나 헌법 등의 개정은 국민 투표를 거쳐 연방 평의회가 최종 결정을 내린다.

으로부터 지지 서명을 받아내 (249,237명의 서명 - 남성 78,840명, 여성 170,397명) 연방 총리에게 제출했다. 이 청원 역시 의회에서 통과되었음에도 불구하고 정부의 무반응에 수포로 돌아갔다. 1930년대에는 세계의 경제 위기로 여성 참정권에 대한 요구가 점점 더 약해졌다. 보수적이고 파시스트적인 경향이 더 널리 퍼지면서, 모범적 사회의 핵심 요소로 전업주부의 중요성이 부각되었다.

많은 유럽 국가에서 여성들은 제2차 세계대전 동안 전쟁에 나간 남성들을 대신해 취업 전선에서 일했고 그 대가로 참정권을 얻었다. 그러나 스위스 여성들은 그들의 노력에 대한 보상을 받지 못했다. 여러 칸톤에서 여성 참정권 도입을 거부했고, 1951년에는 연방 평의회 보고서에서 여성 참정권에 대한 연방 투표가 시기상조라고 결론 내렸다. 게다가 1957년 스위스 정부는 국가 안보를 위해 여성들도 남성들과 비슷한 병역 의무를 지기를 원했다.9) 그러나 이것은 스위스 여성 참정권 협회, 스위스 가톨릭 여성 연맹, 스위스 여성 사회 동맹이 결코 받아들일 수 없는 제안이었다. 이 세 여성 단체는 참정권이 없는 여성들에게 새로운 의무를 부과할 수 없다고 주장하며 정부의 이 제안에 강력 반발했다. 이에 자극받은 연방 평의회는 1957년 여성 참정권에 관한 헌법 개정안을 제출했고, 1958년 통과시켜 이듬해인 1959년 2월 1일 국민 투표에 부쳤다. 그러나 안타깝게도 이 안은 국민 투표에서 유권자들의 67%의 반대로 통과되지 못했다.10)

---

9) 스위스에는 상비군이 없고 예비군만 있다. 예비군을 훈련시키는 장교, 하사관 등만 직업 군인이며 스위스 남성들은 모두 예비군으로서 일정 기간 동안 (42세까지 1년에 20일 이상 예비군 훈련을 받는) 병역 의무를 지닌다. 이원복 224-227 참조.

10) 1959년 국민 투표로 여성 참정권이 거부되자 스위스 전역에서 시위가 벌어졌다. 하지만 같은 해에 몇몇 칸톤의 여성들은 첫 성공을 거두었다. 보(Vaud), 제네바(Geneva), 뇌샤텔(Neuchatel) 칸톤에서 칸톤 차원의 여성 참정권이 도입되었다. 바젤-슈타트(Basel-Stadt) 칸톤도 1966년에 여성 참정권을 도입하였다. 이 부분은 아래 사이트 참조.

세계 많은 나라가 여성 참정권을 인정하고 있던[11] 1959년 스위스 국민 투표에서 여성 참정권이 부결되었던 주요 이유는 스위스 정치 체제에서 국민 투표에 근거한 직접 민주주의가 차지하는 중요성 때문이었다. 스위스는 중세부터 내려오는 남성들만의 의무적 국민 투표(란츠게마인데 Landsgemeinde) 전통을 매우 중요하게 여겼고, 1848년 스위스 연방 국가가 세워질 때 '란츠게마인데'에 뿌리를 둔 보편적 참정권을 도입하여 남성들에게만 국민 투표를 의무화했다. 스위스가 남성들에게만 투표권을 허용했던 또 다른 이유는 1848년 헌법 제정 이래 스위스가 투표권과 군복무를 밀접하게 연관시켰고, 이에 따라 병역 의무를 지지 않은 여성들에게 투표권을 부여하기 어려웠기 때문이다.

1959년 국민 투표에서 유권자인 스위스 남성들이 여성 참정권을 부결시켰던 이유는 구체적으로 무엇일까? 볼프에 의하면, 그것은 교회의 힘이 강력했던 스위스 (특히 시골 마을) 남성들의 가부장적인 기독교 신앙 때문이었다. 스위스 남성들은 여성들의 정치 참여를 신의 '거룩한 질서'를 거스르는 행위로 여겼고, 신이 균형 잡힌 세상을 위해 남성과 여성에게 부여한 각기 다른 역할(여성은 가정 일을 맡고, 남성은 가정 밖의 일을 맡는)을 지키지 못할 때 대재앙이 밀어닥친다고 믿었다(Biret). 이러한 종교적 이유로 스위스는 남성 참정권이 허용되었던 1848년으로부터 123년이 지난 1971년

---

https://www.parlament.ch/en/%C3%BCber-das-parlament/political-women/conquest-of-equal-rights/women-suffrage
http://www.cine21.com/news/view/?mag_id=90569/
https://yoda.wiki/wiki/Women%27s_suffrage_in_Switzerland/
https://www.news1.kr/articles/?4225432

11) 일례로 뉴질랜드, 호주, 영국, 미국은 1920년 이전에, 1920년대는 미얀마와 에콰도르, 1930년대는 남아프리카 공화국, 태국, 우루과이, 터키, 쿠바, 필리핀, 1945년 이후 1949년까지 일본, 중국, 한국, 인도에서 여성 투표권이 인정되었다. http://www.yna.co.kr/view/AkR20170913077000371 참조.

에야 비로소 연방 차원에서 여성 참정권을 공식화할 수 있었다. 하지만 〈거룩한 분노〉의 촬영지였던 아펜젤(Appenzell) 칸톤12)은 연방 정부의 강제 명령이 발효된 1990년에야 여성들에게 투표권을 허용했다.

뒤늦게나마 1971년 스위스 남성들이 여성 참정권에 찬성표를 던지게 된 것은 1960년대 후반 유럽과 미국을 휩쓴 페미니즘 운동과 각종 혁명의 불길을 접한 5천여 명의 스위스 여성들이 1969년 베른(Bern) 연방 평의회 광장에 모여 시위를 벌인 사건과 직결된다. 1968년부터 1971년은 그야말로 전 세계적으로 정치적 격변기였다. 억압 없는 평등 사회를 요구한 프랑스 68 운동,13) 미국의 베트남전 반대 운동과 인권 운동, 오늘날 저항 문화의 상징이 된 미국의 우드스톡 페스티벌14)부터 히피15) 문화, 학생 운동,

---

12) 볼프 감독은 아펜젤을 이 영화 촬영지로 정했는데, 그것은 아펜젤이 참정권을 가장 늦게 도입한 보수적인 곳이자 아름다운 농장, 구불구불한 언덕, 높은 산 등 풍경도 매력적이었기 때문이다. https://www.female.com.au/petra-volpe-the-divine-order-interview.htm 참조.

13) 1968년 프랑스 전역의 대학생 시위와 1,000만 노동자 파업으로 확산된 전례 없던 반체제, 반문화 혁명으로 자본주의에 대한 저항도 포함된다. 파리에서 시작한 시위는 냉전과 베트남 전쟁 등의 시대적 문제와 결부되면서 그해 미국, 서독, 체코슬로바키아 등 세계의 젊은이들을 저항과 해방의 열망으로 들끓게 했다.
https://ko.wikipedia.org/wiki/%ED%94%84%EB%9E%91%EC%8A%A4%EC%9D%98_68%EC%9A%B4%EB%8F%99 참조.

14) 1969년 8월 15일부터 3일간 미국 뉴욕주의 우드스톡(Woodstock) 베델 평원에서 개최된 해방의 축제로, 미국의 반문화 공동체의 열기가 이곳에서 절정에 이르렀다. 베트남 전쟁 반전 시위와 인종 차별에 항거했던 마틴 루터 킹(Martin Luther King, Jr., 1929-1968) 목사의 암살 등으로 1969년은 미국 내의 여러 사회 문제가 엉켜 있던 시기다. 청년들의 변화에 대한 갈망을 표현했던 이 페스티벌은 이러한 미국 내 정치적 상황과 결합되어 미국 역사를 바꾸는 문화적 사건이 되었다. 이후 민권 운동과 페미니즘 운동이 본격화되었다.
https://ko.wikipedia.org/wiki/%EC%9A%B0%EB%93%9C%EC%8A%A4%ED%86%A1_%ED%8E%98%EC%8A%A4%ED%8B%B0%EB%B2%8C 참조.

15) 히피(hippie 또는 hippy)란 1960년대 미국 샌프란시스코와 로스앤젤레스의 청년층에서부터 시작된, 기존 사회 통념, 제도, 가치관을 부정하고 인간성 회복, 자연으로의 귀의 등을 주장하며 탈사회적으로 행동하는 사람들을 가리키는 말이다.
https://ko.wikipedia.org/wiki/%ED%9E%88%ED%94%BC 참조.

흑인 운동, 성 혁명, 페미니즘 운동16)까지, 사회의 부조리함에 맞서고자 한 자들의 해방과 변화를 모색하는 운동으로 가득 차 있던 시기였다. 세계의 많은 사람들이 체제를 변혁할 수 있다는 생각으로 해방과 혁명을 꿈꿨다. 이런 급진적 정서 덕분에 여성의 일상적 삶, 성적(性的) 활동, 행복 추구권 등에 대한 세계인의 관점에도 큰 변화가 생기고, 제2 물결의 페미니즘 운동도 더불어 일어났다.17)

이러한 세계적인 움직임 속에서도 스위스 정부는 여전히 여성에게 남성과 동일한 정치적 권리를 주지 않으려고 했다. 1968년 스위스 연방 평의회는 여성의 정치적 권리에 관한 조항을 배제시킨 채로 유럽 인권 협약에 서명하는 것을 고려했다. 스위스 정부의 이러한 보수적 조치에 당시 세계의 혁명 정신을 공유했던 스위스 여성들은 자신들의 정당한 권리를 요구하기 시작했다. 이들은 이전의 여성 단체들이 채택했던 조용한 방식을 비판하고, 스위스에선 전례 없던 시위 모임을 조직하고, 건물을 장악하는 등 공격적인 저항 운동에 불을 붙였다. 앞서 언급했듯이 1969년에는 여성들의 저항 운동이 절정에 이르러 스위스 각지에서 5천여 명의 여성이 베른에 모여 4개 스위스 공식 언어로 여성 참정권을 외쳤고, 오후 3시에는 다 함께 호루라기를 불며 연합했다.18) 이러한 여성들의 대규모 격렬 항의에 직면하여, 스위스 정부는 1971년 2월 7일 여성 참정권을 위한 헌법 개정안에 국민 투표를 붙였고, 이 개정안은 투표율 58%, 찬성률 66%로 통과

---

16) 함인희에 따르면, '여성 해방 운동'과 '페미니즘 운동'이 개념적으로 혼용되고 있으나, 1960년대 페미니즘 이론에 기반하고 "1960년대 좌파 정치 운동의 영향을 받아 억압과 차별로부터 해방을 추구하는 운동"(238)을 '페미니즘 운동'으로 명명한다.

17) 제2 물결 페미니즘에 대해서는 함인희와 이 글의 4절 참조.

18) https://www.swissinfo.ch/eng/inequality_the-m rch-for-women-s-suffrage-in-switzerland/44793 282 참조.

되었다. 100년간의 투쟁 끝에 드디어 스위스 여성들이 참정권을 얻게 된 것이다. 이 승리 덕분에, 스위스 여성들은 연방 평의회에도 선출될 수 있었다. 1971년 겨울 회기가 시작될 때, 10명에 이르는 여성 평의회 의원이 스위스 최초로 환영을 받고 그들의 자리에 앉았다.

〈거룩한 분노〉는 1960년대 말 1970년대 초 이러한 세계의 격변을 전달하기 위해 영화 오프닝에서 평등, 자유, 평화를 외치며 들끓는 60년대 말 미국과 유럽의 반체제 분위기를 스틸 컷 모음으로 연속적으로 담아낸다. 즉 흑인 인권 운동, 반전 운동, 성 혁명, 히피 운동, 학생 운동, 우드스톡 축제, 페미니즘 운동 등의 혁명 정신을 담은 기록 영상들, 그리고 60-70년대 페미니즘 운동의 리더였던 저널리스트 글로리아 마리 스타이넴(Gloria Marie Steinem, 1934-)의 연설 장면을 다큐멘터리 형식으로 펼쳐낸다. 또한 "여성들은 반려동물이나 장난감이 아니다", "여성들이여 단결하라", "여성들이여, '더는 안 돼'라고 말하고 일어서라"와 같은 당시 페미니즘 운동의 슬로건을 지문으로 전달한다. 영화 오프닝에서 세계 변화의 움직임을 (우드스톡 음악을 곁들여) 잇달아 보여주었다면, 영화의 엔딩에서는 경쾌한 음악과 함께 크레딧 왼편에 동영상으로 스위스 여성 참정권 역사 전시회를 펼친다. 스위스 각계각층 여성들의 첫 투표 장면들, 이 성취를 이끌어낸 여성 참정권 시위 장면들—스위스 여러 지역 여성들의 거리 행진, 1969년 베른 연방 평의회 앞 여성들의 호루라기 시위—, 그리고 투표권을 얻은 후 여성 국회 의원이 선출되어 의회에 장미꽃으로 환영받으며 자리에 앉는 짧은 동영상 모음이 크레딧 왼편에서 연속적 장면으로 이어진다. 이때 영화 속 픽션이 실제 역사와 깊이 연결되었다는 것이 분명히 드러난다. 또한 이 동영상 커트들 속 수많은 여성들도 이 영화 크레딧의 중요한 일부라는 것도 밝혀진다. 즉 영화의 이 기법은 〈거룩한 분노〉가 100여 년 동안 여성 참정권을 위해 투쟁해온 스위스 여성들에게 바치는 헌정 영화임을 분명하게 전달한다(Biret).

3. 〈거룩한 분노〉의 픽션:
'노라의 각성과 여성들의 단결'로 참정권과 자유를 얻다

영화의 오프닝과 엔딩의 다큐멘터리 장면이 액자틀 역할을 한다면, 액자틀 속 이야기는 다음과 같은 가상의 이야기를 전한다. 순종적인 가정주부 노라는 조용한 스위스 산골 마을에서 남편 한스(Hans)(맥시밀리언 시모니슈에크 Maximilian Simonischek)와 두 아들 루키, 맥스를 키우며 시아버지를 모시고 산다. 남편은 다니던 목재 공장에서 능력을 인정받아 승진했고, 초등학생인 두 아들도 너무 사랑스럽다. 한편 이 마을에는 가업인 농장을 물려받은 시아주버니 베르너와 동서 테레즈 부부도 살고 있는데, 이들은 자유분방한 10대 후반 외동딸 한나 때문에 골머리를 앓고 있다.

노라와 한스 부부, 베르너와 테레즈 부부가 살고 있는 이 산골 마을에선 오프닝에서 보여준 유럽과 미국을 휩쓴 거대한 혁명의 열기를 전혀 느낄 수 없다. 게다가 한나의 자유분방함을 참지 못하는 남편 때문에 힘들어하는 테레즈와 달리, 노라는 특별한 불행을 겪고 있지도 않다. 그런데도 노라는 자신의 삶에 구멍이 나 있으며 무엇인가 잘못되었다고 느낀다. 하지만 그녀는 '지루함'이란 단어로밖에 말할 수 없는 이 불편한 느낌이 자유와 권리를 빼앗겼기 때문이라는 생각을 단번에 하지 못한다. 그러다 혼인법을 들먹이며 남편 한스가 그녀의 취직을 불허하고, 한나가 자유로운 연애를 이유로 청소년 보호소와 감옥에 구금되며, 나이 많은 진보주의

자 친구 브로니가 재산권을 다 가진 바람둥이 남편 때문에 평생을 일한 가게(펍)를 잃었다는 것을 알게 되고, 무엇보다 취리히 거리에서 여성 참정권 운동을 접하면서, 그제야 노라는 조금씩 주변의 구태의연한 것들에 깃든 여성 차별과 억압을 알아차리기 시작한다.

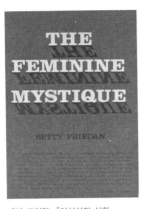

베티 프리단, 『여성성의 신화』

이후 노라는 머리를 자르고 샛노란 니트에 나팔 청바지를 입으며 무언의 해방감을 표출하는 한편, 마을 여성 참정권 운동의 리더로 거듭난다. 그녀는 취리히 여성 참정권자들에게서 얻은 스위스의 혼인법과 여성 참정권 관련 책자들, 베티 프리단(Betty Fridan, 1921-2006)의 『여성성의 신화』(The Feminine Mystique, 1963)[19]를 탐독하고, 브로니와 그라지엘라(브로니의 가게를 인수해 피자 가게를 연이탈리아 여성)와 함께 여성 참정권 캠페인을 시작하고, 여성 참정권 관련 이벤트를 기획한다. 또한 '거룩한 질서'를 내세우는 반대파 주민들, 그중에서도 여성 투표권 반대 위원회 대표이자 남편의 상사인 보수적 여성 샬롯 비프와 강하게 맞선다. 나아가 그녀는 히피를 연상시키는 대학생과 데이트를 한 죄로 아버지 베르너에 의해 감옥에 보내진 한나를 출옥시켜야 한다고 테레즈를 설득한다. 얼마 후 노라의 설득을 받아들인 테레즈가 한나를 구금에서 풀어주기로 결심하고 노라의 활동에 합류한다. 이리하여 노라는 브로니, 테레즈와 함께 마을 행사를 준비하는 한편 취리히로 가서 여성 참정권 가두 행진에 참여한다. 취리히에서 이 세 여성은 또한 성에

---

19) 볼프는 한 인터뷰에서 베티 프리단의 『여성성의 신화』가 자신의 애독서라고 밝힌다(Biret).

관한 여성 워크숍에도 참가한다. 여기서 그들은 여성이 오르가슴을 느끼는 것이 여성의 자유를 향한 첫걸음이라는 것을 깨닫는다.

여성 참정권을 외치는 브로니, 노라, 테레즈 (왼쪽부터)

영화의 가장 큰 갈등은 한스가 예비군 훈련을 마치고 마을의 절반이 모인 노라의 '여성 투표권 알림' 행사에 불쑥 나타나면서 가시화된다. 그는 강연장에서 청중들이 여성 참정권에 대해 연설하는 자신의 아내에게 야유를 퍼붓는 것을 목도한다. 그 사건으로 부부는 집으로 돌아가서 치열하게 싸운다. 하지만 점점 더 많은 마을 여성들이 그들의 진짜 생각을 소리 내어 말하기 시작하자 노라는 새로운 용기를 내고, 마침내 노라와 여성들은 가사 노동의 전면 중단인 파업을 선언한다. 처음에는 주저했던 브로니의 법률가 딸 마그다를 포함한 많은 마을 여성들이 그라지엘라의 가게에 모여 파티를 벌이고, 살을 맞대고 누워 은밀한 속내를 털어놓고, 또 식탁 앞에서 각자의 성 경험담도 스스럼없이 나눈다. 그러자 여성 파업을 참지 못한 남편들이 밤에 그라지엘라의 가게로 침입해 여성들을 강제로 끌고 가는데, 이 과정에서 분노한 브로니가 소리치다 쓰러진다. 결국 노라는 가장 충실한 지지자인 브로니를 잃는다.

그러나 노라는 브로니의 장례식장에서 브로니를 '신이 규정한 여성의 위치에 만족하며 가족에게 헌신했던 행복한 여성'으로 규정하는 목사에 맞서 다시 한 번 목소리를 높인다. 노라는 브로니가 평생을 바쳐 일했던 가게를 잃었던 것은 여성에게 경제권을 허용하지 않는 스위스 혼인법 때문이라는 것을 지적하고, 지난 몇 주 동안 자유를 위해 치열하게 싸웠던 여성 운동가 브로니를 기억하자고 제안한다. 브로니의 장례식장에 울려 퍼진 노라의 단호한 목소리는 마을 주민들의 마음을 움직인다. 노라는 확신에 찬 연설로 마을 사람들이 브로니를 가부장적 결혼의 억압에 맞선 용감한 여성으로 재평가하도록 이끌 뿐 아니라, 한스의 마음도 그녀 편으로 돌린다. 나아가 마을 여성들을 하나로 결집시키고 남성들에게도 여성 투표권에 대해 다시 생각할 기회를 제공한다. 집으로 돌아온 노라는 예전 삶으로 돌아갈 수 없다는 것을 깨닫는다. 그녀는 취업 면접을 보러가고 한스는 여성 참정권에 지지표를 던진다. 한스뿐만 아니라 다른 남성들도 찬성표를 던지면서 여성 참정권은 1971년 2월 7일에 통과된다.

그러나 영화는 여성들이 참정권을 획득하는 장면에서 멈추지 않는다. 이후 노라의 작은 마을에도 많은 변화가 일어난다. 그라지엘라는 이혼을 결심하고, 테레즈는 마그다의 도움으로 한나를 감옥에서 구출한 후 베르너 곁을 떠나고, 감옥에서 나온 한나는 남자 친구에게로 달려가고, 베르너는 적성에 맞지 않는 농장을 팔고 새로운 삶을 위한 첫 발을 내딛는다. 변화의 조짐은 한스와 노라 가족에게도 뚜렷이 나타난다. 마을의 남성 중심주의를 그대로 학습한 두 아들과 여성 혐오주의자였던 시아버지가 함께 설거지를 하고, 노라는 취업을 한다. 또한 한스와 노라는 침실에서 그들만의 작은 성 혁명을 이룩한다. 액자틀 속 영화의 끝을 장식하는 노라와 한스의 베드신은 노라의 첫 오르가슴 경험을 클로즈업한다. 이 마지막 장면은 스위스 시골 마을 여성들이 참정권을 포함한 법적 권리를 쟁취하는 것을 넘어서 사적인 영역에서도 최고의 성과를 이루게 되었음을 유쾌하게 알려준다.

4. 〈거룩한 분노〉, 영국의 여성 참정권 영화 〈서프러제트〉의 계보를 잇다

〈거룩한 분노〉는 여성 참정권을 다룬 면에서 동갑내기 영국 여성 감독 세라 게이브런(Sara Gavron, 1970-)의 〈서프러제트〉(Suffragette, 2015)의 뒤를 잇는다.[20] 두 영화는 여성 참정권 문제를 스위스와 영국의 각 역사적 시대를 배경으로 가상의 여주인공을 중심으로 펼쳐낸다는 점에서 긴밀하게 연결된다. 〈서프러제트〉는 세탁 노동자 모드 와츠(Maud Watts)라는 가상의 인물을 통해 여성 참정권 운동사[21]의 한 획을 그은 1912년과

---

20) 영화 〈서프러제트〉에 대해서는 김경희와 김소임, 「〈서프러제트〉와 영국의 여성 참정권 운동」 참조. '서프러제트'(suffragette)란 말은 1860년대부터 조직적으로 등장한 영국의 여성 참정권 운동가들 중 과격파를 지칭한다. '서프러지스트'(suffragist)와 달리 여성 참정권 운동가를 낮춰 부르는 말이었지만 과격파는 이 말을 기꺼이 받아들여 중도파와 자신들을 차별화했다.

21) 여성 또한 남성과 동등한 권리를 지닌 인간이라는 주장이 여성 참정권 운동의 시작이었고 이 것이 곧 페미니즘의 역사다. 19세기 말 종속의 상태를 거부하려는 여성들의 목소리가 여성 참정권자들의 목소리를 통해 나왔다. 이로써 1893년 뉴질랜드를 필두로 호주에선 1902년, 핀란드에선 1906년, 영국에선 1918년, 미국에선 1920년 여성 참정권이 인정되었다. 김소임, 「여성의 교육과 참정권」 참조.

1913년 영국의 여성 참정권 운동을 사실적으로 그려낸다. 특히 이 영화는 에멀린 팽크허스트(Emmeline Pankhurst, 1858-1928)[22]를 따르는 과격파 여성들이 참정권 획득을 위해 폭력 시위를 벌이다 체포되어 옥중 단식 투쟁을 감행하는 모습, 조지 5세가 참석했던 승마 경기에서 에밀리 데이비슨(Emily Davison, 1872-1913)[23]이 시도했던 목숨을 건 시위를 생생하게 담아낸다. 〈거룩한 분노〉도 가상 인물인 노라를 내세워 1971년 스위스의 보수적인 작은 마을에서 벌어진 여성 참정권 운동과 그 성취를 그린다. 물론 두 감독 사이에 약간의 차이는 있다. 팽크허스트와 데이비슨 같은 역사적 여성 인물들을 비교적 사실적으로 재현해낸 게이블린 감독과 달리, 볼프 감독은 역사적 여성 인물들의 재현보다는 시대의 여성 억압적 분위기를 전달하는 데 더 큰 관심을 둔다. 볼프 감독은 이 점에 대해 다음과 같이 말한다.

나는 여성사 연구에서 발견한 여성들에게서 영감을 얻었다. 그러나 나는 대본을 발전시키는 과정에서 단순히 역사적 사실이 아니라 그 시대의 분위기를 포착하는 데 관심을 갖게 되었다. 1971년에야 여

---

22) 영국의 여성 참정권 운동을 이끌었던 인물. 1903년부터 여성 사회 정치 연합(WSPU)을 결성해 과격한 여성 참정권 운동을 전개했다. 이 운동의 영향으로 영국 정부는 1918년부터 30세 이상 여성에게 투표권을 허가했으며 그녀가 사망한 1928년에는 모든 여성에게 남성과 동등한 투표권을 부여했다.
https://namu.wiki/w/%EC%97%90%EB%A9%80%EB%A6%B0%20%ED%8C%BD%ED%81%AC%ED%97%88%EC%8A%A4%ED%8A%B8 참조.

23) 영국에서 여성 참정권 운동을 펼친 WSPU 회원 중에서도 가장 과격파였으며 여성 참정권 반대 관료의 차에 벽돌을 던지고, 우체통에 방화하고, 의회 창문을 부수는 등의 혐의로 여러 번 옥살이를 했다. 1913년 6월 4일 런던 남부에서 열린 더비 경마 대회에서 WSPU 깃발을 들고 조지 5세 소유의 말에 뛰어들어 그대로 충돌해 병원으로 옮겨졌으나 4일 뒤 세상을 떠났다.
https://namu.wiki/w/%EC%97%90%EB%B0%80%EB%A6%AC%20%EB%8D%B0%EC%9D%B4EB%B9%84%EC%8A%A8 참조.

성들이 남성과 동등한 정치권을 요구하게 되었는데, 나는 그 당시 얼마나 여성들이 자유를 빼앗긴 채 살고 있었는지, 얼마나 그들이 소유물처럼 취급되었는지, 이에 대한 여성들의 저항이 얼마나 컸는 지를 묘사하는 이야기를 전하고 싶었다.[24]

두 영화의 또 다른 공통점은 가상의 여주인공을 지적인 여성이나 여성 운동 리더가 아니라 노동자 계급이나 평범한 주부로 설정한 데서 찾을 수 있다. 〈서프러제트〉는 영국 여성 참정권 운동의 리더들이 아니라 노동자 계층 여성들에게 더 주목한다(강력한 존재감을 드러내지만 팽크허스트는 한 장면에만 등장하고, 경마장 장면에서 엄청난 파급력을 보여주는 데이비슨도 몇 장면밖에 나오지 않는다). 게이브런 감독은 여성 참정권 운동에 참여한 사람들이 오로지 부유층이나 지성적 리더들만이 아니었다는 사실을 강조하며, "평범하고 주목받지 못한 여성의 눈으로" 참정권 운동을 해석해 영화에 담아낸다(김경희 3 재인용). 볼프 감독도 노라라는 시골의 평범한 가정주부와 주변 여성들을 중심으로 이야기를 전개시킨다. 이에 대해 볼프는 자신의 어머니나 할머니와 같은 "지성적이지 않은 노동자 계층" 여성들, 특히 전에는 여성 운동에 관심이 없었지만 점차 정치적으로 되어가는 여성들에게 초점을 맞추고 싶었기 때문이라고 밝힌다(Taylor; Coffin).[25]

또한 〈서프러제트〉처럼 〈거룩한 분노〉도 불평등한 법이 여성의 삶을 어떻게 제한하고 파괴하는지를 보여준다. 〈서프러제트〉에서 평범하게 살

---

24) https://www.female.com.au/petra-volpe-the-divine-order-interview.htm 인터뷰 참조. 인터뷰 진행자의 이름은 나오지 않는다.

25) 볼프는 여성사 자료를 검토하는 중 한 평범한 주부가 "정치적으로 관여한 적이 없었지만, 참정권 반대자의 설득에 화가 나 참정권 운동에 적극 참여하는 것을 고려했다"라고 쓴 메모를 읽고 노라 인물을 구상했다고 말한다. 다음 사이트 참조.
https://www.female.com.au/petra-volpe-the-divine-order-interview.htm

아가던 모드는 시위에 참여했다는 이유로 가정과 직장을 잃고 자식과도 생이별한다. 당시 모든 법적 양육권과 경제권이 남편에게 있었기 때문이다. 〈거룩한 분노〉도 참정권을 박탈당했을 뿐만 아니라 혼인법 때문에 가정에서 고통받는 (노라, 브로니, 테레즈와 같은) 여성들을 깊이 있게 다룬다. 〈서프러제트〉가 여성 참정권 운동가들의 목숨을 건 싸움은 단순하게 투표권을 쟁취하기 위한 투쟁을 넘어 가정과 사회에서의 기본적 권리를 얻기 위한 도전임을 가시화하는 것처럼, 〈거룩한 분노〉도 여성 참정권 운동이 단순히 투표권을 쟁취하는 것을 넘어서 전반적인 여성 인권을 확보하기 위한 행위임을 강조한다.

나아가 두 영화는 공통적으로 여권을 외치다 세상을 뜬 여성들의 장례식장에서 공유되는 애도의 감정을 개인적 슬픔이 아니라 정치적인 행위로 승화시킨다. 〈서프러제트〉의 마지막인 데이비슨 장례식 장면은 데이비슨의 죽음이 영국을 넘어서 세계의 이목을 끌면서 영국 여성들의 참정권 획득에 중요한 계기가 되었음을 보여준다. 〈거룩한 분노〉의 브로니 장례식 장면도 이와 유사한 기능을 한다. 이 장면은 '여성 운동가 브로니'를 기억하는 집단적 애도의 장이 되어, 여성들을 결속시키고 나아가 남성들의 생각을 변화시켜 여성 참정권 획득의 물꼬를 튼다.

그러나 〈서프러제트〉가 폭력적인 노동 현장, 길거리의 폭력적 저항과 감금, 성폭력 등 시끄럽고 위험한 사건들을 영상에 담는다면, 〈거룩한 분노〉는 취리히에서도 멀리 떨어진 눈 덮인 고요한 산골 마을과 평화로워 보이는 어느 가정과 함께 시작한다. 〈서프러제트〉가 가난한 세탁부 모드가 과격한 여성 참정권 운동에 적극 참여하면서 남편에게 쫓겨나고 투옥되는 과정을 다룬다면, 〈거룩한 분노〉는 가정주부 노라가 느끼는 내면적 문제와 그 문제로 인해 남편과 갈등을 겪고 주변의 다른 여성들과 연대하며 점차 눈을 떠가는 과정을 영상화한다.

이러한 두 영화 사이의 차이는 두 영화가 다루는 시기와 연결된다. 〈서프러제트〉가 제1 물결 페미니즘[26] 시기 중 1912년과 1913년 영국 여성 참정권 운동의 정치적 투쟁사를 공적 공간에 담아낸다면, 〈거룩한 분노〉는 스위스의 여성 참정권 문제를 유럽과 미국을 휩쓴 대항문화, 성 해방 담론, 제2 물결 페미니즘의 맥락 속에서 다룬다. 그리하여 〈거룩한 분노〉속 마을 여성들은 〈서프러제트〉의 팽크허스트 같은 과격한 운동가와 그녀를 따르는 과격한 여성들과는 사뭇 다른 특성인 '개인적인 것의 정치성'을 보여준다.

5. 제2 물결 페미니즘[27]과 〈거룩한 분노〉:
'개인적인 것이 정치적인 것이다'

앞서 지적했듯이, 〈거룩한 분노〉는 오프닝에서 미국의 우드스톡 축제 등 요동치는 혁명의 파도를 영상에 담아 1960년대 후반 유럽과 미국의 저항 문화와 이어지는 제2 물결 페미니즘의 맥락을 제공한다. 이러한 역사적 맥락 제공은 스위스에서 여성 참정권이 1971년에도 보장되지 않았다는 것이 얼마나 시대에 뒤떨어진 것인가를 강조하는 동시에, 뒤늦은 만

---

26) 페미니즘의 '물결론'은 1960년대 후반 처음 등장했다. 마사 W. 리어(Martha W. Lear)가 처음 1840년대에서 1920년대까지의 페미니즘을 제1 물결 페미니즘으로, 1960년대 페미니즘을 제2 물결 페미니즘으로 명명했으며, 이후 이 분류가 통용되고 있다. 제1 물결 페미니즘에 대해서는 함인희, 김진희 참조.

27) 제2 물결 페미니즘에 대해서는 함인희, 김진희, 에콜스, 이나영, 프리단, 밀렛, 그리고 보스턴 여성 건강 협회(Boston Women's Health Collective)의 책자를 참조해 정리했다. 직접 인용인 경우를 제외하곤 따로 인용 표시를 하지 않는다.

큼 스위스 여성 참정권 운동이 당시 세계의 흐름과 긴밀히 연결되어 있음을 알려준다. 특히 영화는 제2 물결 페미니즘의 물꼬를 튼 베티 프리단의 『여성성의 신화』와 여성의 성적 쾌락을 찬미하는 스웨덴[28] 강사의 세미나 장면을 삽입함으로써 60년대 제2 물결 페미니즘의 파도를 구체적으로 예시한다.

〈거룩한 분노〉의 맥락인 제2 물결 페미니즘에 대해 알아보자. 앞에서도 설명했듯이, 19세기 말부터 1920년대까지의 페미니즘은 제1 물결 페미니즘으로, 1960년대부터 1980년대 초반까지의 페미니즘은 제2 물결 페미니즘으로 불린다(김진희 13, 264-285). 제1 물결 페미니즘은 여성 차별의 원인이 불평등한 법과 제도에 있다고 생각하고, 여성 참정권에 초점을 맞추며 여성의 제도적 권리 확대를 중시한다. 한편 프리단의 『여성성의 신화』가 포문을 연 제2 물결 페미니즘은 사회적으로 내면화된 규범과 가부장제가 여성을 억압한다고 진단한다. 먼저 프리단은 미국 중산층 가정주부 개개인의 마음속에 자리 잡은 '이름 붙일 수 없는' 공허함은 가부장제 사회가 광고와 이미지 등의 작동 기제를 통해 여성을 어머니와 아내 역할과 가사 노동에 한정지은 데 기인한다고 설명한다. 이 문제에 대한 해결책으로 프리단은 여성들이 "남편과 아이들, 그리고 가정 말고 다른 무언가를 원"(89)하는 목소리를 내야 한다고 역설한다. 이 주장과 함께 프리단은 전미 여성 기구(NOW)를 결성하고, 여성들이 공적 분야에서 사회 구성원으로서의 역할을 담당할 수 있는 사회로의 변화를 꾀한다. 이 점에서 프리단은 자유주의 페미니즘(liberal feminism)의 원조인 메리 울스턴크래프트(Mary Wollstonecraft, 1759-1797)의 뒤를 잇는다.

---

28) 리나슨(Liinason)에 따르면, (특히 1990년대 이후) 스웨덴은 성 해방에 대한 진보적 담론을 지닌 가장 현대적이고 이성적인 나라로 평가되었다. 볼프는 이런 평가를 영화에 반영한 듯하다.

이어서 등장한 급진주의 페미니즘(radical feminism)은 제2 물결 페미니즘을 꽃피운다. 급진주의 페미니즘은 성 평등이 가부장적 사회 구조에서는 불가능하기 때문에 기회의 평등이나 여성의 주체적 활동만으로 여성 해방이 가능하지 않다고 진단한다. 대신 전체 문화를 포괄하는 보다 근본적인 변혁이 필요하다고 주장하며, 그 한 예로 개인적 영역에서의 여성의 권리 획득, 특히 여성의 신체와 섹슈얼리티 등 사적인 영역의 여성 해방을 제시한다. 캐롤 허니쉬(Carol Hanisch, 1955-2022)는 이 개인적 영역에서의 여성 해방을 '개인적인 것이 곧 정치적인 것이다'라는 슬로건으로 표현한다.29)

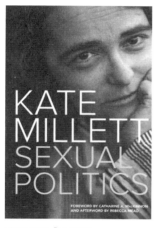

케이트 밀렛, 『성 정치학』

케이트 밀렛(Kate Millet, 1934-2017)의 『성 정치학』(*Sexual Politics*, 1970)은 급진주의 페미니즘의 이론적 틀을 제공한다. 이 책에서 밀렛은 결혼이란 "남성의 재정적 지원과 여성의 가사 노동, 성적 배우자 역할을 교환하는 것이라는 법적 전제 등"(89)을 통해 여성을 억압하고 여성의 자율성을 빼앗는 제도라고 설명한다. 그러나 밀렛이 이 책에서 가장 주목한 것은 개인적 차원의 성관계에서 권력이 작동하는 방식

---

29) 허니쉬는 '개인적인 것의 정치성'의 아이디어는 제안했지만 이 슬로건을 만들지는 않았다. 이것이 슬로건이 된 것은 슈라미스 파이어스톤(Shulamith Firestone, 1945-2012)과 앤 코에트(Anne Koedt, 1941-)가 '개인적인 것이 정치적인 것이다'를 책 제목으로 채택하면서부터이다. 2006년 허니쉬는 이 슬로건의 원저자가 슈라미스 파이어스톤과 앤 코에트라고 주장한다.
https://en.wikipedia.org/wiki/Carol_Hanisch
https://en.wikipedia.org/wiki/The_personal_is_political 참조.

이다. 밀렛은 문학 작품에 묘사된 성행위 분석을 통해 섹슈얼리티가 사적인 영역일 뿐 아니라 권력이 작동하는 정치적 영역임을 밝혀내고, 가부장제가 강제한 여성 섹슈얼리티의 억압에 대해 다음과 같이 강력하게 비판한다.

> . . . 역사를 통틀어 여성들은 대부분 문화적으로 남성에게 성적 배출구를 제공하는 동물 수준으로 격하되었으며, 재생산과 양육이라는 동물적 기능만을 수행해야 한다고 생각되었기 때문이다. 따라서 여성은 . . . 섹슈얼리티에서 쾌락을 느껴서는 안 되고, 비천한 노동과 가사로 이루어진 생활 방식 속에서 살아왔다. (245)

이런 역사적 진단을 기반으로 밀렛은 "여성을 섹슈얼리티로부터 쾌락을 얻지 못하게 제한하거나 금지하는 가부장제"(239)의 금기를 철폐하고, "여성 섹슈얼리티가 가진 잠재력"을 회복해야 한다고 주장한다.

밀렛의 진단은 1968년 후반 각종 저항 운동(신좌파 운동, 흑인 민권 운동, 반전 운동, 히피 문화, 게이 해방 운동 등)의 일부였던 성 해방주의자들의 '성 혁명'과 긴밀히 연결된다. 결혼 제도를 비판하고 자유로운 연애와 섹스를 주장했던 급진적 페미니스트들 중 성 해방주의자들은 경구용 피임약 개발, 낙태 허용, 이혼법 제정, 21세 이상 성인 간과 동성 간 성적 행위 비범죄화 법률 제정 등의 변화를 꾀한다. 이와 같은 섹슈얼리티에 대한 새로운 접근의 여파로 여성들에게 성적 쾌락과 해방은 동의어로 인식되기 시작한다. 성 해방주의자들은 여성이 남성의 성적 대상이 되는 것을 거부하고 남성 전유물로만 여겨졌던 성적 쾌락을 직접 즐기는 것이야말로 가부장제의 억압에서 해방되는 길이자 성적 주체로서 여성의 존재를 인정하는 길이라고 주장하기에 이른다(이나영 16; 훅스 73-74, 187-188, 199-211). 일례로, 앤 코에트는 「질 오르가슴의 신화」(The Myth of the Vaginal Orgasm)에서 "여성 해방에는 여성의 독자적 성행위가 반드시 포함되어야 한다"라고 주장한다(이나영 24 재인용). 보스턴 여성 건강 협회도 '여성은 수동적, 남성은 적극적'이라는 가부장적 성 관념을 깨트리고 여성의 성적 쾌락을 장려한다.

〈거룩한 분노〉는 이런 제2 물결 페미니즘의 맥락을 오프닝에서뿐만 아니라 노라를 중심으로 한 가상의 이야기에서도 보여준다. 볼프가 인터뷰에서 "개인적인 것의 정치성"을 강조하면서 "평등과 정치를 위한 싸움"은 "침실에서 시작해서 부엌, 거실, . . . 공동체"(Biret)에서 벌어진다고 말한 바 있듯이, 노라와 마을 여성들의 여성 참정권 운동이 제2 물결 페미니즘이 강조하는 '개인적인 것의 정치성'의 맥락에서 펼쳐진다. 섹슈얼리티를 포함한 여성들의 개인적 경험은 사회적으로 문제화 되어야 한다는 제2 물결 페미니즘의 씨줄이 노라와 마을 여성들의 참정권 운동 내러티브 날줄과 교차한다.

__노라의 각성

영화 처음에 노라는 프리단이 『여성성의 신화』에서 말했던 가정주부의 '이름 붙일 수 없는' 공허함에 직면한다. 그녀는 한동안 전업주부의 삶에 만족하지 못하지만 달리 방법을 찾지 못한다. 노라의 답답함을 달래주는 시간이 있다면, 그것은 남편과 아이들을 직장과 학교로 보낸 후 자전거를 타고 테레즈의 농장으로 전속력으로 달려갈 때와 두 아들과 함께 지구본을 돌리며 자유를 상상할 때뿐이다. 그녀의 대부분의 일상은 끝없이 이어지는 가사 노동으로 채워진다. 노라는 지구본의 태평양을 가리키며 두 아들에게 "심해의 물고기들은 완전한 어둠과 고요 속에서 살고 있다"라고 설명하고, "저 멀리, 해와 빛이 있다는 걸 모른단다"라고 덧붙인다. 그런데 이 비유는 노라의 상황을 정확하게 표현해준다. 노라는 가부장제라는 "완전한 어둠과 고요 속"에 갇혀 있지만 그 어둠을 벗어나게 해줄 "해와 빛이 있다는" 것을 아직은 모른다. 그러던 어느 날 노라는 자신의 삶에 대한 근본적인 의문을 품기 시작하고 곧 자신이 심해의 물고기들처럼 "어둠과 고요 속에서" 살고 있다는 것을 깨닫는다.

마침 스위스에서는 여성에게 투표할 권리를 허용할 것인지를 두고 찬반 논란이 진행되고, 이를 통해 완전히 어둠과 고요에서 벗어난 노라와 주변 여성들은 '여성 투표권 알림' 행사를 개최해 자신들을 옭아맨 낡은 관습에 도전한다. 이즈음부터 노라는 변화한다. 그녀는 새로운 패션으로 자신을 표현하고, 성적 욕망을 표출하고, 또 가부장적 시아버지의 지시를 더 이상 참지 않는다. 이후 영화는 햇빛을 받아 빛나는 노라의 강렬한 시선을 따라가며 시아버지, 남편을 거쳐 두 아들에게까지 전파된 남성 우월주의의 악습을 조롱한다. 즉 노라의 관점에서 카메라는 노라가 아들들에게 먹은 접시를 설거지하라고 말할 때 큰아들이 곤혹스러운 표정으로 "하지만 우린 남자잖아요"라고 말하는 것, 아들들과 시아버지가 우유와 맥주를 직접 냉장고에서 꺼내 먹으며 억울한 표정을 짓는 것 등을 포착하며 가부장제의 관습이 얼마나 일상 속에 녹아들어 있는지를 유머로써 드러낸다.

__성적인 것이 정치적인 것이다

다른 한편으로 이 영화는 참정권을 얻기 이전에 스위스 시골 여성들이 일상에서 마주하게 될 "해와 빛"의 세계를 축제적 성 해방의 장으로 예시한다. 취리히 여성 시위에 참가한 노라와 여성들은 시위가 끝난 뒤 '여성의 힘' 워크숍에 참여해 여성의 진정한 성적 해방과 자유를 모색한다. 히피 문화에 깊은 영향을 받은 이 워크숍에서 노라와 그녀의 동료들은 거울을 들고 처음으로 자신의 성기를 들여다보고 제각각 "호랑이", "나비", "여우"를 발견한다. 이 과정에서 이들은 몸에 대해 알게 되고, 욕망의 주체가 되어 전에 없던 기쁨을 누릴 잠재력을 갖춘다. 영화는 이런 방식으로 여성의 성에 대한 가부장제의 금기를 깨며 밀렛과 성 해방주의자들이 주장했던 "여성 섹슈얼리티가 가진 잠재력"을 회복하려는 여성들을 희극적으로 보여준다. 워크숍에서 강사는 다음과 같이 말한다.

> 여성 억압에 대한 싸움은 성 억압에 대한 싸움과 같습니다. 즉, 성 규범은 억압의 정치적 도구입니다. 개인적인 것은 정치적인 것입니다. 그래서 우리는 우리의 성기에 대해 더 잘 알아야 합니다. . . . 자신의 성기를 아는 것이 욕망을 여는 열쇠입니다. 그것은 자유를 향한 첫걸음이죠. . . . 이 방에 있는 많은 분들이 오르가슴을 경험하지 못했을 거예요. 여러분의 성기를 사랑하세요. 그러면 오르가슴이 올 거예요.

여성들의 워크숍 참가 장면은 자유롭게 연애하는 한나를 "동네 자전거"(여러 남자들과 성적 관계를 맺는 여자)로 비하하면서 여성의 몸과 성을 죄악시했던 마을 분위기에 대한 전면 도전이다. 노라는 이 워크숍을 통해 그동안 자신과 여성들이 성적인 면에서 얼마나 억압받아 왔는지, 얼마나 누려야 할 성적 쾌락을 포기해왔는지를 깨닫는다. 워크숍 이후 노라는 남편에게 한 번도 오르가슴을 경험해 본 적이 없다고 고백하며 자신의 성적 권리를 당당히 밝힌다. 이 고백은 성적 기쁨을 만끽하는 노라를 '개인적 영역에서 최고의 승리를 거둔 자'로 클로즈업하는 영화의 마지막 장면을 예고한다. 볼프 감독은 밀렛이나 성 해방주의자들처럼 노라가 보여준 성적 깨달음과 해방이 매우 중요하며 페미니즘 운동의 "이정표"(Biret)가 된다고 주장한다.

> 나는 평등을 위해 싸우고 여성으로서 강해지기 위해서는 자신의 몸에 자신감을 가져야 하고, 자신의 몸을 사랑해야 하며, 또한 즐거움과 접촉해야 한다고 생각한다. 여성들은 60년대 후반에야 오르가슴과 성에 대해 이야기하기 시작했다. . . . 나는 여성 해방이 그들의 몸과 연결되어 있다고 생각한다. 여성에 대한 많은 억압은 그들의 몸을 통해 일어난다. (Biret)

취리히 '여성의 힘' 워크숍에 참여한 노라, 테레즈, 브로니 (왼쪽부터)

노라와 여성들은 워크숍에서 힘을 얻어 가사 노동의 전면 중단을 선언한다. 노라와 여성들이 파업을 위해 모인 그라지엘라의 가게는 흔히 예측되는 고성과 폭력이 난무하는 공포의 장이 아니라 함께 즐기는 축제의 장이 된다. 남자들만 모여 맥주를 마시고 축구 경기를 보거나 당구를 치는 전통적 펍이 여자들만 모여 맥주를 마시고 게임을 하는 등 속세의 즐거움을 만끽하는 쾌락의 공간으로 바뀐 것이다. 또한 그곳은 취리히 워크숍에서 배운 대로 자신의 섹슈얼리티에 대해 자유롭게 이야기하는 공간, 즉 성적 금기가 철폐된 해방의 공간이 된다.

__남성에게로 확산되는 자매애: 제2 물결 페미니즘을 넘어서다

취리히 워크숍과 축제적 파업은 여성 해방의 공간이자 여성 간의 연대를 확인하는 장이다. 이 두 공간에서 여성들은 함께 즐거움을 나누며 나이와 교육 수준 등 각종 장벽을 뛰어 넘어 하나가 된다. 즉 이곳에서 여성들은 '자매애는 강하다[30]라는 급진주의 페미니스트 슬로건의 의미를 확인한다. 영화는 개별적 차원에서도 여성들 간의 우애를 다룬다. 브로니가 여성의 정치 참여 반대 단체에 기부하는 일을 거부하는 노라에게 동의를 표하는 순간부터 노라와 브로니는 나이의 장벽을 뛰어 넘어 친구가 된다. 이후 두 사람의 우정은 점차 깊어지고, 그라지엘라와 테레즈가 합류하자 여성 간 연대는 더욱 확장된다. 이어서 법을 공부했지만 의사 남편

---

30) 이 말은 1968년 캐시 사라차일드(Kathie Sarachild)가 뉴욕 급진주의 여성 협회의 첫 공식 행사 기조연설의 전단에서 만든 말로서, 제2 물결 페미니즘, 특히 급진주의 페미니스트들의 구호가 되었다. 이 말은 뉴욕 급진주의 여성 협회의 창립 멤버인 로빈 모건(Robin Morgan)이 1970년 편집한 문집 『자매애는 강하다: 여성해방운동 문집』(Sisterhood Is Powerful: An Anthology of Writings from the Women's Liberation Movement)의 제목이 되었다.
https://en.wikipedia.org/wiki/Kathie_Sarachild
https://en.wikipedia.org/wiki/Sisterhood_Is_Powerful 참조.

과 결혼한 후 전업주부가 된 브로니의 딸 마그다가 파업에 참여하고, 또 법률가인 그녀가 테레즈를 도와 한나를 감옥에서 꺼내줄 즈음에는 마을 여성들 모두가 하나로 단결한다. 이제 작은 마을의 모든 여성 사이에 자매애가 형성되고 그것은 가부장제를 변화시킬 강력한 기폭제가 된다. 노라의 성공 열쇠는 바로 그녀를 지지하게 된 점점 더 많은 수의 여성과의 연대이다.

그러나 이 영화의 묘미는 여성 간의 연대에서 끝나지 않고 그 연대성을 남성들에게까지 확장하는 데서 찾을 수 있다. 볼프는 다음과 같이 말한다.

> 나는 영화에서 남성도 남성이 남성다워야 한다고 가르치는 가부장적 사고에 의해 똑같이 억압받고 있다는 것을 지적하고 싶었다. 나는 평등을 위한 투쟁이 남녀 양 젠더를 유익하게 할 것으로 믿으며 이 사실을 남자들이 이해하는 것이 매우 중요하다고 생각한다. 남자들도 그들의 젠더 감옥에 똑같이 갇혀있다. (Taylor)

위 인터뷰의 말처럼, 볼프는 영화에서 여성과 남성을 대결 구도로 그리지 않는다. 마을 남성들이 가사 파업 중인 여성들을 강제로 끌고 갈 때 대결 구도가 잠시 드러나는 것 같지만, 전반적으로 영화는 여성들과 똑같이 가부장적 젠더 규범에 갇혀 있는 남성들을 가정 공동체를 꾸려나가기 위한 협력의 주체로 바라본다. 한스에 대한 영화의 긍정적 묘사가 이를 예시한다. 영화 전반부에 한스는 노라를 억압하는 남편으로 등장한다. 그는 노라의 참정권 운동을 못마땅하게 여기고, 취업을 원하는 노라에게 취업 대신 아이를 더 낳아 키우자고 제안한다. 그러나 후반부에 이르면 영화는 한스를 옹호한다. 즉 그가 가부장적인 것은 "그 시대의 아들"(Biret)로서 그가 노라만큼이나 "남성이 남성다워야 한다고 가르치는 가부장적 사고"에 의해 억압받고 있기 때문이라고 본다. 그가 "젠더 감옥"에 갇혀 있다는 것은 여성 참정권 지지자인 그가 마을의 보수적 분위기에 순응해 이를 감출 때 명확히 드러난다.

그러나 한스는 영화 후반부, 특히 브로니의 장례식장에 울려 퍼진 노라의 연설을 듣고 난 후 "젠더 감옥"에서 완전히 벗어난다. 장례식장에서 브로니를 재평가하는 노라를 경이롭게 바라보는 한스나 마지막 베드신의 한스는 전반부 가부장적 한스와는 완전히 다른 남자다. 변화한 한스는 가부장적 아버지의 보수적 생각을 바꿔보고자 아버지와 싸우고, 가부장적 족쇄를 차고 괴로워하는 형 베르너를 돕는다. 이리하여 한스의 아버지, 형, 아들들도 영화의 마지막 부분에서 변화의 기미를 보여준다. 영화는 노라의 브로니 애도사를 듣는 마을 남성들의 변화된 표정도 담아내 그들이 여성 참정권에 찬성표를 던질 것임을 예고한다. 볼프가 영화에서 그려낸 남성들은 밀렛이 예시한 '남성다움'을 지키려고 성을 왜곡하는 가부장제의 전통적 남성들과 완전히 다르다.

이 부분에서 영화는 급진주의 페미니즘과 결별한다. 영화는 대신 "여자와 남자가 무조건 똑같거나 평등한 곳이 아니라 서로에 대한 존중이 사람과 사람 사이 관계의 틀을 만드는 기준인 세상을"(22) 상상하는 벨 훅스(Bell Hooks, 1952-2021)의 제안에 가까이 다가선다. 즉 영화는 제2 물결 페미니즘의 영향에서 벗어나 제3 물결 페미니즘[31]의 목소리를 내기 시작한다.

---

31) 벨 훅스의 페미니즘은 제3 물결 페미니즘의 한 갈래이다. 제3 물결 페미니즘은 1980년대 후반부터 현재까지의 페미니즘을 일컬으며, 아직 그 내용과 특징이 결정되지 않은 채 논쟁 중이다. 그러나 지금까지의 제3 물결 페미니즘을 크게 두 부류로 분류할 수는 있다. 한 갈래는 더

훅스는 『모두를 위한 페미니즘』에서 다음과 같이 주장한다.

> 우리의 문화적 인식 체계에 페미니즘은 곧 반(反) 남성 운동이라는
> 억측이 뿌리 깊게 박혀 있기 때문에 이를 바로잡기 위해 갖은 노력
> 을 기울여야 한다. 페미니즘은 성차별주의에 반대한다. 남성의 특
> 권을 벗어던지고 페미니즘 정치를 기꺼이 포용한 남성은 투쟁의 소
> 중한 동료이지 페미니즘을 위협하는 존재가 아니다. 반면 여성이라
> 해도 성차별주의적 사고와 행동에 젖은 채 페미니즘 운동에 잠입한
> 여성은 운동에 해를 입히는 위험한 존재다. (44-45)[32]

〈거룩한 분노〉에서 남성들이 여성 참정권에 찬성표를 던져서 여성들이
참정권을 얻게 된 것, '여성 투표권 반대 위원회'의 대표인 비프를 가부장
적 사고를 내면화한 성차별주의자 여성으로 묘사한 것은 볼프가 훅스의
주장에 동의한다는 것을 입증한다. 이 영화에서 볼프는 훅스처럼 여성들
의 자유를 제약하고 그들의 삶을 위협하는 것은 남성이 아니라 성차별주
의적 사고와 행동이라는 것을 강조한다. 이렇게 볼프는 영화의 배경인
1970년대의 제2 물결 페미니즘에 머물지 않고 현재 진행 중인 제3 물결
페미니즘 흐름에 동참한다.

이상 페미니즘이 필요하지 않다는 포스트 페미니즘 및 백래시(backrash)에 대한 비판이고, 다
른 한 갈래는 제2 물결 페미니즘의 한계인 편협성을 뛰어넘으려는 시도이다. 벨 훅스는 제2
물결 페미니즘 중 백인 여성 중심의 페미니즘의 편협성에 대항하는 흑인 페미니즘으로 주목
받았다. 그러나 2000년 집필한 『모두를 위한 페미니즘』(*Feminism is for Everybody: Passionate
Politics*)에서는 흑인뿐만 아니라 남성을 포함한 모두를 위한 페미니즘을 주장한다. 함인희, 김
진희 참조.

32) 훅스, 161-169쪽 참조.

6. 〈거룩한 분노〉, 해피엔딩으로 희망을 전하다

〈거룩한 분노〉의 노라는 같은 이름 때문에 가부장적 집을 떠나는 과격한 입센(Henrick Ibsen, 1828-1906)의 노라를 상기시키지만, 앞서 언급했듯이 훅스가 제안하는 남성을 포용하는 페미니즘의 요소들을 담아낸다. 입센의 노라와 달리 〈거룩한 분노〉의 노라는 집에 거주하며 남성들과 함께 성차별성을 없애고자 노력하고 어느 정도 성공한다. 즉 〈거룩한 분노〉는 기존 결혼 제도를 수정·유지하고, 현재의 삶을 긍정하는 방식, 특히 유머와 축제적 성의 향연을 매개로 자유와 정의를 추구하는 희극적 방식을 제시한다. 현재의 제도를 완전히 거부하지 않는다는 점에서, 또 대결이 아니라 화합을 제시한다는 점에서 〈거룩한 분노〉가 충분히 진보적이지 못하다고 볼 수도 있다.

그러나 이러한 측면은 이 영화가 다루는 역사적 시점이 격변의 시기인 1970년대 초반이지만 이 영화가 만들어져 개봉된 시점은 2017년(우리나라는 2018년)이라는 것을 상기하면 이해할 만하다. 1960년대 후반과 1970년대 제2 물결 페미니즘 시기 가부장제로 인한 모든 불의에 대항했던 여성들은 정치적 연대로서 가부장제를 전복시키기를 원했다. 그러나 페미니즘이 진보하면서, 여성들은 남성만 성차별주의적 사고와 행동을 두둔하는 것이 아니라 여성도 성차별주의자가 된다는 것을 깨닫고 제2 물결 페미니즘 시기에 팽배했던 반(反) 남성 정서에서 벗어났다. 〈거룩한 분노〉는 이러한 최근의 흐름을 반영하며 가부장제가 아니라 성차별주의의 철폐, 결혼 제도의 거부가 아니라 그 내부 규칙의 재조정을 당부하고, 또 남성들을 포용하는 페미니즘을 제안한다. 볼프에 의하면 이 영화는 "남성과 여성의 전쟁"이 아니라 "문화적 전쟁" 즉 "평등을 원하는 사람들의 전쟁"

이다(Biret).

〈거룩한 분노〉가 유머를 도입하는 이유가 바로 여기에 있다. 볼프는 유머[33])야말로 남성들의 마음을 열어 그들이 도전받는다는 위협을 느끼지 않고 페미니즘을 수용할 수 있게 돕는 특효약, 혹은 그들이 웃으면서도 여성들이 처한 고통스러운 상황에 공감하도록 이끄는 중요한 촉매제라고 피력한다(Biret, Lasker, Coffin). 이 영화는 앞서 설명했듯이, 노라의 시아버지와 아들들의 가부장적 여성 인식을 유머로써 우스꽝스럽게 보여줄 뿐 아니라, 여성의 성적 욕망을 거침없이 다루고 여성의 연대를 해방의 축제 방식으로 펼쳐내 웃음을 자아내고 희극적 해방감을 전달한다. 무거운 주제인 여성 참정권을 다루는 영화가 비평가들로부터 "재미있고 영감을 주는 유쾌한 영화"(Biret), 혹은 "유머러스하고 . . . 감미롭고 따뜻한"(김소미) 영화라는 평을 받은 것은 이 때문일 것이다.

특히 노라의 행복한 표정을 클로즈업하는 영화의 마지막 베드신은 영화의 정치적 메시지를 거의 다 희석시킬 정도로 달콤하다. 그러나 이 "감미롭고 따뜻한" 해피엔딩이 우리에게 개인의 변화가 사회의 변화를 이끌 것이라는 희망을 전한다. 영화가 끝난 후 관객들은 이 영화에서 가장 중요한 것은 노라의 용기라는 점을 기억하고, '미투 운동'(#MeToo)이 입증하듯이 여전히 성차별적인 우리 시대도 '노라'를 필요로 한다는 현실을 자각하게 될 것이다. 그러면서 관객들은 남성을 포함한 모든 이들의 '자매애'를 결성하고 정치적 변화를 이끈 노라가 우리에게도 나타나길 학수고대하게 될 것이다. 볼프는 인터뷰에서 이 점을 확인해준다.

---

33) 볼프는 "유머는 내 인생에서 필수적인 영화 기법이다. 나는 또한 영화가 유혹의 한 형태라고 생각한다. 유머를 사용할 때 사람들의 마음을 열 수 있다"라고 말한다(Lasker).

내가 내 영화에서 원하는 것은 단 하나, 영화가 사람들이 계속해서 싸우고 용기를 내도록 영감을 주기를 바라는 것입니다. 왜냐하면 하나의 용기 있는 목소리가 어떻게 정치적 과정을 촉발시킬 수 있는지를 영화가 보여주기 때문입니다. 그리고 나는 지금도 우리에게 용기를 낼 사람들이 필요하다고 생각합니다. 우리에겐 자유와 정의를 위해 일어설 사람들이 필요합니다. (Biret)

| 참고 문헌

김경희. 「〈서프러제트〉에 나타난 거리 정치의 수행성 연구」. 『영미문화』 18.2 (2018): 1-26.

김소미. 「〈거룩한 분노〉, 스위스의 여성참정권 투쟁을 유쾌하게 풀어낸 영화」. 『씨네 21』, 2018.7.5. http://www.cine21.com/news/view/?mag_id=90569

김소임. 「〈서프러제트〉와 영국의 여성 참정권 운동」. 『영화로 보는 영국역사』. 한국현대영미드라마학회 편. 건국대학교 출판부, 2022. 294-317.

_____. 「여성의 교육과 참정권」. 『문화로 읽는 페미니즘─그리스 신화에서 한옥까지』. 영미문화연구회. 이화여자대학교출판원, 2020. 205-236.

김진희. 『페미니즘의 방아쇠를 당기다─베티 프리단과 ≪여성의 신비≫의 사회사』. 푸른역사, 2018.

밀렛, 케이트. 『성 정치학』. 1970. 김유경 옮김. 쌤앤파커스, 2020.

에콜스, 앨리스. 『나쁜 여자 전성시대: 급진 페미니즘의 오래된 현재, 1967-1975』. 1989. 유강은 옮김. 이매진, 2017.

이나영. 「급진주의 페미니즘과 섹슈얼리티─역사와 정치학의 이론화」. 『경제와 사회』 82 (2009): 10-37.

이원복. 『새로 만든 먼나라 이웃나라 5 스위스』. 김영사, 2012.

프리단, 베티. 『여성성의 신화』. 1963. 김현우 옮김. 갈라파고스, 2018.

함인희. 「페미니즘 운동의 발아와 성취」. 『문화로 읽는 페미니즘─그리스 신화에서 한옥까지』. 영미문화연구회. 이화여자대학교출판원, 2020. 237-270.

훅스, 벨. 『모두를 위한 페미니즘』. 2000. 이경아 옮김. 문학동네, 2017.

Biret, Cynthia. "An Interview with Petra Volpe." *Riot Material*, Dec. 6, 2017.
    https://www.riotmaterial.com/an-interview-with-filmmaker-petra-volpe/

Boston Women's Health Collective. "Women and Their Bodies: a Course." 1970.
    https://ourbodiesourselves.org/wp-content/uploads/Women-and-Their-Bodies-1970.

Coffin, Lesley. "Petra Volpe, Director of 'The Divine Order,' Takes Lighthearted Approach to Suffrage."
    https://ff2media.com/blog/2017/04/24/divine-order-director-interview-tff17/

Lasker, Julia. "Petra Volpe Explores the Personal and Political."
    https://ff2media.com/blog/2022/10/27/petra-volpe-explores-the-personal-and-the-political/

Lear, Martha W. "The Second Feminist Wave." *New York Times Magazine*, March 8, 1968.
    https://www.nytimes.com/1968/03/10/archives/the-second-feminist-wave.html

Liinason, Mia. "Sex in/and Sweden: Sexual Rights Discourses and Radical Sexual Politics in Sweden." *Cogent Social Sciences* 3.1 (2017).
    https://www.tandfonline.com/doi/full/10.1080/23311886.2017.1309108

Simon, Alissa. "Women Directors from Europe on Their Foreign-Language Films." *Variety*. Dec. 4, 2017.
    https://variety.com/2017/film/awards/oscar-foreign-language-films-from-europe-women-1202628592/

Taylor, A. Stephanie. "Petra Volpe Talks 'Divine' Feminism."
    https://ff2media.com/blog/2017/11/15/petra-volpe-divine-feminism/

http://theblurb.com.au/wp/divine-order-movie-review/

http://www.koreafilm.co.kr/movie/review/divineorder.htm

http://www.yna.co.kr/view/AkR20170913077000371

https://awfj.org/blog/2017/10/15/movie-of-the-week-october-20-the-divine-order/

https://blog.naver.com/sdjebo/222426177713

https://en.wikipedia.org/wiki/Carol_Hanisch

https://en.wikipedia.org/wiki/Kathie_Sarachild

https://en.wikipedia.org/wiki/Sisterhood_Is_Powerful

https://en.wikipedia.org/wiki/The_personal_is_political

https://en.wikipedia.org/wiki/Women's_suffrage_in_Switzerland

https://ko.wikipedia.org/wiki/%EC%8A%A4%EC%9C%84%EC%8A%A4%EC%9D%98_%EA%B5%AD%EB%AF%BC%ED%88%AC%ED%91%9C

https://ko.wikipedia.org/wiki/%EC%9A%B0%EB%93%9C%EC%8A%A4%ED%86%A1_%ED%8E%98%EC%8A%A4%ED%8B%B0%EB%B2%8C

https://ko.wikipedia.org/wiki/%ED%94%84%EB%9E%91%EC%8A%A4%EC%9D%98_68%EC%9A%B4%EB%8F%99

https://ko.wikipedia.org/wiki/%ED%9E%88%ED%94%BC

https://namu.wiki/w/%EC%97%90%EB%A9%80%EB%A6%B0%20%ED%8C%BD%ED%81%AC%ED%97%88%EC%8A%A4%ED%8A%B8

https://namu.wiki/w/%EC%97%90%EB%B0%80%EB%A6%AC%20%EB%8D%B0%EC%9D%B4%EB%B9%84%EC%8A%A8

https://www.female.com.au/petra-volpe-the-divine-order-interview.htm

https://www.hani.co.kr/arti/economy/economy_general/927151.html,

https://www.indiewire.com/2017/10/the-divine-order-review-petra-volpe-switzerland-oscars-2017-1201890873/

https://www.news1.kr/articles/?4225432

https://www.nytimes.com/1985/09/23/world/swiss-grant-women-equal-marriage-rights.html

https://www.parlament.ch/en/%C3%BCber-das-parlament/political-women/conquest-of-equal-rights/women-suffrage

https://www.swissinfo.ch/eng/inequality_the-march-for-women-s-suffrage-in-switzerland/44793282

https://www.theguardian.com/film/2018/mar/09/the-divine-order-review-swiss-suffragettes-on-the-march-in-feelgood-comedy,

https://www.thelocal.ch/20190308/12-fascinating-facts-about-the-history-of-womens-rights-in-switzerland

https://www.wavve.com/player/movie?movieid=MV_CG01_NU0000011255

https://www.wavve.com/player/movie?movieid=MV_EN01_EN000000628&autoplay=y

https://yoda.wiki/wiki/Women%27s_suffrage_in_Switzerland/

| 그림 자료

https://en.wikipedia.org/wiki/The_Feminine_Mystique

https://namu.wiki/w/%EA%B1%B0%EB%A3%A9%ED%95%9C%20%EB%B6%84%EB%85%B8

https://product.kyobobook.co.kr/detail/S000002380207

https://search.naver.com/search.naver?where=nexearch&sm=tab_etc&mra=bkEw&pkid=68
&os=5545715&qvt=0&query=%EA%B1%B0%EB%A3%A9%ED%95%9C%20%EB%B6
%84%EB%85%B8%20%ED%8F%AC%ED%86%A0

빌리 진 킹: 세기의 대결 *Battle of the Sexes*
세상을 바꾼 변호인 *On the Basis of Sex*
아이 엠 우먼 *I Am Woman*
양성평등의 이정표를 세운 여인들

| 김소임

감독 발레리 페리스, 조나단 데이턴
각본 사이먼 보포이
주연 엠마 스톤, 스티브 카렐
국내 개봉 2017년 11월

페미니즘 포커스 1960년대에 많은 페미니즘 단체의 등장과 함께 여권에 대한 지지와 성차별에 대한 반감도 커졌으나 1970년대 프로 스포츠계에는 상금을 비롯한 여러 면에서 성차별이 여전히 만연해 있었다. 1973년 9월, 테니스 남녀 대결이 벌어진다. 노골적인 성차별주의자인 바비 릭스는 상금뿐 아니라 남성의 우월성을 과시하기 위해 성 대결을 기획한다. 미디어를 이용한 릭스의 성차별적인 홍보전에도 불구하고 빌리 진 킹은 놀라운 집중력을 발휘해서 승리한다. 자신의 성 정체성을 둘러싼 고민에도 불구하고 이루어낸 킹의 승리는 프로 스포츠계의 성차별을 극복해 나가는 중요한 분수령이 된다.

감독 미미 리더
각본 다니엘 스티플만
주연 펠리시티 존스, 아미 해머
국내 개봉 2019년 6월

페미니즘 포커스 이 영화는 1972년 훗날 연방 대법관이 된 루스 긴즈버그가 남성을 차별하는 세법의 부당함을 고발한 모리츠 대 국세청장의 재판에서 승소한 이야기를 다루고 있다. 하버드와 콜롬비아 법전원에서 우수한 성적으로 보였으나 여성이란 이유로 로펌에 취업하지 못하고 교수로 살아가던 긴즈버그가 세상을 바꾼 변호인으로 변모한다. 대학에서 〈성차별과 법〉을 강의하면서 미국에 얼마나 많은 성차별적 법률이 존재하는지를 확인한 긴즈버그는 현장에서 법률을 바로잡기 위한 투쟁을 시작한다.

감독 문은주
각본 에마 젠슨
주연 틸다 코험허비
국내 개봉 2021년 1월

페미니즘 포커스 이 영화는 호주 출신의 여가수 헬렌 레디가 미국 대중음악계의 여성에 대한 편견을 깨고 1971년, 〈아이 엠 우먼〉이라는 메가 히트곡을 발표, 대중의 우상으로 떠오를 뿐 아니라 노래가 페미니즘 운동의 주제곡으로 부상하게 되는 과정을 보여준다. 호주 영화사가 제작한 영화이지만 미국 페미니즘 운동을 배경으로 한다. 영화의 끝은 양성평등 개헌안 통과를 위한 NOW 행사에서 레디가 〈아이 엠 우먼〉을 부르는 것이다. 비록 개헌안은 통과되지 못했으나 여성의 투쟁은 계속될 것을 시사한다.

1. 이정표 세우기

비슷한 시기에 쏟아져 나온 세 영화, 〈빌리 진 킹: 세기의 대결〉(Battle of the Sexes, 2017), 〈세상을 바꾼 변호인〉(On the Basis of Sex, 2018), 〈아이 엠 우먼〉(I Am Woman, 2019)은 모두 전기 영화이면서 1970년대 초라는 격동의 시대를 배경으로 양성평등 발전사의 이정표적 사건들을 다룬다. 그 점에서 세 영화는 연계성을 갖는다. 영화 속 중심인물인 빌리 진 킹(Billie Jean King, 1943-), 루스 베이더 긴즈버그(Ruth Bader Ginsburg, 1933-2020), 헬렌 레디(Helen Reddy, 1941-2020)는 어떻게 법률, 대중음악, 스포츠계에서 의미 있는 양성평등 성과를 이루어 냈을까? 성과의 의미를 이해하기 위해서는 시대적 배경을 알아야 한다. 아무리 탁월한 여성이라고 하더라도 우호적인 무대가 없었더라면 시대를 바꾸는 결단과 도전을 하기는 어려운 일이다.

이 세 편의 영화는 모두 1960년대, 70년대 미국에서 진행된 페미니즘 운동을 배경으로 한다. 1960년 민권 운동과 더불어 성장한 미국의 제2물결 페미니즘의 초창기 지향점은 양성평등의 법적인 보장과 사회 내에서의 구체적 성취라고 할 수 있다.[1] 1964년 제정된 민권법 제7장에 "인종, 종교, 성 등에 따라서 차별할 수 없다"라는 내용을 포함시킨 것은 페미니스트들에게 큰 힘이 되었다. 『여성성의 신화』(The Feminine Mystique, 1963)의 저자 베티 프리단(Betty Friedan, 1921-2006)을 중심으로 1966년 전미 여성기구(NOW)가 발족되었다. NOW는 성별과 무관하게 동등한 법적인 권리를 보장하는 평등권 수정 헌법이 통과되어 양성평등이 헌법적으로 보호받아야 한다고 주장했다.[2] 평등권 수정 헌법은 1971년 1월 발의되고 1972

---

1) 제1 물결 페미니즘 운동은 19세기 중반부터 20세기 중엽까지 진행된 여성 운동을 지칭하며 여성의 평등과 자유, 구체적으로 여성 참정권 획득을 목표로 했다.

년 의회에서 통과되었으나 50개 주 중 4분의 3이 찬성해야 했기에 40여 년이 지난 2023년까지도 비준되지 못하고 있다. 비록 비준에는 실패했으나 NOW를 비롯한 여성 단체들은 계속 양성평등을 지향점을 삼고 사회 내에서 성취를 위해 노력했다. 페미니스트 운동가들은 사회의 모든 영역에서 여성이 남성과 동등한 기회와 권리를 누려야 한다고 주장하며 여성의 자유와 선택권의 확대 또한 지향한다. 이 글에서 다루는 세 편의 영화는 이와 같은 사회 분위기 속에서 세 분야의 선각자적인 여성들이 불공정하고 불합리한 남녀 차별의 관행을 깨고 보다 평등한 세상을 만들기 위해 애쓰는 투쟁과 성취를 그리고 있다.

　　제일 먼저 개봉된 〈빌리 진 킹: 세기의 대결〉은 부부인 발레리 페리스(Valerie Faris), 조나단 데이턴(Jonathan Dayton) 감독이 연출한 영화로 페미니즘 운동이 진행 중인 1970년대 미국 프로 테니스계에 만연한 성차별을 고발하고, 테니스 천재 빌리 진 킹의 양성평등을 이루기 위한 투쟁의 과정을 그린다. 결혼 6년차 유부녀이면서 여성을 사랑하게 되는 킹의 성적 정체성을 찾아가는 여정 또한 보여준다. 사이먼 보포이(Simon Beaufoy)가 각본을 쓰고 〈라라 랜드〉(La La Land, 2016), 〈크루엘라〉(Cruella, 2021) 등에서 주연으로 활약한 엠마 스톤(Emma Stone)이 킹 역할을 맡았다. 수상으로 이어지지는 못했으나 엠마 스톤과 릭스 역을 맡은 스티브 카렐(Steve Carell)은 여러 영화제에서 주연상 후보로 오르기도 했다.

　　여성 감독인 미미 리더(Mimi Leder, 1952-)의 연출로 2019년 국내에서 개봉된 〈세상을 바꾼 변호인〉은 이 글에서 다루는 세 편의 영화 중 가장 묵직하게 젠더 평등을 이야기한다. 〈세상을 바꾼 변호인〉의 중심인물인

---

2) https://en.wikipedia.org/wiki/Equal_Rights_Amendment

루스 긴즈버그 대법관(2016)

긴즈버그는 1993년부터 2020년 사망할 때까지 미국 연방 대법원 대법관으로 재직하면서 여성, 장애인 등 소수자의 권익을 옹호하는 의견을 개진해온 진보의 아이콘이라고 할 수 있다. 각본을 쓴 다니엘 스티플만(Daniel Stiepleman)은 긴즈버그의 조카이기도 하다. 스티플만은 2010년 자신의 외삼촌인 긴즈버그의 남편, 마틴 긴즈버그(Martin Ginsburg)의 장례식 추모사를 들으면서 영화에 대한 영감이 떠올랐다고 한다. 2011년 긴즈버그의 허락하에 착수한 각본에는 가족의 에피소드가 상세하게 포함되었다. 긴즈버그는 스스로 각본 전반을 꼼꼼하게 검토했을 뿐 아니라[3] 카메오로 출연하기도 했다. 긴즈버그의 외손자도 단역으로 출연했고, 긴즈버그의 시누이인 스티플만의 모친이 제작 책임자로 참여하기도 했으니 이 영화는 가족 프로젝트라고 할 수 있다. 젊은 긴즈버그 역할은 영국 배우인 펠리시티 존스(Felicity Jones), 마틴 긴즈버그 역할은 아미 해머(Armie Hammer)가 맡아 훌륭하게 소화해내었다.

〈세상을 바꾼 변호인〉는 긴즈버그의 엄청난 성취 전체를 평가하기보다는 법조인 인생의 전반부에 집중한다. 즉 긴즈버그가 1956년 하버드 법학 대학원을 입학할 무렵에서 시작해 1972년 대법원에서 성차별 법률의 위헌성을 주장하며 승소하는 것으로 끝난다. 〈세상을 바꾼 변호인〉의 원제인 "On the Basis of Sex"는 "성에 근거한"이란 의미로 성에 근거한 차별을 지적하는 말이다. 재판 당시 미국에는 남녀를 차별하는 법률이 무려

---

3) https://www.nytimes.com/2018/12/27/movies/on-the-basis-of-sex-ruth-bader-ginsburg.html

178개나 존재하고 있었다. 모리츠(Moritz) 사건의 승소는 성차별 법률의 개정의 시작을 알린다. 영화의 가장 큰 비중은 차별 철폐를 위한 긴즈버그의 법적 투쟁이 차지한다. 보다 구체적으로 영화의 후반부는 긴즈버그가 1972년, 모리츠 대 국세청장으로 불리는 재판, 즉 치매에 걸린 노모를 간병하는 독신 남성이 남성이라는 이유로 절세 혜택을 받을 수 없다고 판결한 법률의 위헌성을 주장해서 승소한 것에 집중한다. 긴즈버그는 이 사례가 성차별적 법률로 남성을 역차별한 예라고 주장, 승소함으로써 성차별을 합법화하는 법률의 위헌성을 밝히는 데 물꼬를 튼다.

한국계 호주인인 문은주(Unjoo Moon)가 연출한 〈아이 엠 우먼〉은 호주 출신의 가수 레디가 미국의 대중음악계의 여성에 대한 편견을 깨고 1971년, 〈아이 엠 우먼〉이라는 메가 히트곡을 발표, 대중의 우상으로 떠오르고 이 노래가 페미니즘 운동의 주제곡으로 부상하게 되는 과정을 영화화한다. 호주 영화사가 제작한 영화이지만 미국 페미니즘 운동을 배경으로 한다. 레디는 2011년 빌보드가 뽑은 어덜트 컨템포러리 아티스트 순위 28위, 여성 가수로는 9위에 랭크되었다. 2013년 『시카고 트리뷴』은 그녀를 "70년대 팝 음악의 여왕"으로 명명하기도 하였다.[4] 이 영화는 레디의 성공 이면에 자리한 집념과 성차별을 딛고 성공을 이뤄내는 분투의 과정에 주목한다. 남성 제작자들은 회의적이었던 〈아이 엠 우먼〉이 여성들의 지지를 받아 페미니즘 운동의 주제곡으로 떠오르게 되는 과정이 흥미롭다. 호주 출신의 엠마 젠슨(Emma Jensen)이 각본을 쓰고 역시 호주 출신인 틸다 코햄 허비(Tilda Cobham-Hervey)가 주연으로 활약한 이 영화는 호주 영화 텔레비전 예술상(AACTA)의 여러 분야에 후보로 선정되었다.

---

4) https://en.wikipedia.org/wiki/I_Am_Woman_(film)

위의 세 영화는 여성의 권리와 기회가 확장되고 큰 성취를 이룬 순간을 조망함으로써 페미니즘 역사의 매우 중요한 모멘트를 다루고 있다. 이 글에서는 역사적으로 가장 큰 영향을 끼친 긴즈버그가 미국의 양성 차별적 법률의 위헌성을 증명함으로써 법적으로 양성평등 보장의 이정표를 세우는 〈세상을 바꾼 변호인〉부터 살펴보도록 한다.

2. 〈세상을 바꾼 변호인〉

앞에서 밝힌 대로 이 영화는 긴즈버그라는 걸출한 법조인의 위대한 경력의 시작을 조망하면서, 동시에 미국 법조계와 법률에 만연한 성차별을 극복해 가는 과정을 보여준다. 이 영화는 시간적으로, 또한 플롯의 전개 상황에 따라서 크게 세 부분으로 나눌 수 있다. 첫 번째 부분은 긴즈버그가 하버드 법학 대학원 입학부터 졸업 후 법률 사무소 취업에 실패하고 럿거스 대학 교수로 부임하기까지를 다룬다. 두 번째 부분은 1970년 세제 전문 변호사가 된 남편 마틴 긴즈버그를 통해 콜로라도에 거주하는 찰스 E. 모리츠(Charles E. Moritz)가 모친의 간병비를 세금 공제 받고자 국세청을 고소한 재판에 참여하게 되는 과정이다. 세 번째 부분은 콜로라도주 덴버의 제10조 항소 법원에서의 재판 과정이다.

__세상이 바뀌면 법도 바뀌어야 한다

긴즈버그라는 걸출한 여성의 커리어 시작을 조망하면서 이 영화는 뛰어난 성적에도 불구하고 여성이란 이유로 학교 안팎에서 때로는 미묘하게 때로는 노골적인 성차별을 받아야만 했던 50, 60년대 미국 법률계의 문제점을 지적한다.

영화의 시작부터 끝까지 15년 동안 꾸준히 제기되는 문제는 세상은 변화하고 있으나 성차별은 여전하다는 것이다. 영화의 시작인 1956년, 긴즈버그가 입학한 하버드 법학 대학원에는 재학생 500명 중 여성은 9명뿐이었다. 대학원장 어윈 그리스월드(Erwin Griswold, 1904-1994)는 여학생들을 집으로 초대해서 왜 남학생 자리를 빼앗고 법대에 진학했느냐고 묻는다.[5] 수업 시간에 여학생이 손을 들어도 교수는 남학생을 지명한다. 한 살짜리 어린 딸의 엄마인 긴즈버그는 고환암에 걸린 남편을 대신해서 남편의 수업까지 청강하면서도 수석을 놓치지 않는다. 뉴욕에 취업한 남편과 함께 이사하게 된 긴즈버그는 컬럼비아 대학에서 수업을 듣고 하버드 학위를 받기를 원하지만 그리스월드는 허락하지 않는다. 긴즈버그는 결국 컬럼비아 법학 대학원에 편입해 공동 수석으로 졸업한다. 그리고 하버드뿐 아니라 컬럼비아 법학 간행물의 편집자로 참여하는 성과를 이루어낸다. 하지만 유대인이면서 유부녀인 긴즈버그에게 취업은 쉽지 않았다. 유리 천장을 뚫지 못하는 것이 아니라 긴즈버그는 유리 천장이 있는 로펌에 진입조차 거부당한다. 면접 시 로펌의 대표는 아주 긴밀하게 작업해야 하는 직장 분위기상 남성 변호사의 아내가 질투할 수 있다고 하면서 긴즈버그를 고용하지 않는다. 결국 12개 로펌에서 거부당한 후 긴즈버그는 로펌을 포기하고 대학교수로 부임해 〈성차별과 법〉을 강의한다.

로펌에서 승승장구하는 남편의 들러리로 살아가는 듯한 긴즈버그에

---

5) 영화가 그리스월드 사후 개봉되었기에 그리스월드에 대한 영화 속 묘사가 얼마나 사실에 기반했는지는 확인하기 어렵다. 피터 J. 레일리(Peter J. Reilly)는 영화와 실제 재판을 둘러싸고 벌어진 사건, 상황과 다른 면들이 있음을 아래에서 지적한 바 있다.
https://www.forbes.com/sites/peterjreilly/2019/01/04/on-the-basis-of-sex-portrayal-of-opposing-attorney-has-no-basis-in-reality/?sh=7f077332665a

게 1970년 세상을 바꿀 운명적 기회가 찾아온다. 사실 이 영화는 도입부부터 만연한 성차별에도 불구하고 세상은 변화하고 있으며 이에 따라 법률 또한 바뀌어야 한다는 것을 시사한다. 항암 치료를 받고 있는 남편을 대신해서 헌법학자 폴 A. 프룬드(Paul A. Freund) 교수의 수업을 청강하던 긴즈버그는 "이 사회의 변화를 존중해야 한다"라는 말을 듣게 된다. 부부는 "판사들은 선례에 묶여 있습니다. 하지만 문화적 변화를 무시해서는 안 됩니다. 법정은 그날의 날씨에 영향을 받아서는 안 되며 시대의 기후에 영향을 받아야 합니다"[6]라는 프룬드 교수의 강의를 같이 복습하는데, 마틴은 "법에는 결코 완성이라는 것이 없다. 그것은 진행 중인 작업이다. 계속 그럴 것이다"라고 생각을 발전시킨다. 마틴은 1954년 공립 학교에서의 인종 분리를 위헌으로 규정한 브라운 대 토피카 교육 위원회 판례의 의미를 되새긴다. 영화의 도입부에 인종 분리와 차별에 철퇴를 내린 기념비적인 판례를 제시함으로써 이 영화는 아무리 세상이 해묵은 차별에 집착하더라도 변화는 가능하다는 것을 암시한다. 재판 과정에서도 긴즈버그는 세상은 변화하고 있으며 현실과 동떨어진, 과거의 가치관에 근거한 법률은 폐지되어야 함을 주장한다.

보다 구체적으로 이 영화가 3분의 2 이상을 할애하는 모리츠 대 국세청장 사건의 의미를 짚어보자. 찰스 E. 모리츠는 63세의 독신 세일즈맨으로 모친과 함께 살아왔다. 알츠하이머병에 걸린 89세의 모친을 위해 간병인을 고용해 부양하던 모리츠는 1968년 국세청에 간병인 경비의 세금 공제를 요구하였으나 1970년에 결국 거부당한다. 조세법 214조에 따르면 공제 대상은 부양가족을 돌보고 있는 "여성이거나 홀아비, 이혼남 또는 아내

---

6) https://script-pdf.s3-us-west-2.amazonaws.com/on-the-basis-of-sex-script-pdf.pdf

가 몸을 움직일 수 없거나 시설에 수용된 남성"만 해당되었다.[7] 법이 허용한다고 하더라도 모리츠의 환급금은 몇백 달러에 불과했으나 모리츠는 법의 부당성을 알리기 위해서 소송을 제기했던 것이다. 긴즈버그 부부는 간병인이 주로 '여성'인 것으로 상정한 이 법률이 성차별적임을 깨닫고 사안의 중요성에 주목한다.

긴즈버그는 조세법 214조가 수정 헌법 14조에 명시된 평등권을 침해한다고 판단했다. 수정 헌법 14조는 흑인에게 시민권을 부여하기 위해 만들어진 헌법인데 1절에 "개인에 대한 법의 동등한 보호를 거부"해서는 안 된다는 평등 보호 조항을 포함한다. 즉 이 조항은 유사한 상황에 처한 사람들을 합리적인 이유 없이 다르게 처우하는 것을 금지한다.[8] 조세법 214조와 같은 성차별적인 법률은 긴즈버그에게 새로운 것이 아니었다. 10여 년간 〈성차별과 법〉을 강의하면서 긴즈버그는 다양한 성차별적 법률과 판례를 학생들과 공유하며 분노해왔다. 자신을 학대한 남편을 때려 사망에 이르게 한 호이트(Hoyt) 부인은 고의성이 없었음에도 제2급 살인죄로 처벌받게 되고, 배심원에 여성이 단 한 명도 없었기에 판결이 가혹하다는 항소가 기각된 사례를 긴즈버그는 제시한다. 또한 여성의 사회 보장 연금은 남성과 달리 사후, 가족에게 상속되지 않으며 여성의 추가 근무를 금지하는 법률도 있음을 언급한다. 이미 10여 년 전에 여성 인권 변호사 도로시 케년(Dorothy Kenyon, 1888-1972)이 "만일 법률이 인간을 성에 따라서 차별화한다면, 어떻게 여성과 남성이 동등해지겠는가? 라고 물었으나 대법원은 동등해지지 않는다고 대답"했음을 긴즈버그는 지적한다. 〈성차별과 법〉 수

---

7) https://en.wikipedia.org/wiki/Moritz_v._Commissioner#Section_214
8) https://en.wikipedia.org/wiki/Moritz_v._Commissioner; https://ko.wikipedia.org/wiki/미국_수정_헌법_제14조; https://ko.wikipedia.org/wiki/평등보호조항

업에서 내린 그녀의 결론은 미국에서 "성에 기반한 차별은 합법적인 것이다"라는 것이다.[9]

하지만 자신의 재학 시절과 비교해 볼 때 너무나 자유롭고 당당하게 살아가는 여학생들을 보면서 긴즈버그는 변하지 않는 법조계에 대한 분노를 넘어 세상을 바꾸고 싶다는 소망을 더욱 확고하게 다지게 된다. 페미니즘 운동에 매료된 10대 딸, 제인(Jane)은 긴즈버그에게 보다 적극적으로 성차별적인 세상에 도전할 것을 요구한다. 모리츠 사건을 변호하기로 결심한 긴즈버그는 과거 여름 캠프에서 알게 된 미국 시민 자유 연맹(ACLU)의 대표 멜빈 울프(Melvin Wulf, 1927-)를 찾아가 도움을 요청하고, 망설이던 울프는 여성 인권 변호사 케넌의 조언을 받아들여 소송에 참여하게 된다. 변론의 전반부는 세법에 밝은 남편 마틴이 담당하였으나 헌법을 다루는 나머지 변론은 긴즈버그가 직접 담당한다.[10]

긴즈버그의 변론 요지는 미국 사회의 과거와 미래를 대비시키면서 재판부에 미래 지향적인 판결을 내어달라는 것이다. 영화 속 긴즈버그는 세상이 변하고 있음을 자신의 경험을 포함해 다양한 사례를 들어서 실감나게 설명한다. 자신이 법대에 다닐 때는 법대에 여자 화장실이 없었으며, 여자가 변호사라는 직업을 가질 수 있게 된 것도 최근 일임을 판사들에게 상기시킨다. 구체적으로 100년 전 일리노이주에서 변호사 시험에 합격한 마리아 브래드웰이 여성이란 이유로 변호사 일을 할 수 없게 되자 연방 대법원에 항소했으나 패소한 사례, 65년 전 오리건주에서는 여성들이 남성처럼 초과근무를 원했으나 패소한 사례, 10여 년 전 남성으로만 구성된 배심원에게 평결받고 패소한 호이트 부인의 사례까지 여성들은 계속 패소

---

9) https://script-pdf.s3-us-west-2.amazonaws.com/on-the-basis-of-sex-script-pdf.pdf

10) https://www.smithsonianmag.com/history/true-story-case-center-basis-sex-180971110/

해왔음을 강조한다. 긴즈버그는 정부가 지켜달라고 요구하는 유산은 여성을 일방적으로 폄하하고 희생시키는 법률과 판례일 뿐이라고 주장한다. 판사들은 여성이 보육자 또는 간병인이 되는 것은 '자연의 섭리'(natural order)라고 맞서지만 긴즈버그는 그것은 해묵은 고정 관념이라고 받아친다. 미국 헌법에는 여성이란 단어가 나오지 않는다고 지적하는 판사에게 긴즈버그는 자유라는 단어도 나오지 않지만 자유는 미국에서 기본적인 가치임을 상기시킨다.

긴즈버그의 주장의 핵심은 변화한 세상에는 미래 세대를 위해서도 새로운 법률이 필요하다는 것이다. 하버드대 법전원 원장 출신 그리스월드를 포함한 정부 측 변호인은 법률이 바뀔 경우 사회의 근간이 무너진다고 주장한다. 긴즈버그는 그들에게 맞서 사회는 변화하는데 법률은 100여 년 전의 가치와 가정을 여전히 고집하고 있어서는 안 된다고 맞선다. 긴즈버그는 간병인을 주로 여성으로 상정하는 조세법 214조의 문제점을 부각시킨다. 긴즈버그는 현재 178개의 법률이 성차별적임을 지적하고 우선 조세법 214조에 위헌 판정을 내림으로써 개선의 선례를 만들어야 한다고 주장한다. 결국 판사들은 설득된다. 1971년 조세법 214조는 모든 "개인"이 성이나 결혼 유무와 상관없이 세금을 공제받을 수 있도록 개정된다.[11]

1년 후인 1972년 11월, 덴버의 제10조 항소 법원은 조세법 214조가 "성에 기반한 부당한 차별"(invidious discrimination based solely on sex)을 보여주며, 수정 헌법 5조의 "적법 절차의 보장"(the Fifth Amendment's guarantee of due process)을 위배하였다는 위헌 판정을 내린다. 이것은 내국세 입법 조항이 위헌 판정을 받은 최초의 사례이다.[12] 긴즈버그 승소의 의미는 크다.

---

11) https://en.wikipedia.org/wiki/Moritz_v._Commissioner
12) https://www.smithsonianmag.com/history/true-story-case-center-basis-sex-180971110/

캘리포니아 주립 대학 역사학과 교수인 제인 샤론 드 하트는 승소를 통해 긴즈버그가 성을 기반으로 한 차별에 저항하는 기본적인 논거를 발견했다고 주장한다.[13] 이 재판 이후 긴즈버그는 보다 적극적으로 여권 운동에 나서게 된다.

__연대의 중요성

이 영화는 역사를 바꾸는 커다란 변화를 이루기 위해서는 다양한 차원의 연대가 필요함을 보여준다. 이는 페미니즘 운동의 역학과 맥을 같이한다. 재판 준비 과정 내내 가족과의 연대, 학생들과의 연대, 그리고 이념을 같이하는 동료들과의 연대가 펼쳐진다. 모리츠 재판에는 초등학생 아들을 제외한 긴즈버그 가족 전체가 매달린다고 해도 과언이 아니다. 남편 마틴은 모리츠 사건을 아내 긴즈버그에게 알려주었을 뿐 아니라 세법 전공자로서 변론에도 직접 참여하여 승소에 기여한다. 1955년생인 딸 제인은 이 영화에서 변화를 촉구하는 새로운 세대를 대표한다. 페미니스트 글로리아 마리 스타이넘(Gloria Marie Steinem, 1934-)의 강연을 들으러 다니며, 의식화 운동 모임에도 참여한다. 제인은 교수 생활에 젖어 재판 현장에서의 투쟁을 망설이는 긴즈버그에게 변화의 중요성을 상기시키며 용기를 북돋아 준다. 재판이 끝난 다음 긴즈버그가 말한 대로 혼자가 아니라 "우리는 해냈다"가 맞는 말이다. 학생들 또한 성차별적인 법률과 판례의 사례를 모아 정리함으로써 긴즈버그의 변론 작성을 돕는다. 긴즈버그의 변론을 타자로 정리해준 럿거스 대학의 비서의 도움 또한 인상적이다. 단순히 타자하는 것을 넘어서서 비서는 문서에 빈번하게 등장하는 섹스라는 용어

---

13) https://www.smithsonianmag.com/history/true-story-case-center-basis-sex-180971110/

대신 젠더라는 용어가 판사들이 사안에 더 집중할 수 있게 할 것이라며 수정을 제안한다. 이는 재판에서 효과적이었던 것으로 보인다. 다음 세대라고 할 수 있는 딸 그리고 학생들과 작업하면서 긴즈버그 부부는 변론문을 쓸 때 더 이상 선례들에 연연할 필요가 없음을 깨닫는데 이 깨달음은 젊은이들이 제공한다.

　　미국 시민 자유 연맹과의 연대, 대표 멜 울프와의 협조, 울프의 지인인 여성 인권 변호사 케년의 격려가 없었더라면 긴즈버그는 재판에서 승리하기 어려웠을 것이다.14) ACLU의 대표인 울프는 모리츠 사례의 중요성을 인지하지만 다양한 분야의 인권 운동에 참여하고 있는 상황에서 관여하는 것은 역부족이라며 참여를 거절한다. 울프는 케년 같은 유명 변호사도 호이트 사건에서 패소했는데 세금 사건으로 국가와 싸워 승리할 수 있겠는가 하며 회의를 표한다. 하지만 긴즈버그는 변론 취지서에 울프의 이름이 포함되는 것이 재판에 유리할 것이라며 집요하게 설득한다. 또한 여성이 자기 이름으로 신용 카드도 만들지 못할 만큼 성차별은 미국 사회에 만연해 있으니 ACLU의 참여가 필수적이라고 주장한다. 여권 변호사 케년도 처음에는 수정 헌법 14조의 평등 보호 조약은 흑인을 위한 것이지 여성을 위한 것이 아니라며 부정적이었으나, 모리츠 사례의 중요성을 인식하고는 협조할 뿐만 아니라 직접 울프를 설득하기에 나선다.15) 울프는 긴즈버그 집에서 열린 모의재판에 참여하는 등 적극적으로 연대한다. 제럴드 건터(Gerald Gunther) 교수도 참여한 모의재판에서 긴즈버그가 실전 경험이 없는 것이 드러나지만 재판 경험이 많은 남편 마틴이 세법을 담당

---

14) 울프는 1962년부터 1977년까지 ACLU의 법률책임자를 역임한 민권 변호사이다.
15) 수정 헌법 14조에는 그 사법권 범위에서 개인에 대한 법의 동등한 보호를 거부하지 못한다고 규정되어있다. 주로 인종문제에 적용되던 이 조항은 1970년대 이후 성차별에도 적용되고 있다.

해 참여함으로써 성공을 거둔다.

영화의 마지막 내레이션을 통해서 긴즈버그가 참여한 성차별적 법률과 판례에 도전한 사례들이 소개되는데 그중 기념비적이면서 연대에 대한 존중을 드러낸 사건은 리드 대 리드(Reed vs. Reed)이다. 비록 영화에는 묘사되지 않지만 긴즈버그는 울프의 권유로 ACLU와의 연대해 리드 대 리드 대법원 항소심에 참여하여 역사적인 성과를 얻어낸다. 리드 대 리드 사건은 아들의 재산 관리를 별거 중인 부부 중 누가 맡을지를 다툰 경우인데 아이다호주 법정은 "남성이 여성보다 우선권을 가져야 한다"라는 문구를 사용하며 남편에게 재산 관리를 맡긴다. 여러 번의 항소 끝에 대법원은 1971년 11월 22일, 아이다호 법정의 결정이 헌법에 위배된다는 결정을 내린다. 연방 대법원의 결정은 수정 헌법 14조의 평등 보호 조약에 나타난 양성 평등권을 근거로 성에 근거한 차별을 위헌으로 판정한 것으로 큰 의미를 지닌다. 동료, 선후배들과의 연대를 존중하는 표시로, 긴즈버그는 변론 취지서에 공동 저자로 파울리 머리(Pauli Murray, 1910-1985)와 케년을 포함시킨다. 비록 그들이 참여는 하지 않았지만 그녀들의 페미니스트적인 논거가 자신의 주장의 기초가 되었기 때문이다.[16] 긴즈버그는 ACLU와 함께 여군인 프론티에로(Frontiero) 대 국방 장관 재판(1973)[17]에서 여군의 남편이 부양가족으로 주택 수당을 신청하는 것이 남자 군인의 아내가 신청하는 것보다 어렵게 되어있는 법령의 위헌 결정을 받아내기도 한다.

영화 속에 잘 드러난 연대와 비전 공유의 중요성을 긴즈버그는 여러 차례 공적인 자리에서 언급한 것이기도 하다. 1993년 9월 6일 조지타운 대학교 법률 센터 연설에서는 "내가 작은 성취나마 이룰 수 있었던 것은 내

---

16) https://en.wikipedia.org/wiki/Reed_v._Reed
17) 추후 이 사건은 국방 장관이 리처드슨(Richardson)으로 바뀌므로 사건명도 변경된다.

앞에도, 내 뒤에도 여성 운동가들이 있었기 때문이다. 파울리 머리, 도로 시 케넌 같은 분들은 내 앞에 있었던 여성 운동가들이다. 그들은 1940년 대와 50년대, 60년대의 페미니스트들이다. 희망이 없던 시절, 그들 덕분에 페미니즘은 살아남을 수 있었다"(83)라고 토로했다. 2000년 11월 15일 뉴 욕 변호사 협회에서 긴즈버그는 자신이 활약할 수 있는 것은 위대한 선각 자들이 있었기 때문이라면서 정신적, 정서적 연대의 중요성을 언급한다. "진정으로 위대하고 용감한 여성－수전 B. 앤서니(Susan B. Anthony), 엘리 자베스 케이디 스탠턴(Elizabeth Cady Stanton)(둘 다 19세기 미국 여성 참정권 운 동을 대표하는 인물이다)－을 생각해보면, 이런 여성들에게는 몸을 싣고 넘 을 만한 파도가 없었다. 우리에게는 그런 파도가 있다. 사회가 마침내 귀 를 기울이는 시대가 도래한 것이다"(긴즈버그, 헌트 82).

__영화를 넘어서

〈세상을 바꾼 변호인〉에 대한 영화 평이 그리 좋은 것은 아니다. 웹 사이트 IMDB 이용자의 경우 10점 만점에 7.1, 로튼 토마토의 경우 토마토 미터 72%를 주었다.[18] 메타크리틱 점수는 비평가들의 평을 근거로 100점 만점에 59점이었다. 영화의 완성도와 무관하게 비평가들은 이 영화가 "영 감을 주며" 그 시대 역사와 긴즈버그라는 뛰어난 인물과 그녀가 겪은 이 데올로기적 갈등에 대해서 더 알고 싶게 한다고 말한다. 그것만으로도 이 영화는 의미가 있다는 것이다.[19]

---

18) https://www.imdb.com/title/tt4669788/ratings?ref_=tturv_ql_4
    https://www.rottentomatoes.com/m/on_the_basis_of_sex
    https://www.metacritic.com/movie/on-the-basis-of-sex
19) https://en.wikipedia.org/wiki/On_the_Basis_of_Sex

영화 이후 벌어진 긴즈버그의 행보를 통해서 영화 속 사건의 의미를 짚어보자. 1972년 긴즈버그는 ACLU와 '여성 권리 프로젝트'를 공동 설립해서 여권 운동에 기여한다. 이 프로젝트는 소송과 공동체 아웃리치, 변호, 공교육 등을 통해 빈곤층, 유색 인종 및 이민자 여성들의 사회 내에서 평등권을 보장받을 수 있도록 돕는 것을 목표로 한다.[20] 긴즈버그의 설립 의도는 2006년 2월 10일, 남아프리카 공화국 케이프타운 대학교에서의 연설에서 확인된다. "1972년 초에 ACLU의 여성 인권 사업을 착수하는 데 힘을 보내고, (뉴저지 주립 대학교인) 럿거스에 이어 (뉴욕의) 컬럼비아 대학교 로스쿨에서 세미나를 운영하면서 내가 지향하는 바는 크게 세 가지였다. 즉, 대중의 이해를 증진함과 동시에 입법 변화를 도모하고 법리의 변화를 꾀하는 것이었다"(87). 평생 긴즈버그는 세 가지 목표를 이루어 내기 위해서 노력하였다. 이 영화는 위대한 여정의 시작을 보여준다. 한 중년 남성의 간병비 세금 환급 소송을 통해서 긴즈버그는 법률 속 성차별의 철폐 여정을 시작하는 것이다. 〈세상을 바꾼 변호인〉을 통해 위대한 시대에는 위대한 여성이 있었음을 확인한다.

3. 〈빌리 진 킹: 세기의 대결〉

프로 테니스계에서 양성평등을 쟁취하기 위한 빌리 진 킹의 투쟁 의미를 짚어내기 위해서는 우승 상금에서의 성별 차이 등 실상을 아는 것이 도움이 된다. 가장 권위 있는 프로 테니스 대회인 윔블던의 경우 1968년

---

20) https://www.aclu.org/other/faqs-aclu-womens-rights-project-and-womens-history-month

남자 싱글 우승자의 상금이 2천 파운드인 데 반해 여자 싱글 우승자의 상금은 750파운드에 불과했다. 거의 3분의 1밖에 되지 않는 금액이었다. 킹이 영화에 나오는 바비 릭스(Bobby Riggs, 1918-1955)와의 성 대결에서 승리한 1973년에도 남자 상금이 5천 파운드, 여자 상금은 3천 파운드였다.[21]

빌리 진 킹(2009)

킹의 동성애자로서 고민은 그 시절 동성애에 대한 시선이 우호적이지 않았다는 사실을 통해 이해할 수 있다. 페미니즘 운동가들조차 레즈비언주의에 대해서 선을 긋는 사람들이 많았다. 자유주의 페미니즘을 이끈 NOW의 회장인 베티 프리단조차도 레즈비언주의를 "라벤다 위협"이라 부르며 경계했다. 이 말은 레즈비언주의를 포용할 경우 여성 운동 전반의 신뢰성이 손상될 수 있다는 우려를 담고 있다.[22]

_양성평등을 위하여

영화는 1972년 킹이 US 오픈 챔피언십 단식 챔피언으로 등극하는 것으로 시작한다. 그해 킹은 이미 그랜드 슬램 타이틀을 3개나 거머쥐었으며 기량의 정점을 찍고 있었다. 이 시기는 킹에게 개인적으로 중요할 뿐 아니라 여성사에 있어서도 의미 있는 때였다. 〈세상을 바꾼 변호인〉에서 보듯이 1960년대 페미니즘 운동의 시작과 더불어 양성평등에 대한 요구가 봇물 터지듯이 일어나고 있었다. 폭발적인 요구에도 불구하고 사회 구석

---

21) https://www.wimbledon.com/en_GB/about_wimbledon/prize_money_and_finance.html
22) https://outhistory.org/exhibits/show/lesbians-20th-century/lesbian-feminism

구석 남성 중심적 가치와 제도는 공고했다. 그중 하나가 프로 스포츠계이며, 성차별이 가장 분명하게 드러나는 것은 남성 선수와 여성 선수의 상금 차이였다. 킹은 US 오픈의 우승으로 상금액이 1년에 총 10만 달러를 넘어 닉슨 대통령의 축하 전화까지 받는다. 승리의 기쁨을 만끽하는 것도 잠시, 킹은 테니스 선수 출신의 프로모터 잭 크레이머(Jack Kramer, 1921-2009)가 새로운 토너먼트를 시작하면서 남자 상금 1만 2천 달러, 여자 상금은 1천5백 달러로 정했다는 보도를 접한다. 분개한 킹과 여성 프로모터인 글래디스 메달리 헬드먼(Gladys Medalie Heldman, 1922-2003)은 남성 전용 클럽을 박차고 들어가 크레이머를 추궁한다. 하지만 크레이머는 관중들이 남성 경기를 선호하는 것은 타고난 생물학적 차이로 남성의 경기가 더 빠르고, 힘차고, 역동적인 때문이니 수용하라고 종용한다. 남성은 가족을 부양할 의무가 있기 때문에 상금이 많아야 한다고도 덧붙인다. 여성 경기의 티켓 판매량이 아무리 좋아도 상금의 차이는 받아들이라는 말이다.

이에 분개한 킹과 헬드먼은 여성들만 참여하는 버지니아 슬림 투어를 창설하고 훗날 여성 테니스 연맹으로 발전시킨다.[23] 미국 테니스 협회(USTA)로부터 출장 정지를 받는 것을 감수하면서도 여성 선수들은 단돈 1달러를 받고 헬드먼이 주축이 된 여성만의 리그에 참여한다. 선수들은 모텔의 방을 공유해야 하는 열악한 환경에도 불구하고, 스포츠계와 사회 전체의 양성평등이라는 목표를 이루기 위해서 서로 지지하고 협조한다. 킹과 라이벌 관계인 마거릿 진 코트(Margaret Jean Court, 1942-)도 참여하고

---

23) 영화 속 에피소드는 사실에 근거한 것이다. 크레이머가 시작한 토너먼트는 퍼시픽 사우스 웨스트 테니스 토너먼트이다. https://time.com/4952004/battle-of-the-sexes-movie-true-story/ 여성들이 버지니아 슬림 투어를 시작한 때는 1970년이며 이는 추후 WTA로 발전한다. https://en.wikipedia.org/wiki/Virginia_Slims_Circuit

사기는 올라가지만, 사회 전반적으로 여성과 여성 스포츠 인에 대한 폄하는 계속된다.

윔블던 대회 우승 등으로 그랜드 슬램에 오른 바비 릭스가 여성들에 대한 도발을 시작한다. 도박 중독이며 평소에도 내기 테니스를 즐기던 릭스는 아내에게 신뢰를 잃고 집에서도 쫓겨나자 여성과의 성 대결을 통해 큰돈을 벌고 주목받기를 원한다. 1973년이었다. 대중의 관심을 끌기 위해서 릭스는 여성은 결코 남성을 이길 수 없다며 여성 폄하적인 발언을 쏟아내고, 언론은 여과 없이 이를 방송한다. 3만 5천 달러 상금에 혹한 코트가 릭스와 경기를 벌이지만 패배하고, 언론은 이를 여성의 패배로 간주한다. 테니스 경기 해설도 성차별적이다. "여성은 중압감을 이겨내는 능력이 부족하다. 여자는 심리적으로 약하다"와 같은 노골적인 성차별적인 발언이 방송을 탄다. "비즈니스, 스포츠, 정치 모든 분야에서 남성이 강하며 여자는 남자를 못 이긴다"와 같은 발언이 계속되며, 릭스의 승리는 "모성과 여성 해방에 대한 승리"라고 평가된다. 언론은 어머니날의 대학살이라며 여성의 패배에 큰 의미를 부여한다.

여성 랭킹 1위인 코트와의 승리에 고무된 릭스는 스스로를 "여성 챔피언"이라고 부르며 다음 번 경기 상금은 10만 달러로 올리겠다며 여성에 대한 도발을 지속한다. 자신의 성적 정체성과 커리어에 대해서 고민하던 킹은 릭스의 제안을 받아들인다. 그녀는 돈이나 명성이 아니라 여성의 해방과 여성 테니스를 위해서 나선 것이라고 선언한다. 반면에 릭스는 여성이 열등함을 증명하기 위해서 나섰다고 응수한다. 릭스는 "평등 타령 그만해라" 하면서 "여자는 부엌과 침실에 있을 때 좋다. 여자가 테니스장에 들어오는 것은 좋다, 공을 주워야 하니까"와 같은 원색적인 발언으로 대중의 관심을 끈다. 미디어는 남녀 성 대결에 미친 듯이 흥분한다.

킹은 이 경기에 승리할 경우 백 마디 말보다 더 강력하게 남녀평등의 메시지를 전달할 수 있다는 것을 깨닫는다. 영화 홍보를 위한 인터뷰에서 킹은 당시 경기의 목표는 오로지 "나는 평등을 얻어내기 위해서 노력했어요. 그냥 그거예요"라고 밝혔다.[24] 킹은 매니저를 맡고 있는 남편에게 경기를 할 장소, 시간, 방송, 테니스공까지 자신들이 결정하고 통제할 것을 주문한다. 을이 아니라 갑으로서 시합에 임하는 것이다. 미용사 마릴린 바네트(Marilyn Barnett)와의 동성애 관계로 혼란스러운 중에도 킹은 홀로 연습에 몰두한다. 경기 사전 모임에서 노골적으로 여성을 차별해온 크레이머가 해설가로 나오게 된다는 것을 알게 된 킹은 크레이머가 해설하는 한 경기에 참여하지 않겠다고 선언한다. 킹은 조목조목 크레이머가 얼마나 성차별적인지를 지적한다. "당신은 여자들이 조금만 더 원하면 견디지를 못한다. 부엌과 침대에만 있으라고 한다"라면서 "여자가 남자보다 우월하다는 것이 아니라 여자를 존중해달라"라고 요구한다.

ABC 방송이 생중계를 하는 경기는 전 세계 남녀의 대결 압축장과 같은 모습이다. 킹이 이기면 남편이 아내의 성을 따르고, 릭스가 이기면 아내가 남편의 성을 따르겠다며 테니스장에서 결혼식을 올리려는 커플들도 등장한다. 영화의 마지막 30분은 경기 장면이다. 크레이머가 해설을 포기한 가운데, 킹의 동료인 선수 로지 카잘스(Rosie Casals)가 여자 해설자로 등장해서 명쾌한 해설을 선보인다. 우월한 경기를 펼치는 킹을 보고 카잘스는 "여자는 농담이 아니다. 이 승리엔 평등한 세상을 향한 여성들의 소망을 담았다"라고 해설한다. 사회자는 엄청난 사회적 압박에도 불구하고 오로지 연습에 집중해 경기에서 최고의 능력을 보여준 킹을 칭찬했다. 기량

---

24) https://www.refinery29.com/en-us/2017/09/172723/billie-jean-king-battle-of-the-sexes-interview

이 최고봉에 있는 29세의 여성 선수가 55세의 은퇴한 남성 선수에게 승리한 것은 드문 일이 아니다. 하지만 미국인들은 킹의 승리를 남성의 폭압에 대한 여성의 승리로 받아들였다. 릭스의 지나친 말장난이 자초한 결과였다. 킹과 릭스의 성 대결은 스포츠계에서 성차별을 해소하는 물꼬를 텄다.

_성 정체성을 찾아서

여자 선수들과 투어를 시작한 킹은 선수들을 돕는 미용사 바네트에게 매력을 느끼고 동성애자로서의 성적 정체성을 발견한다.[25] 바네트와 하룻밤을 보낸 킹은 프로 선수로서, 동성애 혐오증을 지닌 부모의 딸로서, 6년 동안 결혼 생활을 해온 사랑하는 남편의 아내로서 큰 갈등을 느낀다. 자신의 행동이 너무나 많은 사람을 실망시킬 것을 알기 때문이다. 킹은 프로 선수로서 철저하게 경기에 집중하지 못한 자신을 자책한다. 결국 동료 선수들과 투어 스태프들은 킹과 바네트의 관계를 의심하고, 킹은 라이벌인 코트와의 경기에서 패배한다. 세상의 이목이 두려운 킹은 남편에게도 부모에게도 세상에도 성적 정체성을 드러내지 못하고 영화는 끝이 난다. 하지만 영화의 마지막, 킹의 테니스복을 챙겨주던 동성애 디자이너 테드 틴링(Ted Tinling, 1910-1990)을 통해서 영화는 열린 사회에 대한 비전을 이야기한다. 틴링은 우리도 언젠가 당당하게 사랑할 수 있을 것이라고 말한다. 세상이 바뀌었기 때문이다. 그리고 바로 킹 당신이 세상을 바꾸었다고 말한다.

---

25) 현실에서 킹과 바네트의 첫 만남은 투어 중간이 아니라 몇 년 후인 1972년 미용실에서 이루어졌다고 한다. 영화 속의 킹과 바네트의 갈등도 재미를 위해 추가된 것이다.
https://slate.com/culture/2017/09/fact-vs-fiction-in-the-movie-battle-of-the-sexes.html

영화에서는 킹의 성적 정체성 찾기가 설득력 있게 그려지지는 않는다. 성적 정체성에 대한 고민도, 바네트를 사랑해야 하는 이유도 분명하게 드러나지 않는다. 킹의 남편 래리 킹은 아내에게 한결같이 헌신적이다. 어쩌면 성적 정체성은 논리를 넘어선 영역일지도 모른다. 영화에서는 언급되지 않지만 실생활에 있어서 킹과 바네트는 1981년 킹 소유의 저택을 놓고 흑색 소송전을 벌이게 되고 킹은 어쩔 수 없이 자신이 동성애자임을 대중에게 고백한다. 영화가 개봉될 무렵 인터뷰에서 킹은 영화에 그려진 성적 정체성 문제를 다음과 같이 설명한다. "나는 내 자신이 누구인지 이해하려고 노력하고 있었어요. 나는 무슨 일이 벌어지고 있는지 확실히 알지 못했고, 영화는 잘 그려내었어요. 나는 나를 이해하려고 노력하고 있었고 사람들은 그것에 공감할 수 있을 겁니다."[26] 자막은 킹이 남편 래리와 1987년 이혼하고 2018년 일라나 클로스(Ilana Sheryl Kloss, 1956-)와 결혼했으며, 래리가 재혼해서 낳은 자녀들의 대모가 되었다고 후일담을 전한다. 킹은 2009년 양성평등과 성 소수자에 공헌한 공로로 대통령 자유 훈장을 받는다. 이는 여자 운동선수로는 최초로 받은 것이다.

__영화를 넘어서

이 영화에 대한 평은 전반적으로 우호적이다. 로튼 토마토는 10점 만점에 7.19를, 메타크리틱은 100점 만점에 73점을 주었다. IMDB 이용자 점수는 10점 만점에 6.7이었다. 로튼 토마토는 이 영화가 관객을 즐겁게 하면서도 현재 진행적인 유사한 상황에 의미 있는 비판을 한다고 주장한다.[27]

---

26) https://www.refinery29.com/en-us/2017/09/172723/billie-jean-king-battle-of-the-sexes-interview

27) https://en.wikipedia.org/wiki/Battle_of_the_Sexes_(2017_film)
https://www.imdb.com/title/tt4622512/ratings?ref_=tturv_ql_4

이 영화는 오늘날까지 남아있는 스포츠계의 성차별 문제에 정면 대응함으로써 대중으로 하여금 문제의 심각성을 인식하게 한다. 오늘날에는 많이 나아지기는 했으나 투쟁의 역사는 길었다. 킹이 릭스와 경기에서 승리했다고 해서 스포츠계에서 성차별이 종식된 것은 아니다. 킹은 법적으로 여성 스포츠 선수가 남성과 동등한 대접을 받기를 바랐다. 이를 위해 킹은 연방 예산이 투여되는 학교 프로그램에서의 성차별을 금지하는 타이틀 IX가 통과되도록 의회에서 지지 발언을 하는 등 총력을 기울였다. 타이틀 IX가 통과되기 전인 1971년 미국 고등학교에서 남자 선수는 여자의 12.5배에 이르렀다고 한다. 1972년 마침내 이 법이 통과되었다. 법의 통과로 적어도 연방 예산이 투여되는 학교에서의 성차별은 많이 해소되었다. 고등학교에서 여성의 스포츠 참여가 1,057%, 대학에서는 614% 증가하였다. 이 법은 프로 스포츠에서의 여성 참여도 증진시켰다. 여성이 스포츠를 자신의 커리어로 삼는 것이 증가하였다. 킹은 타이틀 IX가 스포츠계에서도 효력을 발휘하기를 희망하며 여성 스포츠 재단을 설립하였다. 재단은 여성이 스포츠에 보다 적극적으로 참여하고 활약하며 성취할 수 있도록 다방면으로 지원하고 있다.[28]

하지만 오늘날에도 성차별이 완전히 해소된 것은 아니다. 앞에서 말한 대로 윔블던 대회의 남녀 상금이 동일해진 것은 2007년이 되어서였다.[29] 킹이 동일한 처우를 주장한 지 34년이 지나서야 상금 액수가 동일해진 것이다. 스포츠계에서 성차별, 특히 수입의 차이는 관심 부족이라는 측면으로 설명된다. 즉 여성 스포츠는 관객이 적으며 TV 중계 시 시청자도 적다. 따라서 상금도 적을 수밖에 없다는 논리이다. 이를 해소하기 위

---

28) https://www.billiejeanking.com/equality/title-ix/
29) http://whs-blogs.co.uk/teaching/gender-discrimination-sports/

해서는 여성 스포츠의 매력에 대한 적극적인 마케팅과 미디어의 관심이 필요하다는 주장이다.[30] 여성 스포츠에 대한 스폰서십이 적은 것도 문제이다. 2011년에서 2013년 사이 여성 선수가 받는 상업 스폰서십은 전체의 0.4%에 불과했다.[31] 스폰서십이 적으니 뛰어난 여성 선수가 발굴되기 어렵고, 관중의 관심은 멀어질 수밖에 없다. 이 악순환을 깨기 위한 노력이 필요하다. 〈빌리 진 킹: 세기의 대결〉은 양성평등 노력의 시작을 보여준다.

4. 〈아이 엠 우먼〉

〈아이 엠 우먼〉은 여성이 대중가요를 통해 다른 여성들과 연대하고, 작게나마 사회 내 변화의 물꼬를 트고, 미래에 대한 희망을 확인할 수 있음을 보여준다. 이 영화는 여성의 목소리 내기와 여성의 연대를 그리고 있다는 점에서 중요한 페미니즘적 주제를 확보한다. 1970년대 초반 평등권 수정 헌법 통과를 위한 노력이 벽에 부딪히던 시기에 발표된 〈아이 엠 우먼〉은 여성이 스스로에 대한 자신감을 드러내는 노래로 헌법 개정을 요구하는 사람들의 응원가가 된다. 가정과 직장 그리고 사회 전반에 만연한 성차별주의에 억눌려온 여성들은 헬렌 레디의 노래에 매료되고 레디는 여성 연대의 중심, "페미니스트 아이콘"으로 떠오른다.[32]

30) https://athelogroup.com/blog/gender-inequality-in-sports/
http://whs-blogs.co.uk/teaching/gender-discrimination-sports/

31) https://www.ncbi.nlm.nih.gov/pmc/articles/PMC8542874/

32) https://en.wikipedia.org/wiki/Helen_Reddy

__여자를 노래하다

1966년 세 살이 된 딸 트레이시(Tracy)를 데리고 호주를 떠나 뉴욕에 도착한 레디는 미국 대중음악계의 높은 벽에 부딪혀 경제적으로나 심리적으로 어려운 시간을 보낸다. 비틀즈의 등장으로 대중음악계는 남성 그룹 중심으로 돌아가고 있었다. 레디는 우연히 파티에서 만난 제프 월드(Jeff Wald)와 사랑에 빠져 결혼하게 되지만, 그녀를 가수로 성공시키겠다

헬렌 레디(1973)

는 월드의 약속은 지켜지지 않는다. 다른 연예인들을 관리하느라 바쁜 월드에게 아내의 음반은 뒷전이다. 음악에 대한 재능과 야망을 겸비한 레디는 남편을 설득하고, 음반 회사들에 지속적으로 요청한 끝에 1971년 캐피톨 음반사를 통해 첫 음반을 발매한다. 음반에 실린 〈아이 빌리브 인 뮤직〉(I Believe in Music)과 〈아이 돈 노우 하우 투 러브 힘〉(I Don't Know How to Love Him)의 히트로 레디는 스타가 된다.

록 음악 저널리스트인 친구 릴리언 록슨(Lillian Roxon, 1932-1973)을 통해 페미니즘을 접하게 된 레디는 두 번째 음반에서는 페미니즘 운동에서 얻게 된 "긍정적 자아상"을 담은 노래를 부르고 싶었으나 적절한 가사를 찾을 수가 없자 스스로 작사한다. 이 노래가 나오기 전 독립적이고 긍정적인 여성상을 다룬 노래는 찾아보기 힘들었다. 빌보드 차트 12위까지 오른 샌디 포시(Sandy Posey)의 〈본 어 우먼〉(Born A Woman, 1966)과 같이 남성에 대한 순종을 당연시하는 노래들이 인기를 끌었다.[33] 2003년 호주의 『선데

33) https://en.wikipedia.org/wiki/Helen_Reddy

이 매거진』과의 인터뷰에서 레디는 자기 가족 중 강한 여성들, 경제공황, 세계대전, 가학적인 남편을 이겨낸 여성들을 생각하면서 여성의 '강함'을 드러낼 노래를 부르고 싶었다고 말한다. 〈아이 엠 우먼〉은 레디의 개인적 경험과 시대적 요구의 결합물이다.

레이 버튼(Ray Burton)과 함께 쓴 〈아이 엠 우먼〉의 가사는 고통을 통해 강하고 성숙해진 여성의 자신감을 드러낸다. 많은 경험이 자신을 더 강하게 만들었기에 어려움이 닥치더라도 결코 꺾이지는 않을 것이라는 내용이다.

> 나는 여성이다. 내가 포효하는 것을 들어라 . . .
> 나는 현명하다. 그 지혜는 아픔 속에서 탄생한 것이다 . . .
> 내가 해야 한다면 나는 무엇이든지 할 수 있다
> 나는 강하다(강하다)
> 나는 천하무적이다(천하무적)
> 나는 여성이다
> 당신은 나를 굽힐 수는 있지만 부술 수는 없다
> 왜냐하면 나의 마지막 목표를 성취하도록 더욱 결심하게 하니까
> 나는 더 강해져서 돌아온다
> 더 이상 풋내기가 아니야
> 왜냐하면 당신이 내 영혼 속 확신을 깊어지게 했기 때문에 . . .

레코드 회사 제작진들은 가사가 화가 나 있는 것처럼 들린다면서 음반에 포함하는 것을 반대한다. 레디는 화가 난 것이 아니라 "힘을 북돋아주는 것"이라고 말한다. 처음에는 큰 반응이 없었으나 여성 청취자들 사이에 입소문이 나면서 이 곡은 반향을 불러일으키게 된다. 방송국에 여성들의 신

청이 물밀 듯이 들어오면서 레디는 이 곡으로 그래미상 최우수 여성 팝 보컬상을 수상하게 된다. 언론과 인터뷰할 때뿐 아니라 시상식에서 수상 소감을 말할 때 레디는 평등권 수정 헌법을 지지할 뿐 아니라 신을 남성 형이 아닌 여성형인 그녀라고 부르며 페미니스트임을 공공연히 드러낸다.

이 노래의 히트로 레디는 평등권 수정 헌법 통과를 위해 노력 중이던 페미니즘계의 주목을 받게 되고, 여성들은 레디의 〈아이 엠 우먼〉을 자신들의 주제가로 부르기 시작한다. 하지만 남편의 마약 중독과 방만한 사업 운영으로 살던 집까지 날리게 된 레디는 1982년 이혼 후, 음악을 포기하고 칩거에 들어간다. 성인이 된 딸 트레이시는 그런 레디를 찾아와 NOW 집회에서 노래할 것을 권고하고, 레디는 워싱턴 D.C.에서 NOW 주최로 열린 여성 인권 운동 행사에서 〈아이 엠 우먼〉을 부르게 된다. 영화는 UN이 1975년을 여성의 해로 지정했고 그 이후 〈아이 엠 우먼〉은 세계 여성의 날 행사의 비공식 주제곡이 되었으나 평등권 수정 헌법이 아직 통과되지 않았음을 밝히면서 끝난다.

_여성 간의 우정과 연대

이 영화는 한 걸출한 여성 음악인의 성공에는 연대가 중요하며, 특히 여성 간의 연대가 큰 역할을 하고 있음을 보여준다. 레디의 친구 록슨은 레디를 물심양면으로 도우며 힘을 북돋아준다. 록 음악 저널리스트인 록슨은 음악으로 세상을 바꿀 수 있다는 믿고 레디가 그런 음악을 할 수 있을 것이라고 격려한다. 미국에서 가수 데뷔도 하지 못한 채 집안일에 매여 살던 레디에게 록슨은 할 수 있다는 자신감뿐 아니라 페미니즘에 눈뜨게 함으로써 무엇을 해야 할지에 대한 비전도 제시한다. 레디의 의식화는 록슨이 기초를 놓아준다. 록슨은 구체적으로 뉴욕과 워싱턴 D.C.를 중심으로 벌어지는 NOW의 평등권 수정 헌법 쟁취 운동의 진행 상황을 알려줄 뿐 아니라 1970년 여성 참정권 획득 50주년을 기념해서 뉴욕에서 벌어진 여성 행진에 참가한 소회를 담은 기사를 레디에게 보내주기도 한다. 록슨의 지지와 비전 제시가 있었기에 레디는 음악에 대한 꿈을 잃지 않았다고 해도 과언이 아니다. 1972년 록슨이 천식으로 갑작스럽게 세상을 떠난 후 스케줄 때문에 장례식에도 참석하지 못하게 된 레디는 〈둘이 함께 세상과 맞서자〉(You And Me against the World)라는 노래를 부르며 친구를 추모한다.

레디의 또 다른 지지자는 딸 트레이시이다. 영화 시작, 세 살의 어린 나이로 레디의 발목을 잡던 트레이시는 영화의 마지막에는 성인이 되어 좌절에 빠진 모친을 격려한다. 레디에게 NOW가 주최하는 집회에 초대받았다는 소식을 전하는 것도 트레이시이다. 망설이는 레디에게 트레이시는 엄마가 믿는 '대의'를 위해 노래를 해달라고 간곡히 부탁하며 데뷔 음반에 실린 록슨의 글을 읽어준다. 록슨은 할 수 있다는 자신감에 가득 찼던 젊은 레디를 찬미하고 있었다. 트레이시는 어린 시절 자신이 어떤 여성이 되고 싶은지를 확인하고 싶어서 록슨이 쓴 글을 읽고 또 읽었다고 고백한다. 즉 레디가 자신의 롤 모델이었다는 고백이다.

자신과 친구 록슨 그리고 딸 트레이시가 서로 연대해 왔음을 확인한 레디는 용기를 내어 워싱턴 D.C. 집회로 향한다. NOW 집회에서 여성들은 〈아이 엠 우먼〉 노래와 함께 하나가 된다. 그리고 비록 평등권 수정 헌법의 통과는 실패했으나 물러나지 않을 것임을 천명한다. 여성 연대는 레디가 만나본 적도 없는 평범한 여성에게로 확장된다. 이는 문 감독이 직접 경험한 것이다. 문 감독은 자신의 어머니와 어머니의 친구들이 레디의 음악을 들으면서 강해지고 독립적으로 되었던 것을 회고한다. 창문을 내리고 머리에 바람을 맞으며 운전을 하면서 여성들은 다른 사람으로 변해

갔다고 한다.[34) 영화는 이러한 노래를 통해 여성 간의 상호 작용이 변화의 원동력임을 시사한다. 레디의 커리어를 좌초시킨 남편과의 관계 회복은 없다. 레디를 지켜주는 것은 여성 동지들이었다.

__영화를 넘어서

〈아이 엠 우먼〉은 탁월한 작품성과 예술성을 확보한 영화는 아니다. 로튼 토마토에서 10점 만점에 6.1점을 받았는데, 리뷰에서 주연 여배우의 연기는 매력적이나 영화가 일반적인 전기 영화 공식을 따르고 있음을 지적한다. 『뉴욕 포스트』의 새라 스튜워트(Sara Stewart)는 헬렌 레디와 페미니즘 운동의 역학 관계가 좀 더 세밀하게 표출되지 못하고 인물 중심으로 전개된 것이 아쉽다고 지적한다.[35) 영화제에서의 성과 또한 그렇게 좋은 편은 아니다. 호주 영화인 이 작품은 수상에는 실패했으나 호주 영화상인 AACTA에서 작품상, 감독상을 비롯한 여러 분야에 후보로 올랐다. 문 감독이 아테나 필름 페스티벌에서 아테나 브레이크 스루상을 수상한 것이 유일한 수상 경력이다.[36) 영화는 레디의 기적적인 성공과 부활에 초점을 맞추다보니 대중음악계의 구조적 문제에 대한 통찰과 해결 방안을 제시해주지 못한다. 레디의 남편 월드에 대한 묘사와 처리 또한 섬세하지 못하다. 우유도 제대로 사오지 못한다고 레디를 구박하던 월드가 어떻게 하루아침에 아내의 음반 발매를 위해 헌신하게 되는지가 설득력을 갖지 못한다. 마약에 빠져 레디의 커리어까지 망쳐버린 월드는 어떤 책임도 지지

---

34) https://msmagazine.com/2020/09/08/film-i-am-woman-tells-the-story-behind-helen-reddys-feminist-anthem/

35) https://www.imdb.com/title/tt9185316/criticreviews?ref_=ttexrv_ql_6

36) https://en.wikipedia.org/wiki/I_Am_Woman_(film)

않고 사라져 버린다. 하지만 이 영화는 가부장적 사회 내에서 한 여성의 성취와 살아남기를 보여준다는 점에서 고무적이다. 문 감독은 『MS』에 보낸 글에서 여성 관객이 이 영화를 통해 용기와 비전을 가질 수 있기를 소망한다.

> 〈아이 엠 우먼〉을 본 모든 여성들이 영화에 의해서 진정으로 고무되고, 우리보다 앞선 여성들이 이루어 낸 일들로 고무되어 [극장을] 나서기를 바랍니다. 그리고 우리 모두 해야 할 일이 있다는 기분으로 걸어 나가기를 바랍니다. 우리는 변화를 일으킬 수 있으며 여성으로서 영향을 줄 수 있습니다.37)

문 감독의 소망은 이루어졌다. 레디 역할을 맡은 틸다 코범허비(Tilda Cobham-Hervey)가 부르는 레디의 히트곡들은 뮤지컬처럼 레디의 삶과 꿈에 공명하며 관객을 사로잡았다. 하지만 영화의 마지막, 평등권 수정 헌법이 아직도 통과되지 않았다는 자막은 여전히 해야 할 일이 남아있음을 시사한다.

5. 영화, 변화의 현장을 기록하다

비슷한 시대에 쏟아져 나온 위의 세 영화는 세 명의 비범한 여성이 놀라운 변화의 시대에 보다 더 큰 변화의 물꼬를 튼 현장을 직시한다. 인

---

37) https://msmagazine.com/2020/09/08/film-i-am-woman-tells-the-story-behind-helen-reddys-feminist-anthem/

류 역사에 있어서 큰 혁신이나 발전은 시대와 천재들의 조화를 통해서 이루어졌다. 미국의 1960년대, 70년대 또한 소수자의 인권이 신장되고 남녀평등이 제도적으로 보장되기 시작한 시대이다. 인류 역사에 있어서 몇 안 되는 진보의 시대이다. 시대의 격정적 흐름을 꿰뚫어본 세 여성은 리더십을 발휘해 세상의 변화를 주도하였다. 법조계, 스포츠계, 대중음악계 등 분야가 다른 만큼 영화 속 인물들의 고민도 다르고, 접근하는 톤도 다르다. 〈세상을 바꾼 변호인〉이 법률 용어와 법적 논리에 기대서 냉철하게 문제를 풀어갔다면 〈빌리 진 킹〉과 〈아이 엠 우먼〉은 여성을 하나로 모으고 남성까지도 흥분시키는 두 천재의 퍼포먼스가 볼거리를 제공한다. 현장을 달구는 여성들의 힘 또한 마치 다 이루었다는 듯 무심히 살아가는 관객에게 비전을 제공한다. 이 영화 세 편을 통해서 영화가 다른 많은 미덕과 더불어 인간의 열정을 강렬하게 보여줄 수 있는 매우 효율적인 매체임을 확인하게 된다.

| 참고 문헌

金玫圭. 「美國의 男女差別判例의 動向」. 『東亞法學』 17 (1994.08): 167-185.
긴즈버그, 루스 베이더·헌트, 헬레나. 『긴즈버그의 말』. 오현아 옮김. 마음산책, 2018.
이창신. 『미국 여성의 역사, 또 하나의 역사』. 당대, 2017.
http://whs-blogs.co.uk/teaching/gender-discrimination-sports/
https://athelogroup.com/blog/gender-inequality-in-sports/
https://en.wikipedia.org/wiki/Battle_of_the_Sexes_(2017_film)
https://en.wikipedia.org/wiki/Billie_Jean_King
https://en.wikipedia.org/wiki/Equal_Rights_Amendment

https://en.wikipedia.org/wiki/I_Am_Woman_(film)

https://en.wikipedia.org/wiki/Moritz_v._Commissioner

https://en.wikipedia.org/wiki/On_the_Basis_of_Sex

https://en.wikipedia.org/wiki/Ruth_Bader_Ginsburg

https://en.wikipedia.org/wiki/Virginia_Slims_Circuit

https://law.justia.com/cases/federal/appellate-courts/F2/469/466/79852/

https://moneysmartathlete.com/2021/03/31/gender-inequality-in-sports-sponsorships/1

https://msmagazine.com/2020/09/08/film-i-am-woman-tells-the-story-behind-helen-reddys-
feminist-anthem/h

https://outhistory.org/exhibits/show/lesbians-20th-century/lesbian-feminism

https://script-pdf.s3-us-west-2.amazonaws.com/on-the-basis-of-sex-script-pdf.pdf

https://slate.com/culture/2017/09/fact-vs-fiction-in-the-movie-battle-of-the-sexes.html

https://time.com/4952004/battle-of-the-sexes-movie-true-story/

https://www.aclu.org/other/faqs-aclu-womens-rights-project-and-womens-history-month

https://www.americanprogress.org/article/equal-rights-amendment-need-know/

https://www.billiejeanking.com/equality/title-ix/

https://www.forbes.com/sites/peterjreilly/2019/01/04/on-the-basis-of-sex-portrayal-of-opp
osing-attorney-has-no-basis-in-reality/?sh=7f077332665a

https://www.imdb.com/title/tt4669788/ratings?ref_=tturv_ql_4

https://www.khanacademy.org/humanities/us-history/postwarera/1960s-america/a/second-
wave-feminism

https://www.mckinsey.com/industries/technology-media-and-telecommunications/our-insi
ghts/shattering-the-glass-screen

https://www.metacritic.com/movie/on-the-basis-of-sex

https://www.ncbi.nlm.nih.gov/pmc/articles/PMC8542874/

https://www.npr.org/2018/10/24/651795560/i-am-woman-helen-reddy-american-anthem-h
ear-them-roar

https://www.nytimes.com/2018/12/27/movies/on-the-basis-of-sex-ruth-bader-ginsburg.html

https://www.politico.com/news/magazine/2020/12/26/ruth-bader-ginsburg-obituary-daniel
-stiepleman-postscript-445125

https://www.refinery29.com/en-us/2017/09/172723/billie-jean-king-battle-of-the-sexes-interview

https://www.rottentomatoes.com/m/on_the_basis_of_sex

https://www.smithsonianmag.com/history/true-story-case-center-basis-sex-180971110/

https://www.theamlongfirm.com/blog/2018/june/landmark-supreme-court-cases-on-gende
r-discrimin/

https://www.wimbledon.com/en_GB/about_wimbledon/prize_money_and_finance.htm

┃그림 자료

https://commons.wikimedia.org/wiki/File:Billie_Jean_King_Cover_Photo.jpg

https://jenikirbyhistory.getarchive.net/media/helen-reddy-1973-cropped-c31d69

https://movie.naver.com/movie/bi/mi/basic.naver?code=144171

https://search.naver.com/search.naver?where=nexearch&sm=tab_etc&mra=bkEw&pkid=68
&os=10096866&qvt=0&query=%EC%95%84%EC%9D%B4%20%EC%97%A0%20%EC
%9A%B0%EB%A8%BC%20%ED%8F%AC%ED%86%A0

https://search.naver.com/search.naver?where=nexearch&sm=tab_etc&mra=bkEw&pkid=68
&os=2670779&qvt=0&query=%EC%84%B8%EC%83%81%EC%9D%84%20%EB%B0
%94%EA%BE%BC%20%EB%B3%80%ED%98%B8%EC%9D%B8%20%ED%8F%AC%
ED%86%A0

https://snl.no/Ruth_Bader_Ginsburg

2부

여성, 사회를 열다

프라미싱 영 우먼 *Promising Young Woman*
성폭력 문화와 여성 비하를 고발하는 복수극

| 정혜진

감독 에메랄드 페넬
각본 에메랄드 페넬
주연 캐리 멀리건
국내 개봉 2021년 2월

페미니즘 포커스 〈프라미싱 영 우먼〉은 페미니즘 사상이 안착하고 대중화되어 성평등이 이뤄진 듯한 현대 미국 사회에 여성 비하와 각종 성범죄가 여전히 만연하고, 피해자를 비난하며 가해자를 보호하는 부당한 상황이 지속되는 현실을 직시한다. 그리고 그 근간에 자리한 남성 중심적인 권력 구조와 왜곡된 사회 인식을 고발한다. 이 영화는 주인공 캐시가 주도하는 복수극 서사를 통해 명백한 성범죄뿐만 아니라 여성의 신체를 성적 대상화하는 남성 응시의 폭력성을 드러낸다. 또한 캐시라는 다면적 캐릭터를 통해 전형적 여성상과 복수극의 관례를 전복시킨다.

1. 프라미싱 영 우먼: 유망한 미래를 복수로 맞바꾸다

〈프라미싱 영 우먼〉(Promising Young Woman, 2021)은 에메랄드 페넬 (Emerald Fennell, 1985-) 감독의 데뷔작이다. 페넬은 영국 드라마 〈빅토리아〉(Victoria, 2016-2019)와 〈더 크라운〉(The Crown, 2016-2023)에 출연한 배우, 그리고 BBC 드라마 〈킬링 이브〉(Killing Eve, 2018-2022)의 각본가로 잘 알려져 있다.[1] 모두 강한 여성이 주인공으로 등장하는 작품들이다. 가부장제의 폐해와 위선에 맞서는 강한 여성 인물들을 창작해온 페넬은 〈프라미싱 영 우먼〉에서도 여성 중심 서사를 보여준다. 이 영화에서는 성범죄 피해자 친구의 죽음 이후, 그녀를 대신해 남성들에게 복수하는 강한 여성이 등장한다. 미투 운동 이후 개봉되어 소재의 시의성 때문에 더욱 주목받은 이 영화는 사회 전반적으로 여성 비하와 성폭력 문화가 얼마나 강하게 뿌리내렸는지 다시금 조명한다. 〈프라미싱 영 우먼〉은 2021년 영국 영화 텔레비전 예술 아카데미(BAFTA) 시상식에서 영국 작품상과 각본상을, 미국의 제93회 아카데미 시상식에서 각본상을 받았다. 그리고 작품상, 감독상, 여우 주연상, 편집상 후보로도 올랐다. 비록 감독상이나 작품상을 받지는 못했지만, 페넬은 영국 여성 감독으로는 최초로 아카데미상 후보로 선정되어 공적을 쌓았다. 또한 이 영화는 여성 제작자, 여성 감독, 여성 각본가가 함께 작업하여 스크린 안팎에서 여성의 시각과 목소리를 분명하게 전달한 영화로 주목받았다.

---

[1] 한국에서도 시청률이 높았던 〈킬링 이브〉에서는 소시오패스 성향을 보이는 냉혈한 캐릭터이면서 패션 감각과 유머 감각이 뛰어난 암살자 빌라넬(조디 코머)과 그를 집요하게 쫓는 영국 정보국 MI5 직원 이브(산드라 오) 사이의 팽팽한 긴장감이 서사의 중심을 이룬다. 주연 역할뿐만 아니라 드라마의 제작과 각본 담당자가 모두 여자라는 점이 눈에 띈다.

주인공 역할을 연기한 캐리 멀리건(Carey Mulligan, 1985-)이 출연한 작품 중에도 여성 중심 영화가 많다. 그녀의 연기 경력에는 입체적인 여성 캐릭터가 다수 포함된다. 멀리건이 출연한 영화 중 페미니즘 사상이 가장 직접적으로 드러난 작품은 20세기 초 영국의 여성 참정권 운동을 다룬 〈서프러제트〉(Suffragette, 2016)일 것이다. 여성 제작자, 여성 감독, 여성 각본가에 의해 만들어진 이 영화에서 멀리건은 참정권 투쟁에 참여한 실제 인물들을 여럿 합쳐서 만든 허구적 캐릭터인 모드 와츠 역할을 연기했다. 역시 실제 이야기를 바탕으로 만든 영화 〈그녀가 말했다〉(She Said, 2022)에서는 하비 와인스틴의 성추문 의혹을 취재하여 미투 운동에 기여한 『뉴욕 타임스』 기자 역할을 맡았다. 이 외에도 영국 기자 린 바버의 회고록을 바탕으로 한 성장 영화 〈언 에듀케이션〉(An Education, 2009)에서는 방황하는 젊은 지성인 역할을 연기했다. 멀리건은 또한 케이트 쇼팽(Kate Chopin, 1850-1904)의 『각성』(The Awakening, 1899)과 함께 페미니즘 문학의 선구 작품으로 인정받는 토머스 하디(Thomas Hardy, 1840-1928)의 동명 소설(1874)을 바탕으로 한 영화 〈성난 군중으로부터 멀리〉(Far from the Madding Crowd, 2015)에서 관습을 거부하는 독립적인 여성 바스셰바 에버딘 역할을 맡았다.2)

여성 서사를 중요시하는 페넬과 멀리건이 함께한 〈프라미싱 영 우먼〉은 남성의 사회적 명예가 우선시되어 여성의 미래와 생명이 희생되는 사회를 비판하고, 여성의 유망한 미래가 폄하되거나 희생당하는 부당한 실상을 직시하면서 여성 중심 서사의 가능성을 보여준다. 영화의 제목에서부터 남

---

2) 멀리건은 앞서 말한 강한 여성상과 상반되는 듯한 역할을 맡기도 했다. 제인 오스틴의 동명 소설을 각색한 영화 〈오만과 편견〉(Pride and Prejudice, 2005)에서 존재감이 두드러지지 않는 넷째 딸 캐서린 베넷을, 그리고 F. 스콧 피츠제럴드의 동명 소설(1925)을 원작으로 한 영화 〈위대한 개츠비〉(The Great Gatsby, 2013)에서는 남자 주인공 개츠비를 파멸로 이끄는, 부도덕과 공허함을 상징하는 악녀라고 종종 비방받는 데이지 뷰캐넌을 연기했다.

성 중심 시각에서 여성 중심 서사로 전환한 것이 명확하게 드러난다. 무엇보다 '촉망받는 젊은이'라는 뜻을 지닌 '프라미싱 영 맨'(promising young man)이라는 관용구를 변형시킨 '프라미싱 영 우먼'이라는 제목은 유망한 여성의 미래가 위태롭다는 점을 암시한다. '프라미싱'이라는 단어는 그 유망한 미래의 가능성이 실현된다는 보장이 없기 때문에 사회가 젊은이들의 가능성을 보호하고 양성해줄 책임이 있다는 점을 시사한다.

영화 제목의 '우먼'은 주인공 캐시(Cassie)와 그녀의 가까운 친구 니나(Nina)를 지칭한다. 유망한 의대생이었던 니나는 대학교 캠퍼스 파티에서 성폭행당한다. 니나는 이 성범죄를 고발하지만, 학교 측에서는 가해자의 편을 들고, 부잣집 아들인 가해자 앨은 유능한 변호사를 고용하여 처벌을 면한다. 그 이후 니나는 끝내 견디지 못하여 스스로 생을 마감하고, 캐시는 죽은 니나를 대신하여 복수극을 벌인다. 의대 동기였던 캐시는 니나가 죽은 후 의대를 자퇴하고 커피숍에서 일하며 세월을 보낸다. 겉으로는 남에게 해를 끼치지 않는 평범한 여성처럼 보이는 캐시가 관객에게 반전을 선사한다. 캐시는 밤마다 클럽에 가서 술에 취해 인사불성이 된 척하다가 남자들이 자신의 동의 없이 성행위를 시도하려는 순간 본모습을 드러내며 일침을 가하기 때문이다. 남자들의 반응은 다양하지만, '괜찮은 남자'라고 자부하던 이들의 본모습이 폭로되면 대부분 충격받거나 자존심이 상해 짜증을 낸다. 이렇게 여성을 존중하는 듯하면서도 상황에 따라 돌변하는 그들의 모습은 '착한 남자'의 허상을 폭로한다.

복수 과정에서 캐시는 결국 죽음에 이르고, 니나와 캐시라는 두 유망한 여성의 가능성과 미래가 소실되는 결말로 영화는 끝난다. 결말에 대해 감독 페널은 스릴러 복수극의 관례를 전복시키는 영화를 만들고 싶었다고 말한 바 있다(Apaydin). 복수가 성공하는 결말을 지닌 서사가 관객에게 제공하는 만족의 한계에서 벗어나고 싶었기 때문이라고 한다. 그 대신 〈프라미싱 영 우먼〉은 성범죄 가해자를 두둔하는 성폭력 문화와 피해자를 혐오와 비난으로 대하는 여성 비하가 만연한 사회를 신랄하면서도 재치 있게 고발하며 새로운 복수극의 가능성을 보여준다. 이 영화는 성범죄, 성희롱, 가정 폭력을 포함하여 여성의 신체에 가해지는 모든 폭력을 용인하는 문화에 문제를 제기하고 대항한 제2 물결 페미니즘과 목표 의식을 함께한다.3) 〈프라미싱 영 우먼〉은 언제든 폭력의 대상이 될 수 있다는 여성의 두려움을 극명하게 보여준다. 캐시가 니나를 강간한 가해자 앨과 대면하는 장면에서 그는 성폭행 혐의를 받는 것이 남자의 최악의 악몽이라고 말한다. 그 말을 들은 캐시가 "그럼 여자에게는 최악의 악몽이 무엇일까?"라고 반문한다. 조금 후 남성의 폭력에 의해 죽음에 이를 수 있다는 그 "최악의 악몽"이 현실화한다.

〈프라미싱 영 우먼〉의 주인공 캐시는 대중문화, 특히 영화에서 종종 등장하는 전형적 여성 캐릭터를 연상시키지만 결국 그것을 뒤집는다. 이 영화는 피해자로 머물지 않고 복수의 사자로 나선 캐시의 '통쾌한' 복수극이라는 탈을 쓰고 있다. 다시 말해, 복수극이라는 전개를 활용하여 대중 영화의 전형적 공식을 전복시키면서 관객에게 다음과 같은 질문을 던진다. 유망한 남성의 미래를 지키기 위해 희생된 유망한 여성의 미래는 누

---

3) 최근 성폭력, 성희롱, 불평등, 학대, 성적 대상화 등 여성이 경험하는 다양한 형태의 신체적, 정신적 피해를 온라인 플랫폼을 포함한 다수의 매체에서 공유하며 공동체 의식을 형성하는 제 4 물결 페미니즘이 부상하고 있다. 이 영화는 시기상으로는 제4 물결 페미니즘의 시기에 개봉했지만, 인터넷 매체의 활용을 직접 다루지는 않는다. 오히려 이 영화는 제2 물결 페미니즘이 대항하여 싸웠던 성 관련 문제들이 21세기에도 여전히 지속되고 있음을 드러낸다. 다만 SNS 해시태그를 이용한 미투 운동이 수많은 성희롱, 성폭력 피해자들의 동참을 유도하여 문제의 실태를 드러낸 것처럼, 〈프라미싱 영 우먼〉 역시 성범죄의 만연함과 성폭력 문화의 심각성을 고발하여 유대감 형성을 통한 공감과 변화를 촉구한다.

가 지켜주는가? 복수극 속 '나쁜 여자'의 성공담이 제공하는 대리 만족의 쾌감이 현실에서도 이루어질 수 있는가? 페넬의 영화는 관객들이 이 질문들을 곱씹으면서 사회가 남성과 여성 중 누구의 미래 가능성과 유망함에 더 가치를 부여하고 보호하는지 되돌아볼 기회를 제공한다.

2. 여성의 미래는 누가 지켜주는가

〈프라미싱 영 우먼〉이 보여주는 미국의 성차별적인 성폭력 문화는 2015년 1월 미국 스탠퍼드 대학 수영 선수 브록 터너가 캠퍼스에서 샤넬 밀러(Chanel Miller)라는 중국계 혼혈 여성을 성폭행한 사건에서 드러난 바 있다. 미국 사회 전체가 주목한 이 사건은 "프라미싱 영 맨"이라는 관용구가 지닌 수사적 힘을 법정과 언론이 어떻게 오용했는지 보여주는 단적인 사례이다. 미투 운동이 본격적으로 시작하기 전 벌어진 이 사건은 담당 판사가 교도소 감금 기간이 길면 국가 대표 선수의 꿈을 품은 가해자에게 심각한 악영향을 끼칠 것이라 우려를 표하면서 솜방망이 처벌을 선고하여 비난받으면서 더욱 부각되었다. 이런 성차별적 재판 과정은 소셜 미디어와 주요 뉴스 매체를 통해 널리 알려졌고, 100만 명 이상이 판사 해임 청원에 서명함으로써 결국 2018년에 해당 판사는 해임되었다. 이 외에도 CNN, BBC, 『타임』 잡지 등 주요 뉴스 매체가 가해자를 묘사할 때 성범죄자라는 단어 대신 스탠퍼드 대학의 "스타 수영 선수" 혹은 "올림픽 유망주" 등의 표현을 사용하여 그 범죄의 심각성을 축소했다는 점에서 문제시되었다.[4]

---

4) 판사는 6개월 징역과 3년간의 집행 유예를 선고했지만, 모범수라는 이유로 터너는 3개월 후 출소했다.

반면 젊은 여성을 대상으로 하는 『코스모폴리탄』 잡지는 가해자가 각종 매체에서 연민의 대상으로 묘사된 것을 비판했다(Gupta). 가해자가 부유한 집안 출신 백인 남성이면서 전도유망한 명문 대학 수영 선수이기 때문에 피해자인 유색인 여성보다 더 우월한 존재로 우대받았다고 지적했다. 이뿐 아니라 피해 여성의 의견 진술서가 온라인 매체 『버즈피드』(*Buzzfeed*)에 게재된 후 폭발적인 조회 수를 기록하고, 『뉴욕 타임스』 등 주요 매체에서도 출판되어 큰 반향을 일으켰다. 2016년 6월에 미국 하원 의원들이 의회에서 공개적으로 진술서 일부를 낭독함으로써 사건과 재판에 대한 세간의 관심이 증폭되었다. 이에 힘입어 피해 여성은 스스로 목소리를 내기 시작했다. 재판 중 신변을 보호하기 위해 "에밀리 도"(Emily Doe)라는 가명을 사용했던 밀러는 자신의 본명으로 『노우 마이 네임』(*Know My Name*, 2019)[5]이라는 제목의 회고록을 출판했고, 이 책은 베스트셀러가 되었다. 밀러는 본인의 저서에서 재판 내내 가명 "에밀리 도" 혹은 "의식을 잃은 여자"로 지칭되어 이름과 신원을 박탈당한 상황을 다음과 같이 묘사한다.

> 여기서 나 자신을 소개한다. 이 이야기가 시작할 시점에 나에게는 이름이나 신원이 부여되지 않았기 때문이다. 내 성격이나 행동 사항에 대한 묘사도 없었다. 나는 반쯤 벗은 몸으로 홀로 의식을 잃은 채 발견되었다. 지갑도, 신분증도 없었다. 경찰관이 소환되었고, 내 신원을 확인하기 위해 스탠퍼드 대학 학장을 잠에서 깨워 불러왔고, 목격자들을 찾았다. 아무도 내가 누구와 함께 왔는지, 어디서 왔는지, 누구인지 몰랐다. (Miller 2)

---

5) 이 책은 국내에 『디어 마이 네임』(2020, 동녘)이라는 제목으로 번역 출판되었다.

그리고 밀러는 가해자를 주인공으로 내세운 서사로 인해 피해자인 자신의 서사가 가려지고 왜곡된 현상을 다음과 같이 묘사한다. "그의 인생사가 알려지면서 그의 어린 시절, 교육 배경, 아르바이트 경험, 그리고 연애 관계가 언급되었다. 반면 나에 대한 묘사로는 오로지 다섯 단계의 의식 불명 상태가 언급되었을 뿐이다"(193). 남성 중심 사회로부터 부여받은 피해자 프레임을 벗어나 본인의 서사를 직접 알린 이 회고록은 밀러 자신의 본명과 주체성을 되찾는 선언문이다. 『노우 마이 네임』에서 저자는 성범죄의 피해자로서 겪은 고통과 권력의 손을 들어주는 사법 시스템의 부조리는 물론, 성폭력 가해자, 방관자, 여성 비하를 내면화한 여성들, 그리고 피해자를 비난하는 사회 제도 모두가 가하는 일상적인 젠더 폭력도 묘사한다. 술을 얼마나 마셨는가, 그곳에 왜 갔는가, 무슨 옷을 입고 있었나, 가해자를 도발하는 행동을 했는가 등의 질문 세례로 끊임없이 피해자에게 범죄의 책임을 전가하는 폭력의 구조에 대해서도 언급한다. 밀러는 잘못된 선택을 한 자는 피해자가 아니라 가해자이기 때문에, 후자에게 책임을 물어야 한다고 주장한다.[6]

현실에서 샤넬 밀러는 이러한 왜곡된 시각을 몸소 지적하며 피해자 프레임에서 벗어나 서사의 주체 역할을 되찾아 전진한다. 그러나 영화 속의 "프라미싱 영 우먼", 즉 유망한 여성은 피해자를 지지하지 않는 냉담한 사회 속에서 고군분투하다가 폭력의 트라우마에서 벗어나지 못해 자살하거나 가해자들을 응징하기 위해 애쓰다가 비참하게 죽음을 맞이한다. 여기서 복수의 대상은 남성 가해자뿐만 아니라 여성 비하적 가치관을 내장

6) 〈프라미싱 영 우먼〉에서 캐시와 사투를 벌이는 중에도 앨이 "이건 네 탓"이라고 소리치는 장면에서 피해자 여성에게 책임을 전가하는 긴 역사의 잔영이 드러난다. 캐시의 죽음 이후, 범행 현장을 발견한 앨의 친구 역시 앨에게 "네 탓이 아니"라며 위로하고 시신 처리를 돕는다.

한 여성도 포함된다. 니나의 여자 동급생 매디슨(앨리슨 브리)은 성범죄를 방관했을 뿐만 아니라, 몇 년이 지난 후에도 가해자들과 친하게 지내는 것이 밝혀진다. 매디슨과 오랜만에 만난 캐시가 니나의 성폭행 사건을 언급하자 매디슨은 니나가 헤프게 행동했고 과음했으니 자업자득이라며 피해자를 탓한다. 이에 대한 대응으로 캐시는 식사 중 과음한 매디슨에게 호텔방에 머무르도록 유도한 다음, 정신을 잃은 후 모르는 남자와 성관계를 한 것처럼 착각하게 만든다. 이렇듯 영화는 남성의 유망한 미래를 지키려는 자들이 꼭 남자만은 아니라고 지적한다.

캐시는 가해자의 입장을 옹호했던 여성 학장(코니 브리튼)에게도 응징을 가한다. 니나가 아닌 남학생을 지지한 이유를 묻는 캐시에게 학장은 이런 여학생의 고발이 들어올 때마다 젊은 남자의 인생을 망칠 수는 없다고 답변한다. 그녀는 가해자들이 예비 의사이기 때문에 그들의 창창한 앞날을 막으면 안 된다고 덧붙인다. 학장의 주장은 여성의 성범죄 고발은 거짓일 경우가 많다는 생각에 기반한다. 하지만 현실은 이 주장과 거리가 멀다. 캐시는 학장의 결정이 유망한 여성이었던 니나의 미래를 망쳤다고 반박한다. 그리고 학장의 딸이 과거 니나처럼 현재 술에 취한 남성들과 함께 있으며 성폭력 대상이 된 것처럼 꾸며댄다. 차분하고 냉정한 태도로 일관하던 학장이 자기 딸이 위기에 처한 줄 알고는 패닉 상태에 빠져 소리치는 것을 보고 캐시는 노여움과 비난이 뒤섞인 어조로 학장의 왜곡된 시각을 꼬집는다. 캐시는 "새로운 시각으로 보여주니 말이 통하는군요. 사랑하는 사람이 당하면 느낌이 다르죠"라며 학장이 자신의 위선을 직면하도록 한다.

이 영화는 차근차근 복수를 진행해가던 캐시를 죽게 함으로써 미투운동의 성과에도 불구하고 불공평한 법적 제도, 남성 우월주의 사상의 잔재, 그리고 평범한 여성의 신체적 한계가 여전히 남아있다는 것을 현실적으로 보여준다. 강한 여성상을 보여준 주인공의 허무한 죽음은 비현실적인 슈퍼히어로와 같은 여성을 등장시키는 복수극 장르가 반영하는 대중적 페미니즘의 한계를 드러낸다. 뿌리 깊은 여성 혐오의 잔재를 간과한 채 피상적으로 '걸 파워'를 외치며 개별적인 여성들이 마음만 먹으면 '무엇이든 할 수 있다'라는 긍정적인 메시지를 남발하는 대중문화가 비판 대상이라 할 수 있다. 이 영화는 관객의 기대를 가차없이 뒤엎는 주인공의 죽음을 통해 공동체의 지지나 사회의 근본적인 변화 없이 무책임하게 여성의 무한한 잠재력을 표방하는 것이 얼마나 현실을 기만하는 것인지 폭로한다.

3. '나쁜 여자'의 틀을 깨는 다면적 인물

〈프라미싱 영 우먼〉은 남성의 시각이 고착화된 캐릭터, 서사, 장르의 전형을 깨어 페미니즘 담론에 동참한다. 이 영화는 사회적 변화를 촉구하지 않은 채 관객에게 대리 만족만을 안겨주는 복수는 비현실적이라는 것을 보여주기 위해 여성 캐릭터의 전형(archetype)을 활용하면서도 이를 변형한다. 대중문화에서 여성 캐릭터를 재현할 때 사용하는 전형과 비유는 제법 다양하다. 몇 가지만 나열해보자면, 팜므 파탈(femme fatale), 마녀(witch), 슈퍼히로인(superheroine), 걸 보스(girl boss), 못된 여자(bitch), 미친 여자(crazy woman), 분노하는 여자(angry woman), 길들여지지 않은 여자(unruly woman), 남자의 돈을 탐내는 여자(gold digger), 똑똑하지 않지만 예쁜 여자(bimbo), 섹시한 여자(bombshell), 성스러운 여자(Madonna), 헤픈 여자(whore), 멋진 여자(cool girl), 평범한 여자(girl next door), 곤경에 처해 남자의 구원이 필요한 여자(damsel in distress), 말괄량이(tomboy), 무서운 여자(dragon lady), 연상의 여인(cougar) 등이 있다. 이 중에는 신화, 설화 혹은 문학 작품에서 등장하는 원형적 캐릭터도 있고, 현시점의 대중적 페미니즘의 취지를 반영하여 새롭게 부상하는 캐릭터도 있다. 캐시는 앞서 나열한 수많은 여성 캐릭터에 대한 고정 관념을 인지하고 있는 여성으로서, 남자들을 상대할 때 가면을 쓰고 벗듯이 각 캐릭터에 상응하는 여성성을 수행한다. 가령, 복수심에 사로잡혀 남자들에게 미끼를 던질 때는 '곤경에 처해 남자의 구원이 필요한 여자' 역할을 해내고, 가면이 벗겨지는 순간에는 '못된 여자'나 '미친 여자'라는 전형에 근접한다. 반면에 억울한 죽음을 맞이한 니나를 대신하여 남자들의 위선을 드러내는 행위는 '걸 보스'나 '분노하는 여자'의 전형과 중첩된다. 자유자재로 다양한 전형을 넘나드는 캐시라는 다면적 인물을 통해 〈프라미싱 영 우먼〉은 '여성성'이 역사적 혹은 사회 문화적 배경에 따라 인위적으로 구성된 고정 관념이라는 것을 드러내고, 더 나아가 그 본질주의적 틀을 해체한다.

캐시가 유독 흥미로운 캐릭터인 이유는 앞서 나열한 다양한 여성의 전형을 연상시키지만, 그 어느 범주에도 들어맞지 않을뿐더러 그 전형 자체가 인공적이고 불안정한 상태임을 드러내기 때문이다. 이 영화는 가부장 사회의 규범에서 벗어난 여성을 재현하는 영화적 관례의 틀마저도 거부하는 캐릭터를 통해 복잡한 여성 묘사에 성공했다고 평가할 수 있다. 앞서 말했듯, 캐시는 영화 속에서 다양한 형태의 여성성을 수행한다. 이는 주디스 버틀러(Judith Butler, 1956-)가 『젠더 트러블: 페미니즘과 정체성의 전복』(Gender Trouble: Feminism and the Subversion of Identity, 1990)에서 제시한 수행성 이론, 즉 사회적으로 규정된 성으로서의 젠더를 우리는 정해진 규칙에 기반을 둔 역할과 행동을 통해 수행한다는 주장을 연상시킨다.

성폭력 복수극 주인공들이 액션 영화 주인공과 같은 모습 혹은 행동을 취하는 경우가 종종 있는데, 〈프라미싱 영 우먼〉은 캐시를 통해 복수하는 주체가 굳이 남성성을 수행할 필요가 없다는 것을 보여준다. 캐시가 여성성을 수행하는 작업은 영화 내내 그녀가 입는 다양한 복장에서 드러난다. 그녀는 주로 분홍색이나 하늘색과 같은 파스텔 색채 혹은 꽃무늬를 지닌 여성스러운 옷을 입고, 화장도 즐겨 한다. 캐시의 일상복이 어느 특정한 여성성을 표상한다면, 그녀가 남자를 유인할 때 입는 복장은 또 다른 여성성을 지시한다. 가령, 그녀는 퇴근 후 술 마시러 바에 온 회사원 복장을 하거나 나이트클럽에서 흔히 보이는 섹시한 복장을 하기도 하고, 앨의 총각 파티에서는 스트리퍼처럼 보이기 위해 몸매를 강조하는 짧은 치마의 간호사복을 입는다. 캐시가 밤마다 마치 전투복처럼 입는 옷과 진한 화장은 그녀의 일상 복장과 차별화되기 때문에 그녀가 수행하는 여성성의 인위적인 특성이 더욱 두드러진다.

캐시는 여성을 성적 대상화하는 복장으로 위장하여 가해자를 찾아간다.

남성 평론가 데니스 하비(Dennis Harvey)는 캐시가 수행하는 여성성의 부자연스러움을 강조하기 위해 그녀의 야행성 복장과 화장을 "형편없는 드래그"(bad drag)라고 묘사한 바 있다.[7] 독자들은 배우 멀리건이 매력적인 여성을 연기하기에 부족했다고 지적한 듯한 하비의 표현이 여성 비하적이라고 비판했고, 하비의 글을 실은 주간지 『버라이어티』는 공개 사과를 담은 온라인 기사를 올렸다. 그러나 하비의 의도가 무엇이었든, 그는 "드래그"라는 단어를 사용함으로써 캐시가 자유자재로 다양한 가면을 쓰고 벗으면서 여성성을 마치 장비나 무기처럼 사용했다는 점, 그리고 그것이 캐시의 진정한 모습이라기보다는 인위적인 퍼포먼스라는 점을 지적하여 결과적으로 캐시의 수행적 행위를 강조했다.

〈프라미싱 영 우먼〉은 주인공 캐시를 전형적인 복수극 서사와 여성 캐릭터의 틀에서 탈피하게 함으로써, 여성 중심 시각과 서사의 가능성을 보여준다. 이는 텍스트 속의 변화를 통해 텍스트 밖 즉, 사회의 변화를 유도하려는 것이다. 캐시는 성폭력 복수 장르에 등장하는 전형적 인물의 공식에서 벗어날 뿐만 아니라, 전통적 여성과 전복적 여성의 경계선을 해체하여 그것을 넘어선 복잡한 정체성과 양면성을 제시한다.

특히 선을 넘는 여성의 도발적 행위(transgression)에 착안을 두면, 남자들에게 미끼를 던지는 캐시의 행위는 대중문화 속에서 종종 나쁜 여자의 표상으로 등장하는 팜므 파탈을 연상시킨다. 누아르 영화의 주요 인물로서 팜므 파탈은 치명적인 매력으로 남자 주인공을 유혹하여 범죄를 유도하거나 도덕적 파멸로 이끄는 존재로 등장한다. 누아르 장르는 1940년대와 50년대 전후 미국 사회의 암울한 숙명론적 세계관, 그리고 범죄와 좌절

---

7) "드래그"는 크로스드레싱(cross-dressing, 여장 혹은 남장)의 한 종류로, 일반적으로 과장된 여성성 혹은 남성성을 수행하는 것을 지칭하는 용어이다.

감으로 점철된 당시 사회의 어두운 이면을 드러낸다. 특히 팜므 파탈의 위세는 제2차 세계대전에 참전하기 위해 유럽으로 떠난 남자들의 빈자리를 채우기 위해 여성이 직업 전선에 유입된 사회적 현상을 반영한 것이라고 해석하기도 한다. 당시 사회는 전쟁터에서 돌아온 남자들이 느끼는 무력감과 박탈감의 원인을 전반적인 사회 변화나 경제 상황이 아니라, 남성에게서 경제권을 탈취한 것처럼 보이는 여성에게서 찾는다. 즉 여성에게 화살을 돌려 그녀를 악인화하여 표상한 것이 팜므 파탈이라 할 수 있다 (Sylvia Harvey 38). 이런 부정적 시각에도 불구하고 고전 할리우드 영화에서 주로 수동적 위치에 놓인 여성 캐릭터와 차별화된 팜므 파탈의 탁월한 능력과 도발적 행위는 여성 주체의 가능성을 제시하기도 한다. 누아르 장르의 남성 중심 서사는 파괴력을 지닌 팜므 파탈을 통제하려고 시도하지만, 그녀는 남성의 권력에 끊임없이 도전한다.[8] 캐시 또한 마찬가지이다. 전형성과 도발성이 공존하는 입체적인 잠재력을 지닌 팜므 파탈의 이중성을 캐시가 이어받는다.

또 하나의 공통점으로는, 누아르 영화의 팜므 파탈처럼 〈프라미싱 영우먼〉의 캐시도 죽음에 이른다는 것이다. 〈이중 배상〉(Double Indemnity, 1944), 〈포스트맨은 벨을 두 번 울린다〉(The Postman Always Rings Twice, 1946) 와 〈과거로부터〉(Out of the Past, 1947)와 같은 유명한 누아르 영화들에서 남자 주인공을 파멸에 이르게 한 대가로 팜므 파탈이 죽거나 처벌받는다. 캐시도 죽음이라는 운명을 피하지 못한다. 그러나 〈프라미싱 영 우먼〉의

---

8) 이러한 도전을 파격적 변신이라 여길 수 있겠으나, 이 역시 남성 중심 서사 안에서 재현된다는 한계점이 있다. 남성의 시각이 주를 이루는 서사적 관점에서 본다면, 팜므 파탈은 남자 주인공을 정해진 인생의 궤도에서 이탈하게 만들어 타락으로 인도하는 부도덕한 인물로 그려지기 때문이다.

서사는 누아르 영화의 흔한 권선징악 서사와는 다르다. 캐시는 '죄 없는' 남자를 타락의 길로 인도한 것이 아니라, '죄 있는' 남자가 정당한 법적 처벌을 받도록 한 것이기 때문이다.

팜므 파탈은 여성을 성적 대상화하여 재현한다는 점에서 페미니즘 영화 비평의 중요한 문제를 제기한다. 그러나 〈프라미싱 영 우먼〉은 성적 대상화의 전형성과 결별한다. 페미니스트 영화학자들은 고전 할리우드 영화에 등장하는 여성 캐릭터의 시각적 존재감, 특히 여성 신체의 성적 대상화에 주목하고 이를 비판해 왔다. 그중 영화학자 로라 멀비(Laura Mulvey, 1941-)가 제시한 남성 응시(male gaze) 개념이 페미니즘 영화 비평에 큰 반향을 일으켰다. 멀비는 관객을 "시선의 소유자"인 남성 주체의 관점과 동일시하도록 유도하고 여성 캐릭터를 성적으로 대상화하는 남성 응시를 분석했다. 멀비에 따르면 영화 속 인물의 시선뿐만 아니라 영화 관객의 시선, 카메라의 시선, 그리고 그것을 통제하는 (남성) 감독의 시선 모두가 가담하여 촘촘한 남성 응시의 구조를 구축한다(17-18). 이 구조 안에서 선을 넘는 도발적 여성의 권력과 능력을 견제하기 위해 여성 주체를 객체화하는 작업, 다시 말해 여성의 시각적 특성을 강조하여 여성을 볼거리로 전락시키는 작업이 이루어지는 것이다. 멀비는 여성 중심 서사와 주체성을 침묵시키기 위해 관음증에 기반한 남성 응시의 대상이 된 여성의 신체 혹은 신체 일부가 물신화(fetishize)되는 것이 고전 할리우드 영화 속 여성 캐릭터의 특징이라고 비판한다.

반면 〈프라미싱 영 우먼〉은 할리우드 영화를 포함한 주류 문화에서 남성의 응시를 우선시하는 관례를 거부한다. 그 예시로 성범죄를 다루는 영화에서 종종 등장하는 성폭력 장면이 생략된 것을 꼽을 수 있다. 니나가 폭행당하는 모습을 촬영한 동영상이 재생되는 장면에서도 소리만 잠시

들릴 뿐 성범죄를 원색적 스펙터클로 만들지 않는다. 멀비가 남성의 응시를 대행한다고 지적한 카메라의 시선이 이 장면에서는 육체적 사물로 객체화된 니나의 몸이 아니라, 오히려 동영상을 차마 보지 못하며 괴로워하는 캐시를 바라본다.

이렇게 〈프라미싱 영 우먼〉은 여성의 경험과 목소리를 우선시하는 서사와 함께 남성 응시의 폭력성을 가시화하는 여성의 관점을 부각시킴으로써 주제 의식을 강화한다. 영화 속에서 남성의 응시를 의식하면서도 거부하는 장면이 많은데 그중에 영국 여자 가수 찰리 XCX(Charli XCX)의 〈보이스〉(Boys)라는 노래에 맞추어 남자들이 클럽에서 춤추는 장면이 돋보인다. 남성을 향한 여성의 욕망을 표현한 가사를 지닌 노래에 맞추어 춤을 추는 배가 나온 남성들의 몸을 클로즈업해서 보여주는 장면에서는 이미지와 사운드 트랙이 부조화를 이루어 소외 효과를 일으킨다. 이 장면은 여성의 매력적인 몸매를 클로즈업하는 흔한 장면을 패러디함으로써 여성을 적나라하게 성적 대상화하는 시각 문화의 관례적 기법들이 얼마나 작위적이고 우스꽝스러운지 부각한다. 그렇다고 영화 속에서 남성을 대상화하여 여성의 시각적 쾌락을 만족시키는 '여성 응시'로 남성 응시를 대체하는 것도 아니다. 오히려 남성이 시선의 대상이 된 경우를 적나라하게 보여줌으로써 시각적 구경거리로 전락한 상태의 무력감, 그리고 관음증적 응시의 폭력성을 고발한다.

또한 캐시는 남성 응시의 객체가 아닌 주체로 서사를 주도하기 때문에 남성 중심 서사의 통제에서 벗어난다. 가령, 캐시가 옷을 벗거나 도발적인 몸짓으로 성적 매력을 발산하면서 남성의 시각적 쾌락을 만족시키는 장면은 없다. 그보다는 클럽에서 술에 취해 인사불성이 된 듯한 취약한 모습으로 남자의 시선을 끄는데, 이는 오히려 그 남성 응시가 얼마나 착취적인지 드러낸다. 여자의 겉모습이나 행동을 보고 '쉬운 여자', '헤픈 여자', 혹은 '곤경에 처해 남자의 구원이 필요한 여자'로 단정짓고 제멋대로 판단하는 남자들은 영화의 첫 장면부터 등장한다. 캐시는 이 고정 관념들을 이용하여 미끼를 던지는데, 영화 속 남자들은 그것을 쉽게 물어버린다.

영화 초반에 나오는 클럽 장면에서 만취하여 몸을 제대로 가누지 못하는 캐시를 본 두 남자가 당하려고 작정했다며 비웃고 험담하는 반면, 캐시를 동정 어린 시선으로 지켜보던 다른 남자(애덤 브로디)는 결국 그녀를 부축해 집으로 데리고 간다. 집에 도착한 그는 인사불성이 된 캐시를 침대에 눕힌 후 동의도 구하지 않고 키스하며 속옷을 벗긴다. 캐시는 취한 목소리로 "무슨 짓"이냐고 묻지만, 그는 아랑곳하지 않는다. 갑자기 캐시는 몸을 일으켜 세우고 남자의 얼굴을 응시하며 취기가 전혀 없는 또렷한 목소리로 "당신 뭐하냐고 묻잖아"라고 또박또박 힘주어 말한다. 이 순간 영화 속 기류가 바뀐다. 19세기 프랑스 화가 에두아르 마네(Édouard Manet, 1832-1883)의 두 작품 〈올랭피아〉(Olympia, 1863)와 〈풀밭 위의 점심 식사〉(Le déjeuner sur l'herbe, 1863) 속 여성들은 서양 미술사에서 수줍거나 교태를 부리는 표정으로 남성의 시선을 수동적으로 받아들이는 여성 모델의 관례를 깬다. 캐시가 남자의 얼굴을 빤히 보는 모습은 마네의 작품 속 여성들의 당돌한 응시가 주는 시각적 충격을 연상시킨다. 여기에 청각적 충격이 더해져서 여성 목소리의 중압감이 관객의 안일함을 날카롭게 관통한다. 장난스럽게 거절하는 것은 무시해도 괜찮다고 잘못 생각하는 사람에게 거절이라는 의사 표현의 의미와 무게를 다시금 느끼게 하여 경종을 울린다.

캐시는 취기가 사라진 얼굴로 관객을 응시한다.

마지막으로, 캐시의 본명이 카산드라(Cassandra)라는 점에서 여성의 목소리가 평가 절하된 역사의 무게를 느낄 수 있다. 그리스 신화에서 대표적 희생양으로 꼽히는 카산드라는 신뢰받지 못하고 무시당하는 여성의 원형이기 때문이다. 카산드라는 아폴로 신으로부터 미래를 예언하는 능력을 받으나 그의 성적 욕망을 거부한다. 이에 분노한 아폴로는 카산드라의 예언을 아무도 귀담아듣지 않고 믿지도 않게 될 것이라는 저주를 내린다. 트로이가 그리스에 함락된 후, 카산드라는 자신을 지키기 위해 아테나 여신상에 매달렸음에도 불구하고, 그리스인 아이아스에게 강간당한다. 이렇게 신화 속 카산드라는 자신의 서사를 규정하고 목소리를 제한하는 남성 담론과 폭력의 희생자가 된다. 신탁을 받을 수 있음에도 불구하고 그 예지력은 무시당하고 거짓 예언을 고하는 미친 여자로 전락한다. 성범죄 피해자의 고발이 무시당하고 거짓이라 여겨지는 영화 안팎의 상황은 이 신화적 서사를 반복한다. 카산드라의 예언을 아무도 믿지 않듯, 니나의 고발도 학교와 법정에서 무시당하기 때문에 두 여인은 광기와 거짓말로 비난받는 운명을 공유한다. 영화 속 캐시는 예언의 능력을 지니지는 않았지만,

잘못된 상황을 바로잡기 위한 노력에도 불구하고 누구의 도움도 받지 못한 채 남성 폭력의 희생자가 되는 점에서 유사점을 보인다.

4. 복수극의 관습을 전복한 결말

〈프라미싱 영 우먼〉은 중반부까지 로맨틱 코미디와 블랙 코미디 요소를 곁들인 복수극의 공식을 따르는 것처럼 보였으나, 통쾌한 결말을 바라는 관객들의 기대를 저버리고 복수극의 전형을 뒤집는다. 영화학자 케이틀린 벤슨알롯(Caetlin Benson-Allott)은 『워싱턴 포스트』에 실린 평론에서 〈프라미싱 영 우먼〉은 단순히 성폭력 복수 장르의 규칙을 깬 것이 아니라, 장르 규칙의 가치에 대한 근본적인 의문을 제기한다고 평가했다. 보통 성폭력 복수를 다루는 주류 영화에서는 폭행의 피해자가 주인공 역할을 맡고, 그녀가 복수를 성공적으로 실행하는 결말로 끝맺는다. 혹은 폭행의 트라우마로 인해 주인공이 심리적이거나 신체적으로 강한 캐릭터로 거듭나는 과정을 그리는 경우도 많다. 피해자가 폭행 후 살해당한 경우, 유족이 대신 복수를 행하는 예도 있다. 캐시처럼 죽은 친구를 대신해서 복수하는 경우는 드물다. 심지어 영화에서는 니나의 어머니조차 캐시에게 과거는 잊고 본인의 삶을 되찾으라고 충고한다. 그러나 벤슨알롯이 지적하듯, 피해자가 아닌 여성이 대신 분노하며 복수하는 서사는 성폭력이 피해자의 개인적 문제가 아니라 사회적 문제라는 점, 그리고 그 폭력의 파급 효과가 모든 여성에게 악영향을 미치기 때문에 유대감 형성이 중요하다는 점을 시사한다.

페넬은 처음 각본을 쓸 당시에는 관객들이 모두 기대하고 원했던 결말을 본인도 원했지만, 대본을 쓰는 과정에서 생각이 바뀌어 보다 현실적이고 정직한 상황으로 변형시켰다고 밝힌 바 있다. 성폭력 복수 영화에서 흔히 볼 수 있듯, 관객은 주인공이 도끼나 총을 꺼내서 액션 배우처럼 가해자들을 시원하게 응징하는 결말을 기대했을 수 있지만, 페넬은 "나는 그녀가 불타는 건물을 뒤로하고 담배를 피우며 떠나는 가짜 결말을 원하지 않았다"라고 말한다(Boone). 장르적 규칙을 깨고 싶다는 의지는 있었지만, 실제로 여성이 일반적으로 폭력을 사용하지 않기 때문에 정직하지 않은 결말을 제시하고 싶지 않았다는 것이다. 『로스앤젤레스 타임스』에 기고한 글에서 페넬은 실제 여성이 행할 법한 복수 방식을 보여주고 싶었다고 재차 강조한다. 영화 속에서 캐시가 폭력에 의지하지 않은 이유는 몸싸움이 시작되면 보통 여자가 신체적으로 불리하기 때문이다. 페넬은 여자로서 무엇을 할 수 있을지, 어떤 방법으로 가해자들에게 권력을 행사하고, 위협하거나 겁을 줄 수 있을지 고민하며 각본을 썼다고 고백한다(Fennell).

결국 영화의 후반부에 복수를 마무리하러 홀로 가해자를 찾아가는 장면에서 캐시는 총각 파티에 고용된 스트리퍼인 것처럼 가장한다. 처음에는 장난스럽게 앨과 대화하다가 마침내 니나의 이야기를 꺼내며 죄를 인정하라고 요구한다. 앨이 거부하자 캐시는 니나를 잊지 못하도록 그의 몸에 이름을 새기려고 시도한다. 페넬의 말처럼 몸싸움이 시작되자 캐시는 쉽게 제압당한다. 영화 초반에서 캐시가 집에 온 남자들을 진지한 목소리로 통제했던 것과 달리, 이 장면에서 가해자 앨은 캐시의 말을 무시하고 거부하고, 결국 잔인하게 그녀를 살해한다. 앨은 신체적 폭력으로 캐시를 침묵시키고 그를 고발하는 여성의 언어적 힘에서 벗어나려 한다. 캐시의 질식사는 의사소통을 가능하게 하는 숨통을 끊는 행위로서 상징성을 지닌다. 앨은 캐시의 목숨을 앗아갈 뿐만 아니라 '선을 넘는' 통제 불가능한 여성 캐릭터의 성대를 막아 목소리를 내는 언어 능력을 파괴한다.

캐시가 밤마다 취한 척하면서 남자를 유혹하고 도발한 후 그들의 위선을 들추어내며 위태로운 순간을 모면하는 장면들은 매번 긴장감을 유발한다. 영화의 결말까지 캐시가 신체적 공격을 받지 않고 무사했다면 우리는 영화가 허구라서 무사할 수 있었다고 생각했을지 모른다. 그러나 이 영화에서는 마지막 순간에 주인공이 기지를 발휘하거나 예상치 못한 조력자가 등장하는 흔한 반전이 없다. 좋은 남자의 표본처럼 행동했던 캐시의 남자친구도 이미 가해자와 수동적으로 동조했다는 것이 밝혀진 터라, 그는 캐시를 구하러 오지 않는다. 그녀 역시 그의 등장을 기대하지도, 기다리지도 않는다. 관객은 영화 내내 보여주었던 주인공의 재치 있는 대응력, 민첩한 두뇌 회전, 그리고 한 수 앞을 보는 선견지명을 기대했겠지만, 그 모두가 압도적인 신체적, 물리적 힘 앞에서는 무용지물이 되어버린다. 니나가 무력하게 폭행당했듯, 캐시 역시 허무하게 살해당한다. 블랙 코미디에서 종종 희화화되는 스트리퍼의 죽음과 달리, 캐시가 죽는 장면은 끔찍하고 지극히 사실적으로 재현된다.9) 살인 장면이 2분 30초 동안 지속되는데, 이는 사람이 실제로 질식하여 죽는 데 걸리는 시간으로, 페넬 감독이 경찰 출신 아버지에게서 들었다고 한다. 앨은 캐시의 얼굴을 베개로 가리고 무릎으로 그녀의 머리를 깔아뭉갠다. 숨이 막혀 죽어가며 격렬하

---

9) 대중 영화는 종종 여성의 죽음을 상투적 서사의 도구처럼 사용한다. 〈프라미싱 영 우먼〉에서도 앨이 스트리퍼로 분장한 캐시를 죽였다고 친구에게 고백하자, 친구는 "지금 90년대로 회귀한 거냐?"라며 농담조로 대답한다. 하나의 예를 제시하자면, 할리우드 코미디 영화 〈베리 배드 씽〉(Very Bad Things, 1998)에서는 〈프라미싱 영 우먼〉처럼 총각 파티 중 남자 캐릭터가 여성 스트리퍼를 실수로 살해하면서 전개된다. 반면 코미디 영화 〈레이디스 나잇〉(Rough Night, 2017)은 이 설정에서 성 역할을 바꾸어 결혼식 전 예비 신부(스칼렛 요한슨)가 친구들과 독신녀 파티를 벌이면서 남자 스트리퍼를 실수로 죽이는 내용이다. 이 영화에서는 요란하게 파티를 벌이는 여자 캐릭터들과 달리 조용히 포도주를 마시며 즐기는 남자 캐릭터들의 모습을 대조적으로 그리며 과거의 성 역할이 전도되는 상황을 유머러스하게 보여준다.

게 몸부림치고 온 힘을 다해 저항하는 캐시를 지켜보는 관객에게도 그녀에게 가해지는 신체적 폭력의 무게가 물리적, 감각적으로 전달된다. 캐시가 죽은 후, 앨이 베개를 들자 캐시의 진한 화장이 얼굴 모양 그대로 베갯잇에 묻어 있는 것을 볼 수 있다. 그 이미지가 주는 이질감이 한편으로는 우스꽝스러우면서도 죽음의 순간이 얼마나 처절했는지를 입증한다.

캐시를 죽인 앨이 친구와 함께 시신을 불태우는 장면은 살아있던 인간의 주체성이 완전히 배제되고 한 여성의 신체가 증거 인멸 과정에서 처리할 시신으로 대상화되는 것을 보여준다. 이 점은 앨의 친구가 캐시의 무력한 팔을 불길에 거칠게 밀어 넣는 숏에서 강조된다. 이 장면은 고전 할리우드 영화에서 여성의 몸을 파편으로 분해하여 대상화하는 관습을 상기시킨다. 몇 가지 예시를 들자면, 〈사랑은 비를 타고〉(Singing in the Rain, 1952)에서 무용수(시드 채리스)가 그녀의 각선미로 시선을 사로잡는 장면, 〈이중배상〉에서 남자 주인공을 유혹하는 도구로서 팜므 파탈의 발찌가 클로즈업되는 장면, 그리고 〈현기증〉(Vertigo, 1958)에서 남자 주인공이 집착하는 여성의 동그랗게 올린 머리 모양이 주목받는 장면이 있다. 〈프라미싱 영 우먼〉의 에필로그라고 할 수 있는 마지막 장면은 불에 탄 캐시의 시신이 잿더미로 변한 모습을 보여준다. 영화는 그 잿더미 속에 니나의 이름이 새겨진 반쪽짜리 하트 목걸이가 살짝 파묻혀 있는 숏과 함께 캐시의 이름이 새겨진 반쪽짜리 하트 목걸이를 캐시의 친구 게일(라번 콕스)이 발견하는 시퀀스를 보여준다. 캐시와 니나의 살아있는 신체가 깨어진 하트 모양, 즉 물건으로 전락하여 대체되는 것을 보여주는 허무한 순간이다.

5. 캐시의 죽음, 그 이후

　〈프라미싱 영 우먼〉은 관객에게 대리 만족을 주는 복수극 장르의 관습을 활용하면서도 그 전형적 틀에서 벗어난 캐릭터와 서사를 제시하여 여성에게 가해지는 성범죄와 폭력을 묵인하는 사회 구조와 이를 반영한 대중문화를 신랄하게 고발한다. 감독 페넬은 평범하거나 화려한 외양이 그 이면에 어두움을 숨기고 있다는 점에서 이 영화를 "아름다운 덫"이라 묘사한 바 있다(Olsen). 그리고 성폭력과 죽음이라는 무거운 소재를 진지하게 다루지만 동시에 관객이 즐겁게 관람할 수 있는 요소를 제공하는 "독이 든 팝콘 영화"라고 설명하기도 했다(Fennell). 주인공 역할을 맡은 배우 멀리건 역시 이 영화의 이중성을 "예쁘게 포장된 독이 든 사탕"이라고 묘사했다(Aurthur & Donnelly). 사탕이라는 비유는 영화 속 이미지의 색채감과 사운드 트랙과도 자연스레 연결된다. 이 영화는 화사한 색채와 경쾌한 음악을 사용함으로써 상업 영화의 친숙한 코드를 통해 관객에게 관람의 즐거움을 선사하기 때문이다. "덫"과 "독"이라는 단어들이 암시하듯, 표면의 달콤함 속에 사회에 대한 날카로운 비판이 도사리고 있다. 코믹한 요소와 냉소적 요소를 조합하여 밝은 색깔과 빛으로 가득한 미장센으로 관객을 현혹한 후 사회와 인간 심리의 어두운 심연을 들춰본다는 점에서 부조화를 강조하는 이러한 비유가 적절하다.

　관객에게 재미와 불편함을 동시에 안겨주는 이 영화의 특성은 캐시의 섹시한 복장과 호전적 자세를 조합하고, 네온 핑크 색상을 활용하여 시선을 끄는 다양한 버전의 영화 포스터에서도 드러난다. 그중 가장 인상적인 버전은 공포, 판타지, 블랙 코미디 장르를 혼합한 여성 복수극 영화 〈죽여줘! 제니퍼〉(Jennifer's Body, 2009)의 포스터를 연상시키는 반쯤 벌어진

새빨간 입술과 그 앞에 누워서 다리를 꼬고 있는 여성의 몸을 보여주는 포스터일 것이다.[10) 여성의 성적 매력을 부각한 이미지와 그녀를 집에 데리고 가면 각오해야 한다는 태그 라인의 조합은 잔혹한 복수극, 로맨스와 스릴러의 영화 장르를 동원한 혼성체라는 것을 암시한다. 무엇보다도 도발적인 이미지로 시선을 끌면서도 동시에 남성 응시의 성적 대상이 되기를 거부하는 '나쁜 여자' 주인공을 내세운 영화 내용과 조응한다.

 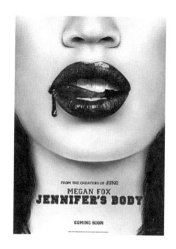

앞서 말했듯, 감독 페넬은 자신의 영화에서 관객에게 대리 만족을 제공하는 통쾌한 복수극의 통상적 결말보다는 죽음이라는 현실적 마무리를

---

10) 영화 〈죽여줘! 제니퍼〉는 교내에서 유명한 인기 많은 여고생이 록밴드의 사탄 숭배 의식에 희생되어 죽임당한 후 악마로 변신하여 남학생들을 살해하는 설정을 지닌 여성 복수극이다. 당시 큰 인기를 누리고 있던 여배우 메간 폭스(Megan Fox)와 아만다 사이프리드(Amanda Seyfried)가 주연으로 나왔지만, 흥행에는 실패했다. 그 이유로는 메간 폭스의 신체적 매력을 강조한 홍보물과 달리 영화 자체는 여성을 성적 대상화하는 남자들이 살해당하는 내용이었기 때문이라고 추측할 수 있다.

택한다. 물론 헛된 죽음이 아니다. 주도면밀한 캐시는 앨을 만나러 가기 전에 미리 증거품을 변호사에게 보내고 다수의 수신자가 받을 수 있는 예약 문자를 설정하여 마지막으로 목소리를 내기 때문이다. 철저하게 준비한 증거물이 우편물과 문자를 통해 전달되고 니나가 당한 성폭력과 그녀의 죽음에 관한 법적 책임을 피했던 가해자 앨은 살인죄로 체포된다. 캐시가 복수하러 떠나기 전에 죽음을 예감하고 모든 것을 준비했다는 것은, 일상생활에서도 많은 여성이 어떠한 위험에도 대처할 준비가 된 자세로 상시 임한다는 것을 상기시킨다. 니나가 영화에 직접 등장하지 않기에 관객은 그녀의 부재를 캐시라는 매개체를 통해 간접적으로 느낀다. 캐시의 죽음으로 관객은 비로소 니나를 잃은 그녀의 트라우마를 몸소 경험하고 상실감을 직접 느끼게 된다. 캐시가 학장에게 "사랑하는 사람이 당하면 느낌이 다르죠"라고 말했듯, 애정을 품고 동일시하면서 지켜본 주인공에게 벌어진 일이라 관객이 더욱더 강하게 공감할 수 있다.

관객이 마지막에 느끼는 허망함 혹은 분노는 영화 내내 주인공이 행했던 복수의 동력이 되었던 감정과 일치한다. 유망한 젊은 여성 니나의 가능성이 사라진 상실감을 사명감으로 변환한 캐시로부터 관객은 그 상실감을 고스란히 전달받는다. 캐시는 니나에게 가해진 폭력의 부당함과 그를 변명하거나 외면하는 자들의 위선을 폭로하고 가해자들이 범죄의 무게감을 통감하도록 유망한 미래를 복수로 맞바꾸며 자신의 젊음과 생명을 희생한다. 통쾌한 복수극을 바라던 관객의 희망을 저버린 영화의 결말은 우리에게 무엇을 기대했는지 묻는 듯하다. 이 영화는 관객에게 허망함을 느끼게 함으로써 복수극의 한계를 자기 반영적으로 제시하기도 하지만, 허탈감에 빠진 관객에게 도전장을 던진다. 이 허탈한 감정에 머무를 것인가, 아니면 행동으로 옮길 것인가.

페넬의 영화에서 결국 가해자 남성은 법적 처벌을 받게 되지만, 그 결과의 대가는 전도유망한 두 여성의 죽음이다. 이 영화는 여성의 미래가 보호되고 존중받지 않는 한 이러한 불공평하고 비극적인 결과는 지속될 것이라는 메시지를 전하며 끝이 난다. 감독이 말했듯이 영화의 씁쓸한 결말은 현실을 반영한다는 점에서 의미가 있다. 내심 원했던 행복한 결말로 소망 충족이 이루어졌더라면 돌아서자마자 관객의 기억에서 사라졌을지도 모를 캐시의 분노가 그녀의 죽음과 그 허망함을 통해 관객에게 그대로 전달된다. 그리하여 영화가 끝난 후 관객은 만족감 대신 부당함을 뼈저리게 느끼게 된다. 〈프라미싱 영 우먼〉은 성범죄에 대한 심각한 다큐멘터리 영화도 아니고, 성명서도 아니다. 이 영화는 대중문화의 장르적 관습과 전형적 여성 캐릭터를 상기시키며 현실을 반영한 복수극 겸 블랙 코미디이다. 그러나 동시에 복수극의 탈을 쓰고 현 상황을 직시하며 사회를 고발하는 진지한 시도이기도 하다. 영화 속 인물 캐시는 비극적 결말을 맞이하지만, 이는 인식의 변화, 더 나아가 사회의 변화에 대한 가능성을 품고 있는 열린 결말로도 볼 수 있다.

참고 문헌

Apaydin, Ege. "Emerald Fennell on Subverting the Revenge Thriller with *Promising Young Woman* and the Horrors of the Patriarchal System." *The Film Stage*, Dec. 22, 2020.

https://thefilmstage.com/emerald-fennell-on-subverting-the-revenge-thriller-with-promising-young-woman-and-the-horrors-of-the-patriarchal-system/

Aurthur, Kate, and Matt Donnelly. "'Promising Young Woman': How Carey Mulligan and Emerald Fennell Made the Most Audacious, Feminist Movie of the Year." *Variety*, Dec. 9, 2020.
https://variety.com/2020/film/news/promising-young-woman-carey-mulligan-emerald-fennell-1234848775/

Benson-Allott, Caetlin. "'Promising Young Woman' Confuses Viewers. That's What Makes It Brilliant." *The Washington Post*, April 24, 2021.
https://www.washingtonpost.com/outlook/2021/04/24/promising-young-woman-genre-confusion/

Boone, John. "'Promising Young Woman' Ending Explained by Director Emerald Fennell." *Entertainment Tonight*, Jan. 19, 2021.
https://www.etonline.com/promising-young-woman-ending-explained-158263

Butler, Judith. *Gender Trouble: Feminism and the Subversion of Identity.* London: Routledge, 1990.

Fennell, Emerald. "Painful, but fun to watch. 'Promising Young Woman' is a 'poison popcorn movie,'" Feb. 9, 2021.
https://www.latimes.com/entertainment-arts/awards/story/2021-02-09/emerald-fennell-promising-young-woman-screenplay

Gupta, Prachi. "The Stanford Rape Case Illustrates the Toxicity of White Male Privilege." *Cosmopolitan*, June 8, 2016.
https://www.cosmopolitan.com/politics/news/a59485/stanford-rape-case-white-male-privilege/

Harvey, Dennis. "'Promising Young Woman': Film Review." *Variety*, Jan. 26, 2020.
https://variety.com/2020/film/reviews/promising-young-woman-review-1203480660/

Harvey, Sylvia. "Woman's Place: The Absent Family in Film Noir." *Women in Film Noir*, Ed. E. Ann Kaplan. British Film Institute, 1998. 35-46.

Miller, Chanel. *Know My Name.* New York: Viking, 2019.

Mulvey, Laura. "Visual Pleasure and Narrative Cinema." *Screen* 16.3 (1975): 6-18.

Olsen, Mark. "*Promising Young Woman* isn't asking for your approval. But it'll keep you talking." *Los Angeles Times*, Dec. 24, 2020.

https://www.latimes.com/entertainment-arts/movies/story/2020-12-24/promising-
young-woman-carey-mulligan-emerald-fennell

Steinmetz, Katy. "Congress Members Read the Anonymous Stanford Sexual-Assault Letter,
and It Was Powerful." *TIME*, June 15, 2016.
https://time.com/4370960/congress-sexual-assault-anonymous-letter-reading/

ᅵ그림 자료

https://movie.daum.net/moviedb/contents?movieId=137668#photoId=1350601
https://movie.daum.net/moviedb/contents?movieId=45745#photoId=487171
https://movie.daum.net/moviedb/main?movieId=137668
https://www.imdb.com/title/tt9620292/mediaviewer/rm1346761473?ref_=ttmi_mi_all_sf_110
https://www.imdb.com/title/tt9620292/mediaviewer/rm3779457793?ref_=ttmi_mi_all_sf_86

벌새 / 세자매
가부장적 폭력에 매몰된 여성의 꿈과
여성 간 유대를 통한 희망 찾기

| 이형식

감독 김보라
각본 김보라
주연 박지후, 김새벽
국내 개봉 2019년 8월

페미니즘 포커스   이 영화는 1990년대를 사는 중2 여학생의 눈에 비친 한국 사회의 단면을 보여줌으로써 사회의 곳곳에 스며들어 있는 가부장적 폭력과 위선, 물질주의, 학벌주의, 계급 사회를 고발하고 있다. 아버지, 오빠, 담임 선생, 주변 어른들의 육체적 언어적 폭력, 외도와 폭력이 일상화된 역기능적 가정이 감수성 풍부한 소녀의 성장에 어떤 영향을 미치는지도 보여준다. 아울러 친구와 학원 선생과의 유대와 공감을 통해 순수한 소녀의 자주성이 개화할 가능성도 열어둔다.

감독 이승원
각본 이승원
주연 문소리, 김선영, 장윤주
국내 개봉 2021년 1월

페미니즘 포커스 이 영화는 겉으로 평안해 보이는 세 자매의 삶이 과거의 끔찍한 기억의 부상으로 인해 곪아버린 상처가 폭발하며 무너지는 모습을 그린다. 이 가정의 불행의 근원에는 아버지의 외도와 폭력, 그리고 배다른 남매의 존재가 있다. 밖에서 낳아서 데려온 큰딸과 막내아들로 인해 죄책감에서 발휘된 아버지의 폭력은 언제나 이들에게 향한다. 아버지의 이러한 부정적인 모습은 세 딸의 인생에 각각 다르게 영향을 미치고 이들의 삶은 각각 불행의 씨앗을 배태하고 있다. 클라이맥스에서의 폭발적 반항을 통해 자매들은 과연 자매애로 다시 연대할 수 있을까?

1. 한국에서의 페미니즘과 페미니즘 영화

　　전통적으로 한국 사회는 가부장적 성격이 강한 사회였고 남녀평등을 위한 운동과 성차별 철폐의 움직임은 서구보다 훨씬 뒤늦게 생성되었다. 1980년대 이후가 되면서 여성의 대학 진학률도 높아졌고 각 대학에서 여성학 강좌들이 개설되면서 여성들의 의식을 고양시키려는 운동과 단체들이 생겨났다. 이런 노력의 결과로 1994년에는 성폭력 특별법이 제정되었고, 2005년에는 오랜 노력의 결과로 호주제 폐지가 결정되었다.

이러한 사회 현실은 문학 작품과 연극, 영화에 반영되었고 그동안 남성 감독에 의해 재현되는 여성의 모습에 불만을 품고 여성의 눈으로 여성의 현실을 반영하려는 감독들이 등장하기 시작했다. 1996년 임순례 감독이 장편 데뷔작 〈세 친구〉를 발표하면서 영화계에 등장한 이후 최근에는 1980년대, 1990년대에 탄생한 젊은 여성 감독들의 작품이 두각을 나타내면서 해외 영화제에 초청되어 수상하는 사례가 많아졌다. KBS 뉴스는 2019년 9월 방송에서 "여성 감독들 약진 . . . '장르 편식' 한국영화에 활기"라는 제목으로 〈벌새〉, 〈아워 바디〉, 〈메기〉 등을 만든 여성 감독들을 소개했다. 특히 각각 1981년, 1982년에 출생한 김보라, 윤가은 감독은 〈벌새〉와 〈우리들〉, 〈우리집〉이라는 영화로 새로운 여성 감독 세대의 출현을 알렸다. 최근에 한 매체는 90년대생 여성 감독들의 약진을 소개하면서 〈남매의 여름밤〉의 윤단비 감독, 〈애비규환〉의 최하나 감독, 〈연애 빠진 로맨스〉의 정가영 감독, 〈윤시내가 사라졌다〉의 김진화 감독의 영화를 소개했다.

한국 사회의 성평등과 성 인지 감수성이 상당히 높아졌다고는 하나 직장과 학교에서의 성 학대, 여성의 사회 진출과 결혼 생활 병행의 어려움은 여전한 사회 문제이다. 육아의 어려움은 경력 단절로 연결되고 경단녀, 맘충 같은 비하적인 표현들은 여성에게 우호적이지 못한 사회 시스템과 편견을 부각시킨다. 이 모든 것의 배후에는 아직까지도 깊이 뿌리박힌 가부장 제도와 가부장적 사고방식이 있다.

2. 〈벌새〉

1994년을 배경으로 하는 이 영화는 14세 소녀 은희의 눈으로 본 가부장적 한국 사회의 민낯을 그대로 우리에게 보여준다. 37세의 젊은 여성 감독 김보라가 내놓은 참신하고 반짝이는 이 영화는 전 세계 59관왕이라는 수상 기록과 주요 매체와 영화제에서의 찬사가 보여주듯이 놀랄 만큼 많은 이야기를 담고 있다. 바로 1990년대에 청소년기를 보낸 감독의 자전적 성격이 강한 이 영화는 한 소녀의 성장기뿐만 아니라 1994년이라는 역사적 시점에서 정치적, 사회적 이데올로기가 개인에게 미치는 영향을 독특한 영화 언어로 써 내려가고 있다.

영화의 첫 장면에서 은희는 벨을 누르다가 엄마가 대답이 없자 문을 두드린다. 계속 답이 없자 은희는 과도하게 짜증을 내면서 엄마에게 장난치지 말고 빨리 문 열라고 성화를 부린다. 한참 두드리다가 902호 앞에 서 있는 자신을 발견하고 한 층을 더 올라가 1002호에서 벨을 누르자 엄마가 금방 문을 열어준다. 이 장면에서 카메라는 뒤로 서서히 빠지면서 닭장처럼 늘어서 있는 강남의 거대한 아파트 단지를 보여준다. 1990년대 강남의 노른자위 8학군 아파트의 성공 신화를 상징하는 아파트의 이미지는 삭막하고 몰개성적이다. 〈벌새〉의 영어 제목은 〈벌새의 집〉(House of Hummingbird)이며, 이 영화는 은희라는 여중생의 삶을 그리고 있는 것만큼이나 "집"이 상징하는 공간 이야기이다. 한귀은은 "이 벌새의 집이라고 할 수 있는 은희의 집 또한 안정적이고 평화로워 보이면서도 폭력과 불신 기만이 공존하는 공간으로 모순된 기의를 갖는다"(214)라고 지적한다. 영화는 은희의 집 이야기를 들려주고 있지만, 카메라가 다른 집으로 들어간다면 그곳에서도 마찬가지로 삭막하고 무너져가는 가정의 이야기가 펼쳐지고 있을지도 모른다.

__가부장적 폭력으로 얼룩진 사회

이 영화는 전쟁의 폐허로부터 일어나서 경제적 부흥을 이루고 올림픽까지 치러낸 한국 사회가 1990년대에 이르기까지 경제적 성장을 향하여 달려오면서, 얼마나 많은 것을 희생하며 소중한 가치들을 간과했는지를 강남의 한 아파트에 사는 소녀의 가정을 통해 보여준다. 특히 주인공 은희를 둘러싼 남성 인물들의 가부장적 행동과 사고방식에 힘없는 여중생의 삶은 사정없이 짓밟힌다. 은희의 부모는 아파트 상가에서 떡집을 운영한다. 가게의 모든 일은 은희의 엄마가 도맡아서 하는 듯 보이며 아버지는 명목상 가장이지만 아내 몰래 다른 여자와 외도하고 있다.

이 영화에서 가부장적 사고를 가장 잘 보여주는 인물은 아버지이다. 그가 대치동으로 이사 온 이유는 아들을 서울대에 보내기 위해서이고, 아들이 공부를 잘하기 위해서라면 그 어떤 것이라도 허용된다. 그는 아들을 데리고 서울대를 구경 갔다 온 뒤 아들에게 "일단 대원외고를 가고 3년 후에 서울대에 가자"라고 하면서 식구들이 도와줘야 한다고 말한다. 아들이 학급 회장에 출마했다는 이야기를 듣고 "회장이 되려면 친구들에게 햄버거도 사줘라"라며 금권 선거를 부추긴다. 이런 그에게 강남에 살면서 강북에 있는 고등학교에 간 맏딸 수희는 가족의 수치이며 불효녀이다. 그는 아이들의 문제를 모두 엄마의 책임이라고 돌리면서 "다 당신이 잘못한 탓이야"라고 떠넘긴다. 그러면서 정작 자신은 아내 몰래 춤바람이 나서 외도를 한다. 어느 날 집에 온 엄마는 은희에게 아빠가 무슨 옷을 입고 나갔냐고 묻고는 옷장을 뒤지며 한숨을 쉰다. 수희 문제로 부부간 싸움이 벌어지고 엄마는 "내가 모르는 줄 알아"라고 하면서 아빠에게 대들다가 아빠가 엄마를 밀치는 장면이 연출된다. 이때 더 이상 참지 않는 엄마가 전구로 아빠를 때리면서 유리가 깨지고 아빠의 팔에서 피가 난다.

이런 아버지의 비호를 받으며 무서울 것이 없이 자라나는 은희의 오빠 대훈도 아버지의 가부장적 사고와 폭력을 이어받는다. 은희가 식탁에서 오빠에게 맞은 사실을 아빠에게 이르지만 아빠는 심드렁하게 귀기울여 듣지 않고 엄마도 "너희들 왜 자꾸 싸우고 그래"라고 한다. 그녀의 고충을 처음으로 마음을 열어 수용하는 학원 선생 영지와의 대화에서 은희는 "오빠가 개 패듯이 때린다"라고 한다. 영지가 맞고만 있느냐고 묻자 은희는 "그냥 빨리 끝났으면 하고 기다려요. 대들면 더 때려요"라고 대답한다. 영지가 학원에서 부당하게 잘린 사실을 알고 항의하던 은희는 학원에서 쫓겨나고, 성격이 나쁘다며 부모에게 혼난다. 더구나 엄마는 "여자애가 애교나 떨고 그래 이년아"라는 말까지 한다. 이채원은 "딸로 태어났다는 이유로 많은 것을 포기한 엄마 역시 가부장적 이데올로기를 내면화했으며 은희의 이야기에 귀를 기울이지 않는다"(333)라고 주장한다. 은희는 자신의 성격이 나쁘지 않다고 항의하다가 오빠에게 맞아 고막이 찢어진다. 의사는 어쩌다가 고막이 찢어졌냐고 하면서 필요하면 증거로 사용하라며 진단서를 끊어주겠다고 한다. 그 의사는 가정 폭력을 당해서 고막이 찢어진 줄은 상상도 못한다. 이러한 폭력 문화는 한국 사회에 만연한 것으로 은희의 가장 친한 친구 지숙이 자기 오빠에게 맞은 것에서도 드러난다. 어느 날 마스크를 쓰고 온 지숙은 자기 생일인데도 오빠에게 맞았다고 하고, 은희가 오빠에게 죽도로 맞는다고 하자 자기는 골프채로 맞는다고 말한다. 그날도 반항하다가 "귀싸대기"를 맞았다고 말한다. 은희는 "오빠가 괴롭혀서 죽는다"라는 유서를 남기고 자살하는 상상을 하지만 과연 "다들 우리한테 미안해하기는 할까?"라고 자문한다.

__금권만능의 계급주의 사회

자녀들이 좋은 대학을 졸업하고 좋은 직장에 들어가서 신분 상승을 하는 것이 부모의 가장 큰 바람이다. 은희의 부모님은 자신들은 비록 상가에서 떡집을 하고 있지만, 자식들은 명문대에 진학하기를 바라기 때문에 대치동으로 이사 온 것이다. 부모들뿐 아니라 기성세대 대부분이 신분과 계층의 선 긋기에 몰두하고 있다. 성적 지상주의를 신봉하는 은희의 담임 선생에게는 공부 잘하는 사람만이 관심과 사랑받을 수 있고, 공부 못하는 학생들은 대놓고 무시하고 짓밟아도 되는 존재다. 그는 A반과 B반의 학생들을 복도에 줄 세우면서 "공부도 못하는 것들이 왼쪽 오른쪽도 몰라"라고 질타한다. 또 학생들에게 "나는 노래방 대신 서울대 간다"라는 구호를 외치게 하며 오로지 성적 지상주의 교육관을 주입한다. 그는 "날라리 색출"이라는 미명하에 학생들에게 두 명씩 이름을 쓰게 해서 많은 표를 받은 학생을 "날라리"로 지목하여 인격을 짓밟는다. 은희가 뽑히자 담임 선생은 가정 방문을 빙자하여 부모님의 가게를 찾아와서 한참을 앉아 있다 가면서 장사를 방해한다. 은희는 "그 새끼 돈 때문에 그런 거야"라며 촌지를 바라고 찾아온 담임 선생의 의중을 간파한다.

엄마는 은희에게 "너 날라리가 되면 안 돼. 공부 열심히 해서 여대생이 되어야 돼. 그래야 무시도 안 당하고, 영어 간판도 잘 읽고. 캠퍼스에서 책을 가슴에 딱 끼고 다니지"라고 한다. 엄마가 이 말을 하는 것은 고등학교에도 진학하지 못한 자신의 경험 때문이다. 어느 날 밤늦게 술에 취해 찾아온 외삼촌은 자기 등록금 때문에 가장 아끼던 여동생을 고등학교도 못 보냈던 것을 후회하며 푸념한다. 숙자의 생일도 다가오고 해서 찾아왔다는 외삼촌은 평생 가슴에 맺힌 응어리를 토해 놓고 얼마 후 갑자기 세상을 뜬다. 여성으로서 숙자의 삶은 배운 것 없이 방앗간을 하는 남자와 결혼해서 평생 떡을 만들며 고생하고 사람들에게 이런 저런 무시를 당해온 삶이다. 그녀가 가끔 먼 산을 바라보거나 은희가 고함치면서 부르는데도 허공을 응시하는 장면은 그녀의 헛헛하고 황폐한 삶의 반영이다.

신분과 계층의 차이를 공고히 하는 것은 담임 선생과 어른들만이 아니다. 은희가 책상에 엎드려 있을 때 주변에 있던 학생들은 "쟤 또 잔다. 저런 애들은 공부도 못하고 대학도 못 가서 우리 파출부 할 거야"라고 수군댄다. 이들은 어른들의 사고방식을 그대로 체화하여 공부를 잘하는 것은 좋은 대학에 가서 신분 상승을 하는 지름길이고 공부를 못하는 것은 성공한 사람들의 뒤치다꺼리를 하는 하류 계층으로 직행하는 길이라고 생각한다.

이런 은희에게 남자친구 지완은 작은 위안이 되어주었다. 두 사람은 같이 산책도 하고 음악도 듣고 뽀뽀도 하는 등 즐거운 시간을 보낸다. 은희가 귀 수술을 해야 한다며 걱정하자 지완은 의사인 자기 아버지도 환자들에게 겁을 준다고 걱정할 필요 없다고 위로한다. 그러나 바로 그때 지완의 엄마가 등장해서 "얘가 방앗간 집 딸 개니?"라고 하면서 지완의 손을 낚아채서 데리고 간다. 그녀의 시각에서는 의사 집안인 자기 아들이 방앗간이나 하는 하류 계층의 딸과 사귀는 것은 결코 허용할 수 없는 일인 것이다.

__역기능적인 가정

이처럼 가부장적이고 계급적인 의식으로 만연한 사회에서는 사랑과 존중으로 구성원에게 버팀목 역할을 해야 하는 가정마저도 역기능적이 된다. 은희의 가정은 아버지의 가부장적인 태도와 외도로 서서히 붕괴되어 간다. 은희가 보기에 "우리 집은 콩가루 집안"이며 수희는 "우리 가족은

다 따로 살아야 돼"라고 말한다. 강남에 살면서도 강북에 있는 학교에 버스를 타고 통학하는 수희는 아빠의 계속되는 비난에 자존감이 극도로 낮아진 상태이며 "나는 잘하는 게 하나도 없어"라고 말한다. 은희 또한 부모에 대한 기대치가 극도로 낮다. 귀에 혹이 나서 병원에 갔을 때 의사는 수술을 해야 할지 모르니 부모님을 모시고 오라고 하고, 은희는 엄마가 못 올 거라고 한다. 부모의 이혼을 앞두고 있는 친구 지숙은 은희에게 "일단 결혼을 하면 서로가 서로에게 붙박이장이래. 서로가 서로에게 사람이 아닌 거지. 그래서 바람도 피우는 거지. 우리 엄마 아빠의 특징이 뭔지 알아? 절대 눈 안 마주쳐"라고 말한다.

가정은 바깥에서 일하고 공부하다 지친 영혼들이 들어와서 쉴 수 있는 안식처가 더 이상 아니다. 수희는 걸핏하면 집을 나간다. 은희에게도 집은 아빠의 잔소리와 오빠의 폭력이 항시 도사리고 있는 불안한 공간이다. 그녀에게는 오히려 병원이 마음 편한 공간이다. 학원 선생 영지가 귀를 수술하고 병원에 입원한 은희를 찾아와 "나 병원에 오는 거 좋아해. 그냥 마음이 편해"라고 하자 은희도 "저도 병원이 집보다 더 편한 것 같아요"라고 대답한다. 사실 같은 병실에 있는 환우들은 은희에게 매우 친절하게 대하며 입원해 있는 동안 은희는 많은 사랑을 받는다. 퇴원하는 날 이들의 따뜻한 환송을 받으며 병원을 나가는 은희는 부모도 없이 혼자서 버스를 타고 열쇠로 문을 열고 텅 빈 집에 들어온다.

__희망을 주는 관계

가정과 학교, 그리고 사회에서 오빠에게 학대받으며, 날라리로 찍히며, 떡집 딸로 무시되는 은희에게 그나마 희망을 주는 인간관계들이 있다. 은희처럼 오빠에게 맞으며, 부모의 관계가 악화되어 이혼 위기에 처한 단짝 친구 지숙은 함께 고민을 이야기하고 학교를 욕하며, 콜라텍에도 같이 가는 친구이다. 이들이 유일하게 해방의 기쁨을 누리며 공중으로 부양하는 장면은 같이 트램펄린에서 뛰는 장면이다. 로우 앵글로 흐릿하게 슬로우 모션으로 잡은 이 장면에서 두 사람의 얼굴은 잘 보이지 않지만 그들은 공중으로 비상한다. 이들은 1초에 90회의 날갯짓으로 벌과 같다고 해서 벌새라는 이름이 붙은 새처럼 공중으로 비상한다. 그러나 그 비상은 찰나에 그치고 그들은 곧 지상의 황폐한 현실로 내려와야 한다.[1] 은희와 지숙의 관계에도 한번 위기가 오는데 그것은 어느 날 문방구에서 물건을 훔치다가 주인에게 들켜 경찰에 신고하겠다는 위협을 받으면서다. 부모를 불러 약점을 잡아 적당히 돈을 뜯으려는 주인의 협박에 겁을 먹은 지숙은 은희가 떡집 딸이라는 것을 발설하고 미안하다는 말도 없이 가버린다. 얼마 후 학원에서 다시 만나 은희가 곧 수술한다고 하자 지숙은 그때 너무 무서워서 그랬다고 사과를 하고 은희는 "나는 네가 나 버리는 줄 알았어. 우리 이제 친구 아닌 줄 알았다"라고 하며 두 사람은 화해한다.

남자친구도 그에게 희망을 주는 관계였지만 엄마의 방해로 헤어진다. 남자친구만큼이나 허무한 관계는 후배 유리와의 관계이다. 유리는 은희가 그냥 좋다면서 그녀를 따라다니고 꽃도 선물하고 같이 노래방에도 간다. 은희가 입원했을 때 병문안을 와서는 울면서 언니가 너무 좋다고, 부모님보다도 좋다고 고백한다. 왜 좋아하냐고 물으니 그냥 좋다고 한다. 이러던 유리가 얼마 후 은희를 보고 아는 척도 하지 않자 은희는 놀란다. 나를 좋아한다고 하지 않았느냐는 질문에 유리는 "그건 지난 학기잖아요"라며 황

---

[1] 두 사람이 트램펄린에서 노는 장면은 두 번 나온다. 첫 번째 장면은 하이 앵글로 두 사람이 뛰고 있는 모습을 잡은 영상으로 부상 방지를 위해 쳐놓은 망이 마치 새장처럼 보이며 은희와 지숙은 새장 안에서 퍼덕이는 벌새라고 할 수 있다.

당한 답변을 들려준다.

　　은희에게 자신과 세상에 대해 눈을 뜨게 만들고 사랑받고 있다는 느낌을 주는 존재는 학원의 한문 선생인 영지다. 서울대를 다니다가 휴학 중인 그녀는 자기를 소개하겠다면서 왼손으로 '김영지'라고 쓴다. 얼굴을 아는 사람 몇 명, 마음을 아는 사람은 몇 명이냐는 도전적인 질문으로 은희에게 다가온 그녀는 은희가 문방구 사건으로 지숙과 헤어지는 아픔을 겪었을 때 위로해준다. 그녀는 "잘린 손가락 바라보면서 소주 한잔 마시는 밤"과 같은 운동권 노래도 가르쳐주고, 자신이 싫어질 때는 그 마음을 들여다보고 손가락을 하나씩 움직여보라고 가르쳐준다. 모든 사람이 부러워하는 학교에 다니면서도 자신이 싫어질 때가 있었다고 하며 성적 지상주의, 학벌 지상주의를 비판하는 영지는 은희와 밤길을 걸어가면서 집을 빼앗긴 사람들을 함부로 동정하지 말라고 충고해준다. 그녀의 충고가 지금까지 은희를 둘러싼 주변 사람들과 가장 큰 차이점은 "누구라도 널 때리면 어떻게든 맞서 싸워. 절대로 가만있지 마"라고 말한다는 점이다. 영지는 그림 그리기를 좋아하는 은희에게 스케치북을 소포로 선물한다. 은희는 "사람들이 외로울 때 내 만화를 보고 힘을 얻었으면 좋겠다"라고 하며, "제 삶도 언젠가는 빛이 날까요?"라는 이 영화의 화두가 되는 질문을 던진다. 다시 떡 선물을 가지고 영지의 집을 방문한 은희는 영지가 성수 대교 붕괴 사고로 세상을 떠났다는 소식을 듣고 사진을 보며 손가락을 움직여보려고 하지만 움직여지지 않는다. 떡을 도로 가져온 은희는 엄마가 준 감자전을 먹으며 "엄마 외삼촌 보고 싶어?"라는 질문을 던진다. 이런 은희를 엄마는 가만히 옆에서 쳐다본다. 가장 소중한 사람을 잃은 모녀 사이가 깊은 공감으로 연결되는 순간이다.[2]

　　영화의 마지막 장면은 수학여행을 가기 위해 모여 있는 학생들 가운데 빛이 나는 얼굴로 어느 누구와도 어울리지 않고 서 있는 은희에게 집중한다. 이 역할로 배우로서 큰 걸음을 내딛은 박지후의 맑고 순수한 얼굴이 가장 아름답게 부각되는 이 장면에서 쪽지에 적힌 영지의 메시지가 보이스 오버로 들린다. "어떻게 사는 것이 맞을까. 다만 나쁜 일들이 닥치면서도 기쁜 날이 함께한다는 것. 우리는 늘 누군가를 만나 무언가를 나눈다는 것. 세상은 참 신기하고 아름답다"라는 그녀의 목소리는 해맑은 은희의 얼굴과 합쳐져서 잔잔한 감동을 준다. 이제 겨우 세상을 알아가는 은희의 앞길에 어떤 일이 닥칠지 모르지만 기쁜 일과 슬픈 일이 함께하면서 누군가를 만나 조금씩 성장하게 될 것이라는 예견은 오늘날의 한국을 살아가는 여중생의 보편적인 삶을 반영한다.

2) 김보라 감독은 인터뷰에서 "〈벌새〉에선 서로가 서로를 바라보는 시선이 많아요. '응시하다'라는 상태가 되게 중요한데 영화 자체가 그냥 바라보는 느낌으로 가길 바랐어요. 그러다 보니 사람과 사람이 바라보는 장면이 많았던 것 같아요. 사실 누군가를 진심으로 이해하는 순간은 서로 무슨 말을 할 때보다 아무 말 없이 바라보고 있을 때인 것 같거든요"라고 말했다(『독서신문』). https://post.naver.com/viewer/postView.naver?volumeNo=26923457&memberNo=38139099&vType=VERTICAL

은희에게 가장 선한 영향력을 미치던 인물의 사망은 물질적인 번영과 학벌주의로 채워진 현대 한국 사회가 앞으로 겪을 비극들을 예견한다. 세상을 바꾸려는 의식 있는 젊은 대학생이 성수 대교 참사라는 어처구니없는 사고로 희생되는 현실은 안타까움과 분노를 동시에 느끼게 한다. 1990년대는 그동안의 한국 사회에 도사린 문제점들이 성수 대교 붕괴, 삼풍백화점 붕괴 등으로 폭발적으로 곪아터지던 시기였다. 그런 점에서 이 영화는 개인의 역사와 한국의 현대사가 교차되는 지점을 시대적 배경으로 하고 있다. 그 현실을 이제 막 사춘기를 맞는 중학교 2학년 여학생의 시선으로 고발하고 있다는 점이 이 영화의 큰 매력이다.

3. 〈세자매〉

세 자매가 주인공이 되는 작품에는 셰익스피어(William Shakespeare, 1564-1616)의 『리어왕』, 안톤 체홉(Anton Chekhov, 1860-1904)의 〈세자매〉(Three Sisters, 1900)를 비롯하여 미국의 페미니스트 극작가 베스 헨리(Beth Henley, 1952-)의 『마음의 범죄』(Crimes of the Heart, 1978), 『리어왕』을 미국으로 배경을 옮겨서 다시 쓴 제인 스마일리(Jane Smiley)의 『1천 에이커』(A Thousand Acre, 1991), 그리고 최근 우리나라 텔레비전 드라마 〈작은 아씨들〉(2022) 등이 있다. 세 자매가 주인공이 되는 경우 같은 부모 밑에서 유전적·환경적 요인을 공유하지만 각자 성장의 조건과 부모의 양육 태도에 따라서, 그리고 본인이 가진 성격적 대응 방식에 따라서 다른 삶의 방식과 태도를 지니게 된다. 그들 사이에는 끈끈한 애증 관계가 있어서 같은 여성으로서 공유점(인생 경험, 연애 경험, 취미)도 있지만 각각의 인생이 어떻게 풀려나가는가에 따라서 묘한 질투와 양가적 감정이 생기기도 한다.

〈세자매〉는 2020년도 전주 국제 영화제와 부산 국제 영화제에서 선보인 후, 42회 청룡 영화상을 비롯하여 수많은 영화제에서 호평받았다. 특히 청룡 영화상에서 여우 주연상(문소리), 여우 조연상(김선영), 여우 조연상 후보(장윤주)에 오른 세 여자 배우의 뛰어난 연기에 힘입어 〈세자매〉는 가부장의 폭력이 자매들의 삶에 미치는 영향을 극화한 최고의 영화가 되었다.

영화의 첫 장면은 어두운 밤에 자매가 밤길을 뛰어가는 것을 핸드헬드(handheld) 카메라가 따라가며 찍은 흔들리는 영상이다. 영화의 후반부가 되어서야 우리는 이것이 미연과 미옥이 아버지의 폭행을 피해 내복만입고 동네 구판장으로 뛰어가는 장면이라는 것을 알게 된다. 영화는 왜이런 이미지로 시작할까. 그들이 다시 집에 돌아왔을 때 맏딸 희숙은 몸에 멍이 잔뜩 든 채 막내 남동생 진섭을 끌어안고 있다. 아버지는 왜 희숙과 진섭만을 때리는가? 이 가족의 불행의 궁극적인 근원은 어디에 있는가? 영화는 이 질문들에 대한 해답을 관객들이 찾아가도록 세 자매의 삶의 궤적을 따라간다.

__아버지의 폭력이 세 딸에게 미치는 영향

이 가족의 불행은 젊은 시절 외도를 통해 배다른 아이들을 낳고 그들을 집으로 데려와 구타를 일삼은 자매들의 아버지로부터 비롯된다. 과거에 구판장으로 뛰어가던 미연과 미옥의 흔들리는 이미지에 이어서 영화는 어른이 된 큰딸 희숙, 둘째 미연, 셋째 미옥의 삶을 차례차례 짚어가면서 가정에서의 폭력이 현재 자매들의 삶에 어떤 영향을 미치고 있는지 보여준다. 겉으로 보기에 이들의 삶은 각자 가정을 이룬 상태에서 일상적 평온을 유지하고 있는 것처럼 보인다. 그러나 영화가 진행하면서 겉으로 보이는 평온함 밑에 눌려 있는 분노와 좌절이 틈을 비집고 나와 아버지의 생일잔치에서 폭발한다.

큰딸 희숙은 미연과 미옥과는 달리 이름에서부터 태생적으로 아웃사이더임이 드러난다. 현재 꽃집을 운영하며 딸 보미와 함께 사는 그녀는 매사에 자신이 없고 주눅이 들어있다. 상대가 동생들이든, 남편이든, 딸이든, 고객이든 간에 "미안하다"라는 말을 남발한다. 평생 남에게 치어 온 삶은 그녀의 "미안하다"는 말에 녹아있다. 희숙의 꽃가게에 처음 온 미연에게 그녀는 연신 "미안하다"는 말을 하고 미연은 "우리 언니는 뭐가 그렇게 미안하고 창피하실까"라고 말한다. 그녀는 심지어 꽃바구니를 주문했다가 일방적으로 취소 전화를 해서 손해를 보게 한 고객에게도 고객이 미안해할까 봐 마침 꽃바구니를 주문한 다른 고객이 있다는 말로 안심시킨다.

동생들의 말에 의하면 첫딸이라 백화점에서 바리바리 혼수를 해서 결혼한 그녀였지만 결혼 생활은 순탄치 못했고, 남편은 빚쟁이에게 쫓겨 따로 살며 정기적으로 그녀에게 돈을 뜯으러 온다. 희숙은 전기료를 아끼려고 꽃가게의 조명도 어둡게 하고 밥 대신 빵으로 끼니를 때우면서도 남편에게 봉투를 건네며 액수가 적어서 자못 미안해한다. 희숙이 암 진단을 받은 사실을 모르는 남편은 "주인 얼굴이 썩었는데 꽃 사러 오겠냐?"라는 말로 그녀에게 모욕감을 주고, 체중 관리를 하지 못한 희숙의 뱃살을 붙잡고 "이게 뭐냐? 인간답게 살자"라고 능멸한다. 자기를 좋아하지도 않는 남자에게 매달리는 패턴은 대물림되어 희숙의 딸 보미는 자기를 좋아하지도 않는 가수 블러드품에게 목을 매달고 희숙은 그의 공연장에 찾아가 무릎을 꿇고 "우리 딸 좋은 남자 만나야 돼요"라며 제발 헤어져 달라고 울면서 호소한다.

의존하여 "엄마 노릇, 아내 노릇"에 대해 무지하다. 그녀는 말초적이고 순간적인 쾌락만을 추구하여 술, 과자에 탐닉하며 거의 알코올 중독자 수준에 이르렀다. 등교하는 아들 성운의 식사를 차려주지 않을 뿐 아니라 남편이 차려놓은 밥도 챙겨먹지 않고 늘 과자를 입에 달고 산다. 또한 마음 내키는 대로 화내고, 짜증내고, 막말하고, 먹고, 술 마신다. 가장 만만한 미연에게 수시로 전화를 하여 황당한 요구들을 해서 미연을 힘들게 한다. 언니에게 밥하는 법 좀 가르쳐달라고 하든가, "엄마는 뭐해야 돼? 나는 진짜 엄마가 뭐해야 되는지 모르겠어"라고 하소연한다. 그녀는 갑자기 전화해서 옛날 강릉에서 멍게비빔밥을 먹은 식당 이름을 가르쳐달라고 하고, 자신을 쓰레기라고 하소연하는 등 미연을 계속해서 괴롭힌다. 교회에 불쑥 나타난 그녀는 목사에게 과자를 먹으라고 하는 등 미연의 입장을 난처하게 하고, 학부모 면담이 있다는 걸 알고 학교에 찾아가 성운의 친엄마 옆에 앉아서 자기도 엄마라고, 자기도 상담받으러 왔다고 떼를 쓰다가 욕을 하고 난동을 부리고 구토까지 한다. 성운의 전화번호에 기록된 그녀의 이름은 "돌아이"이다. 대본을 쓰는 극작가인 것처럼 보이지만 별로 성공한 것 같지 않으며 열등감에 사로잡혀 연출자와 그 후배들이 모인 술자리에 가서 생전 처음 보는 사람들에게 욕을 한다. 연출자가 "야채 가게 사장님하고 결혼해서 좋냐? 시집 갈 때 돈 때문에 간다고 대학로에 소문 쫙 퍼졌어"라며 아픈 부분을 건드릴 때 그녀는 더욱 더 발광한다.

기억 속의 밤 장면에서 구판장으로 뛰어갈 때 미옥은 불과 다섯 살이었다. 그녀는 갑자기 미연에게 전화해서 정말 궁금하다고 하면서 "추운 날 큰길 슈퍼까지 뛰어간 적 있지? 왜 간 거야? 아이스크림 먹으러 간 거야? 기억이 안 나"라고 묻는다. 술을 마시던 아저씨들이 건넨 아이스크림을 먹으며 집으로 돌아온 미옥은 너무 어려서 그 상황을 잘 파악하지 못하여 기억이 안 나는 것일까? 현재 평온한 삶을 유지하고 있는 것처럼 보이는 자매들은 어린 날 일상이었던 폭력의 경험을 어떻게 다루고 처리하며 살았으며 그 기억은 언제 어떻게 소환되는가?[3] "너그 아부지 이자 안 그런다"라는 어머니의 말처럼 아버지가 교회의 장로가 되고 거룩한 가장으로 변신하면서 그 기억은 모두 묻혀버린 것인가? 영화는 자매들이 아버지의 생신을 축하하기 위해 집에 가는 길에 옛날과 전혀 변하지 않은 구판장의 모습을 보여주면서 마지막 장면에서 폭발하게 될 억압된 폭력의 기억을 준비한다.

_트라우마가 된 기억과 생존 전략

영화에서 흑백 화면으로 소환되는 기억은 두 가지인데 그중 첫 번째는 고향집 해변에서 자매들이 찍은 사진이다. 이 사진은 미옥의 남편이 자기 아내가 제일 예쁘다고 하면서 소환된다. 사진에서 나란히 선 자매의 이미지는 자매가 바닷가에 서서 노래를 부르는 장면으로 바로 이어진다. 술에 취한 그의 아버지와 친구들이 자매들에게 노래를 강요하자 미옥만 열심히 춤을 추며 노래를 부르고 미연은 마지못해 응한다. 가만히 서 있던 희숙은 질책을 듣는다. 카메라는 술을 마시며 담배를 피우는 어른의 손과 입을 비추고 어린 자매들을 향한 왜곡된 성적 충동을 영상화한다.

두 번째는 밤에 구판장으로 달려가던 기억이다. 친정에 와서 방에 누운 미연은 창문이 눈에 들어오고, 창문을 열고 도망치던 그날의 기억이 소환된다. 문제가 된 그날 밤 아버지의 폭력이 극에 달하자 미연은 동생 미

---

3) 〈1천 에이커〉의 첫째 딸 지니와 둘째 딸 레이첼은 어릴 때 밤마다 지속적으로 아버지로부터 성폭행당했지만 지니는 그 기억을 너무나 깊숙이 억압하여 전혀 기억을 하지 못한다. 폭풍우 치는 날 밤 동생이 그 끔찍한 기억을 끌어내어 지니에게 직면하게 한다.

옥을 데리고 창문을 열고 도망쳐 맨발로 구판장까지 달려간다. 추운 겨울에 내복 바람으로 달려온 어린 자매를 본 가게 주인과 술 먹던 남자들은 만석 형님의 딸내미들 많이 컸다고 하면서 미연의 머리를 쓰다듬으려 한다. 미연이 손을 뿌리치며 "언니 지금 아빠한테 맞고 있어서" "신고 좀 해주시면 안 돼요?"라고 부탁하자 남자 손님들은 "느그 아버지 수갑 차고, 전과자 돼가지고 인간쓰레기 되면 좋겠나?", "아버지한테 가서 잘못했다고 빌어라", "쭈쭈바 하나씩 먹고 퍼뜩 뛰어가라"라고 충고한다. 아버지에게 사과하라는 말을 듣고 집에 돌아온 자매는 희숙이 벌거벗고 멍이 든 진섭을 안고 있는 걸 보게 된다. 술집 손님들에게 "아빠가 이제 엄마는 안 때려요. 언니하고 진섭만 때려요"라고 했던 미옥의 말에서 알 수 있듯이 아버지의 구타는 처음에는 엄마를 대상으로 하다가 오랜 세월 혼외 자녀인 희숙과 진섭에게 주로 향해 있었다. "그 형님 술버릇 못 고친다"라고 하던 남자 술꾼들의 말에서 볼 수 있듯이 아버지의 음주와 상습적 폭력은 거의 중독 수준이었다.

이 두 가지 기억은 아버지의 반복된 술주정과 폭력이 자매들의 일상이었으며, 거기서 도피하거나 도움을 청할 곳은 그 어디에도 없었다는 것을 보여준다. 30여 년 전 가게에 있던 어른들에게 신고해달라고 부탁했을 때 돌아온 답변은 "아빠를 말렸어야지", "아버지 전과자 되면 좋겠나?"라는 말이었다. 자식들에게 폭력을 휘두르는 아버지가 아니라 아버지를 신고하려고 한 자매들이 잘못한 것처럼 들린다. 폭력 피해의 직접적인 당사자인 엄마는 그것을 감내할 뿐, 나서서 자매들을 보호할 힘을 갖지 못했다. 문제가 된 생일 축하 장면에서도 자매들 편을 들기보다는 미연에게 "니까지와 그라노. 나 죽는 걸 보고 싶나"라고 자신에게 잘못을 돌린다. 따라서 자매들은 각자가 처한 상황에 따라 폭력과 억압의 기억을 이겨내고 현실을 살아갈 수 있도록 생존 전략을 만들어내지 않으면 안 되었다.

희숙은 아버지가 밖에서 낳아 들여온 아이였고, 친엄마가 아닌 엄마와 자매들의 눈치를 보면서 살아왔다. 아버지는 또한 자신의 불륜과 일탈의 증거인 희숙의 존재를 볼 때마다 화가 치밀었을 것이고 그 죄책감과 울분을 아내와 희숙과 진섭에게 폭발했을 것이다. 따라서 희숙은 자신의 존재 자체가 가정불화의 원인이라는 것을 깨닫고 항상 주눅이 들며 미안해하고 위축된 삶을 살아온 것이다. 그 결과 성인이 된 지금 남편에게 미안하다는 말을 입에 달고 살면서 대를 이어 폭력을 당하고 있다. 물리적 폭력을 가하는 장면이 나오지 않지만 남편은 그보다 심한 언어적 폭력으로 그녀의 인격을 무너뜨리고 있다. 어릴 적부터 폭력의 피해자로 살아온 희숙은 이제 더 이상 자신을 폭행할 가해자가 사라지자 자신에게 스스로 폭력을 가한다. 자해는 육체적으로 고통을 주지만 지금 겪고 있는 정신적 고통으로부터 잠시 벗어나게 하는 기능이 있다. 그녀가 자해를 하는 장면이 두 번 있는데 그 전후 맥락을 살펴보면 이것이 분명해진다. 첫 번째, 장미의 가시로 손에 상처를 내는 장면은 그녀가 병원에서 암이라는 진단을 받고 온 다음이다. 두 번째 자해 장면에서는 화분의 나뭇가지를 꺾어서 바지를 내리고 허벅지에 상처를 내면서 피까지 흘린다. 그 장면은 남편이 와서 돈을 뜯어가면서 얼굴이 썩었다느니, 인간답게 살자느니 하며 모멸감을 주고 간 다음 상황이다.

둘째 미연은 세 자매 중에서 가장 용기가 있고 진취적인 딸이다. 한밤중에 동생을 데리고 아버지의 폭력을 신고하러 간 것도 바로 그녀이다. 그녀는 맏이 역할을 하지 못하는 언니를 대신해서 동생들을 보살피며 엄마 역할을 자처한다. 슈퍼에서 계산을 하는데 미옥이 전화해서 와달라고 조르자 "조만간에 엄마가, 아니 언니가 맛있는 거 들고 갈게"라고 대답한다. 이 말은 단순한 말실수라고 볼 수도 있지만 그녀가 무의식중에 미옥에게 "엄마" 역할을 하고 있음을 알 수 있다. 또 미옥과 식사하면서 대화 도중에 "내가 중간에서 잘못해서 그래. 다 내 탓이지"라고 하면서 부모님과 자녀들 사이를 연결하는 중간자, 혹은 가족의 구원자 역할을 스스로 맡고 있음을 보여준다. 망가지는 가정을 보고 자라난 그녀는 모범적인 가정을 만들려고 집착적으로 노력하며, 남편과 두 자녀에게 신앙 행위를 강요하고 식사 시간조차 공포 분위기로 만든다. 대형 평수의 아파트, 교수직을 가진 남편, 착한 자녀들을 주변 사람들에게 자랑거리로 삼는 그녀 자신은 교회의 집사와 지휘자로서 완벽에 가까운 신앙생활에 집착한다. 아버지가 혼외 자식을 데리고 온 것처럼 미연의 남편이 외도를 할 때 그것은 겨우 지탱해온 자신의 아름다운 가정을 흔들어놓는 충격이다. 그렇지만 미연은 폭력의 희생자가 되었던 엄마와 달리 그 상황에서 주도권을 쥐고 "이혼도 능력이 되어야 하는 거야. 어디서 감히 이혼 얘기를 꺼내?"라고 하면서 남편을 꼼짝 못하게 한다.

알코올 중독과 폭력의 삶의 방식을 가장 많이 물려받은 딸은 미옥이다. 아버지의 폭력에 노출되고 엄마의 보살핌도 제대로 받지 못하며 성장한 미옥은 술을 달고 살며 폭력의 충동이 어디로 튈지 모르는 폭탄 같은 사람이다. 남편, 아들, 언니들, 연출자, 학교 담임 선생은 그녀의 막말과 폭력의 희생자가 된다. 그러면서도 그녀는 한없이 약하고 의존적인 인간이다. 스스로 쓰레기라고 말하는 그녀는 유아적인 기억으로 퇴행하면서 자꾸만 과거의 일을 떠올린다. 행복했던 기억은 언니들과 강릉에 멍게비빔밥을 먹으러갔던 것처럼 먹는 것과 관계가 있고, 현재도 언니와 먹는 칼국수와 과자가 그녀를 행복하게 한다.

자매들이 살고 있는 공간은 이들의 삶의 성격을 단적으로 보여준다.

희숙이 사는 곳은 전철이 지나가는 시끄러운 빌라이다. 이 동네를 찾은 미연은 "언니가 이런 데 사는 것도 속상하고"라고 한다. 몇 분에 한 번씩 열차가 지나가는 소음에 대화마저 힘든 이런 공간에서 마음이 순수하고 여린 희숙은 반항적인 딸과 흔들리는 삶을 살고 있다. 미연의 아파트는 언니의 집과 대조적으로 화려함과 쾌적함이 돋보인다. 넓은 공간에 고급 가구와 가전으로 채워진 그녀의 집은 교회 손님들을 초대하고도 남는 공간이다. 자녀들은 각자의 방이 있고 미연은 마음이 힘들 때 피아노 방에 들어가서 피아노로 마음을 달랜다. 넓은 식탁에서는 제대로 된 음식을 우아하게 감사 기도와 함께 먹는다. 자신을 쓰레기라고 표현하는 미옥은 그야말로 쓰레기장 같은 집에서 살고 있다. 과자와 소주병을 끼고 사는 그녀에게 남편은 늘 닭발이나 치킨을 사가지고 온다. 아들은 아예 그녀에게 아침밥을 얻어먹을 생각조차 하지 않는다. 그녀가 유일하게 식사를 준비하는 장면은 남편이 아들을 때리는 것을 보고 남편에게 폭력을 휘두르고 나서다. 미옥이 "나도 안 해서 그렇지 잘 한다"라고 하면서 차려놓은 밥상에서 국을 맛본 남편과 아들은 너무 맛이 없어서 김치를 잔뜩 넣어서 식사를 한다.

__두려움의 민낯 직면을 통한 자주성과 자매애 회복

억누르고 외면했던 가족의 치명적인 문제는 아버지의 생일잔치를 계기로 만천하에 드러나고 발가벗겨진다. 아버지의 생일을 축하하기 위해 모인 세 자매는 목사님을 모시고 감사 예배를 드리는 그 자리에서 벌어진 진섭의 돌출 행동을 통해 아버지라는 괴물의 민낯을 까발리게 된다. 전화 통화 때마다 엄마를 통해 진섭의 "상태"에 대해 자매들이 이야기하는 것을 보아 진섭은 어린 시절 폭력의 후유증으로 심각한 정신적·신체적 어려움을 겪는 것으로 파악된다. 세 자매의 경우 나름의 생존 전략을 통해 가정을 이루고, 겉으로 평온한 일상을 영위하고 있는 데 반해 어릴 때부터 폭력의 직접적이고 반복적인 피해자였던 진섭은 정상적인 일상생활을 하지 못할 정도로 망가진 상태라는 것을 알 수 있다. 누나들이 도착하자마자 미옥에게 "미친 년 지랄하네"라고 하며 한바탕 미옥과 싸운 진섭은 생일잔치에서 아버지가 기도할 때 비틀거리며 등장하여 음식이 차려진 식탁에 소변을 갈기며 "니 때문에 다 망했다"라고 말한다. 생일잔치 자리는 난장판이 되고 진섭이 계속 욕설을 날릴 때 미옥의 남편이 그를 제압한다. 미연은 진섭에게 일어나라고 하면서 그의 뺨을 때린다. 미옥과 미연 사이에도 싸움이 벌어져 미연이 이혼 위기에 있다는 사실이 폭로되고, 화가 난 보미에 의해 희숙의 암 발병도 밝혀지면서 생일잔치 자리는 완전히 난장판이 된다.

이 모든 것이 아버지의 잘못이라는 사실을 상기시키기 위해 미연은 아버지에게 사과하라고 다그친다. 아버지가 목사에게 미안하다고 하자 "목사님한테 말고 우리한테 사과하세요"라고 미연은 다그친다. 이 장면에서 어린 시절 멍든 희숙이 진섭을 안고 있는 장면이 흑백에서 컬러로 바뀌면서 인서트(insert) 되고 멍 자국이 더 선명하게 드러난 진섭의 몸이 부각된다. 모든 문제의 근원이 아버지에게 있다는 것을 이 숏은 강조한다. 아버지는 끝내 사과를 거부하고 머리를 유리창에 찧어 피가 흐를 때까지 자해한다. 자매들이 처음으로 가부장의 술주정과 폭력에 책임을 묻고 사과를 요구하는 자리에 나간 것이다.

몇십 년 만에 아버지에게 사과를 요구하며 자주적인 목소리를 낸 자매들은 막내 진섭에게 문병 가서 치료를 잘 받으라고 격려한다. 특히 둘 다 병을 앓고 있는 희숙과 진섭은 서로 병이 나을 수 있다고 용기를 주며 치료를 잘 받자고 한다. 그리고 이들은 미옥이 말한 해변에 있었던 옛날 식당을 찾아간다. 그러나 그 식당은 문을 닫았고 미옥이 "멍게에 소주 한 잔인데"라고 하자 미연은 "누가 아버지 딸 아니랄까 봐. 또 술 찾아"라고 한다. 미옥은 "왜 이래. 아버지 나만 닮았어? 우리 다 닮았지. 그리고 성격은 언니가 제일 닮았어"라면서 너무나 미워하고 싫어했던 아버지의 단점이 자신들에게 있음을 인정한다. 늘 미안함을 느끼는 희숙은 이번에도 "미안한데 부탁 하나 해도 되나?"라고 말하며 사진을 같이 찍자고 한다. 아픈 기억을 소환하는 옛날 해변에서의 사진 이후 한 번도 같이 사진을 찍은 적이 없다는 희숙의 말에 앞으로 사진을 많이 찍자고 하며 자매들은 카메라를 향해 환한 미소를 지으며 프리즈 화면으로 영화가 끝난다.

생일잔치에서 벌어진 사건을 계기로 자매들은 과거의 깊은 상처를 외면하지 않고 바라보며 아버지에게 목소리를 냈고, 이제 서로에 대한 유대로 공감하고 뭉칠 것을 다짐한다. 희숙의 암이 어느 정도 악화될지, 미연은 과연 남편과 관계를 회복할 수 있을지, 미옥은 술 중독과 유아적 삶을 극복할 수 있을지, 그 어느 것도 확실하지 않지만 이 순간만은 프리즈된 화면에서 자매들이 행복한 웃음으로 하나가 된다.[4] 이승원 감독은 아버지의 확실한 사과가 없는 영화의 오픈 엔딩에 대해서 "아버지의 사과가 없더라도, 자매들은 그 과정을 통해 말하지 못했던 지점들을 말없이 공유하게 됐고, 서로를 향해 진실하게 열리고, 기댈 수 있고, 작은 희망을 느꼈

---

4) 세 자매의 이야기를 다룬 베스 헨리의 페미니즘 드라마 『마음의 범죄』에서도 작가는 세 자매가 생일 케이크를 들고 환하게 웃으며 프리즈 한 상태로 극을 끝내도록 주문하고 있다. 첫째 딸 레니는 노처녀이고, 둘째 딸 멕은 가수 지망을 했다가 실패하고, 막내딸 베이브는 남편살해 혐의로 재판받을 운명이지만 자매들이 같이 모여 서로의 삶을 나누고 자매간 유대를 이어가는 이 순간이 소중한 것이라는 점을 작가는 말하고 있다. 영화 각색본에서도 이 장면을 프리즈로 처리했다.

을 것이다. 그리고 이를 통해 관객 역시 자신만의 희망을 엿볼 수 있으리라는 기대가 있었다"라고 말한다.

4. 은희의 세상과 세 자매의 세상

〈벌새〉가 1994년과 성수 대교 참사를 시대적 배경으로 강조하면서 한 평범한 여학생의 삶이 가부장적 폭력과 세상의 모순과 어떻게 교차하는지를 다루었다면, 현시대가 배경인 〈세자매〉는 어쩌면 은희가 자라나 어른이 되어 사는 세상을 다루고 있다고 할 수 있다. 오빠의 폭력과 부모의 남아 선호, 엄마의 무력함, 성적만을 중시하는 학교 시스템의 폭력성, 성수 대교 사고에서 보듯이 세상 도처에 자리 잡은 사고의 위험 가능성을 거쳐 은희가 성인이 되는 한국 사회도 여전히 크게 변함없음을 〈세자매〉는 보여주고 있다. 이채은은 "〈벌새〉의 스토리 시간으로 제시된 1994년은 페미니즘이 한국의 학술과 문화 영역에서 어느 정도 주류 담론으로 자리

잡은 시기이지만 〈벌새〉가 제작되고 개봉된 2018년, 2019년은 페미니즘 백래시가 거셌던 시기이다"라고 적시하면서 "페미니즘에 대한 백래시는, 더 이상 가만히 있지 않기로 한 영화 속 은희처럼, 젊은 여성들이 더 이상 참지 않기 시작하면서 가열되었다"(341)라고 주장한다. 언어적 폭력과 무시를 저지르는 희숙의 남편, 교수와 집사라는 세련된 지위 뒤에서 외도를 하는 미연의 남편, 미연이 입주하는 광교 아파트로 상징되는 부동산 열풍은 한국 사회가 여전히 크게 변함없음을 보여준다. 수학여행을 앞두고 다른 아이들과 어울리지 않고 서 있는 은희의 미소는 "다만 나쁜 일들이 닥치면서도 기쁜 날이 함께한다는 것. 우리는 늘 누군가를 만나 무언가를 나눈다는 것. 세상은 참 신기하고 아름답다"라는 영지 선생의 보이스 오버로 인해 은희가 이제 다른 시선으로 세상을 바라보고 있음을 보여준다. 진학을 하고, 진로를 결정하고, 직장을 잡고, 연애를 하고, 결혼을 하며, 출산과 육아를 통해 자신도 엄마가 되는 고비 고비에서 어떤 사람을 만나고 어떤 고초를 겪고, 또 그것을 이겨낼지 모르지만 우리는 "언젠가 그녀의 삶도 빛이 나기를" 기대한다.

| 참고 영화

〈1천 에이커 A Thousand Acres〉. 조슬린 무어하우스 Jocelyn Moorhouse 감독, 1997.
〈마음의 범죄 Crimes of the Heart〉. 브루스 베레스포드 Bruce Beresford 감독, 1986.

▎참고 문헌

『독서신문』.「영화 벌새 김보라 감독. 여러분이 각자 인생의 단독자가 되었으면 좋겠어요」.
    https://post.naver.com/viewer/postView.naver?volumeNo=26923457&memberNo
    =38139099&vType=VERTICAL

송형국.「[영화의 쓸모] 한국영화, 여성감독들이 달린다」.
    https://news.kbs.co.kr/news/view.do?ncd=4285919

『위드인 스포츠』.「〈윤시내가 사라졌다〉 90년대생 여성 감독들이 뜬다! 윤단비, 최하나,
    정가영 이을 신예 김진화 감독까지!」.
    https://blog.naver.com/today76/222755983243

이승원. 인터뷰.「'세자매' 이승원 감독 "폭력 아닌 가족에 대한 이야기"」.『맥스무비』.
    https://www.maxmovie.com/news/431644).

이채원.「개인사에 새겨진 시대를 증언하는 여성서사의 의미: 영화 〈벌새〉」.『문화와
    융합』 43.10 (2021): 329-346.

한귀은.「영화 〈벌새〉에 나타난 애도의 윤리와 하위주체의 우정」.『어문학』 150 (2020):
    205-236.

▎그림 자료

https://blog.kakaocdn.net/dn/bgpcKi/btqxeKLPw4C/6YKdH0cMUkNvRV9B1VvIJk/img.png

https://movie.naver.com/movie/bi/mi/basic.naver?code=179307

https://movie.naver.com/movie/bi/mi/photoView.naver?code=193328

미씽: 사라진 여자 / 너를 찾았다 找到你
모성 신화의 딜레마*

| 최영희

감독 이언희
각색 이언희
원안, 각본 홍은미
주연 엄지원, 공효진
국내 개봉 2016년 11월

총괄 프로듀서 펑샤오강(馮小剛)
감독 뤼러(呂樂)
주연 야오천(姚晨), 마이리(馬伊琍)
국내 미개봉

* 본 글은 『중국지식네트워크』 18 (2021): 269-310에 출판되었던 논문을 전면 수정 및 보완한 것이다.

페미니즘 포커스 여성의 생존 현실을 반영하고 성찰하는 한국 영화 〈미씽: 사라진 여자〉는 페미니즘 영화의 새로운 전형을 창조했다는 평가를 받았으며, 중국에서 〈너를 찾았다〉로 리메이크되었다. 두 작품은 '엄마'라는 전통적 역할과 '직업'을 가진 개인으로서의 현대 여성이 맞닥뜨리는 곤경, 즉 여성 주체의 '일-가정 양립'의 불가능성에 주목하면서 가부장적 성향의 주류 대중 매체가 강조해온 '모성 신화'의 허구성을 폭로한다. 두 영화 속에서 갈등을 일으키는 여성들은 고용주와 피고용인, 변호사와 의뢰인, 전업주부와 전문직 여성이라는 상반된 입장에 놓여 있지만, 가부장제 하의 가족 윤리와 자본의 논리에 철저히 따르는 신자유주의 체제의 이중적 억압에 시달리는 주체라는 점에서 공통점을 지닌다. 이 공통점은 곧 페미니즘적 연대성의 바탕이 된다. 두 영화는 전통적인 '엄마'의 역할을 대변하는 하층 여성과 직업을 가진 현대 여성의 충돌을 보여주는 한편, 두 여성 주체의 연대 가능성을 모색함으로써 구원의 가능성을 타진한다.

1. 페미니즘 영화와 모성 신화

일반적으로 페미니즘 영화란 여성의 시각으로 여성의 심리, 여성의 정체성에서부터 여성이 처한 다양한 여건과 상황에 문제를 제기하고 이를 성찰하는 영화라고 볼 수 있다. 그러나 페미니즘 영화라고 해서 항상 전통적 성별 질서에 대한 도전과 저항만을 강조하지는 않는다. 불평등한 사회 구조 속에서 억압받고 소외당하는 여성을 사실적으로 묘사함으로써 성차별을 강조하는 것은 현실적인 의미에서 평등한 성별 관계의 가치를 보다 명확하게 드러내기 위한 전략 가운데 하나로 봐야 한다. 이러한 페미니즘 영화의 서사 전략에 따라 전통 사회에서 일반적으로 숭상되었던 '모성 신화'는 종종 비판의 대상이 되곤 한다.

동아시아의 소설과 영화 등 문화 텍스트 속에서 '모성'은 거의 언제나 칭송받는 형상(形相)[1]으로 희생과 인내, 연민, 낭만의 이상적 상징이 되어 왔다. 페미니즘 시각에서 '엄마'라는 사회적 지위와 역할은 사회의 변화 속에서 점차 이상적인 형태를 획득한 역사적 구성물로 간주된다. 여성이 엄마가 되는 과정은 결코 생물학적인 '자연' 행위가 아니라 사회, 정치, 경제, 문화, 인구, 의학 등과 같은 요소들의 복합적 이데올로기에 의해 추동되는 사회적 '인문' 행위이다. 18세기 후반 여성 교육은 '배운' 여성에게 그들의 숭고한 의무를 다하게 함으로써 '어머니로서의 여성'이라는 담론을 자연스럽게 주입시켰다. 그 결과 어머니들이라면 '모두 자기 자식에 대해 자연 발생적인 모성 본능'을 지니고 있다는 뿌리 깊은 '모성 신화'[2]가 탄생하게 되었다. 이상적인 엄마의 표준 형상은 모성 신화를 통해 구체화되면서 한 사람의 여성을 '엄마'로 변모시켰다. 조금만 면밀하게 들여다봐도 이상적인 엄마의 표준 형상이 경제 계층, 사회, 언어, 환경 등에 따라 제각기 차이를 보일 수밖에 없다는 것을 알게 된다. 그러나 명확한 사회적 기대와 행위 규범의 한계를 확정한 '좋은 엄마' 이미지는 영화와 TV 등과 같은 대중 매체를 통해 반복 재생산되곤 했고, 그렇게 만들어진 특정 이미지는 모성에 대한 평가 기준으로 작용해 왔다.

이러한 모성 신화의 틀 속에서 이상적인 엄마의 표준 형상이 빈번하게 묘사된 것만큼이나 학대와 수난을 받는 여성 또한 자주 영화의 소재로

---

1) 네이버 국어사전에 따르면, 형상(形像, 形相)은 본래 "사물의 생긴 모양이나 상태"를 일컫는다. https://ko.dict.naver.com/#/search?query=%ED%98%95%EC%83%81 참조. 그러나 이 글에서 사용하는 형상(形相)은 특정 사물을 다른 사물과 구별하게 해주는 그 사물만의 독특한 특성을 가리키는 말로, 이미지나 인물과 구별하여 사용하고자 한다.

2) 엘리자베트 바댕테르의 『만들어진 모성』(1980)은 모성 신화에 대해 다양하게 생각해볼 거리를 제공해준다.

취택되었다. 동아시아 영화에서 학대와 수난을 받는 여성은 전형적인 스테레오 타입 유형으로 자주 등장하는 편이다. 구체적인 사회 환경과 생활 조건의 차이는 있지만 전통적인 윤리와 산업화된 현대 사회 구조의 모순 속에서 이중의 굴레를 지는 사회적 약자, 특히 하층 여성이 받는 압박감은 매우 유사한 양상을 보이기 때문이다. 이들의 형상은 동아시아 영화 속에서 그려지는 수난받는 하층 여성 형상의 공통적인 특징이자 여성 영화 인물 계보도의 중심이기도 하다. 2016년에 개봉한 한국 영화 〈미씽: 사라진 여자〉와 이를 중국에서 리메이크한 〈너를 찾았다〉는 이러한 여성 영화 인물 계보도를 잇는 한편, 오랫동안 고착되어 왔던 모성 신화의 허울을 폭로하고 그것을 넘어서고자 하는 인물을 등장시킴으로써 캐릭터의 새로운 전형을 보여준다.

〈미씽: 사라진 여자〉는 〈고양이를 부탁해〉의 각색 작업에 참여하면서 독특한 감성을 보여준 이언희 감독의 연출작으로 개봉 당시 100만 명 이상의 관객을 동원하면서 화제를 모았다. 하층 여성 캐릭터 한매를 연기한 공효진은 이 작품으로 제37회 황금 촬영상 최우수 여우 주연상을 수상했다.[3] 중국 영화 〈너를 찾았다〉는 2018년 중국 국경절에 상영되었는데, 관객들 사이에서 완성도 높은 리얼리즘 영화라는 입소문이 나면서 상당한 흥행을 기록했다. 제26회 베이징 대학생 영화제에서는 영화제 추천위원단의 특별 추천 영화로 선정되었다.[4] 이로써 〈너를 찾았다〉는 한국 원작의 리메이크 영화 중 성공한 대표적 사례로 손꼽히게 되었다. 〈너를 찾았다〉는 한국 여성 문제의 단순한 중국적 이식이 아니라, 동아시아 여성 공통의 문제를 다른 국가의 특수한 조건하에서 수용한 성공적인 케이스

---

3) https://movie.naver.com/movie/bi/mi/point.naver?code=142625.

4) https://baike.baidu.com/item/%E6%89%BE%E5%88%B0%E4%BD%A0/22543310.

라고 할 수 있다.

한국 영화 〈미씽: 사라진 여자〉와 리메이크 중국 영화 〈너를 찾았다〉는 모두 직업을 가질 수밖에 없는 현대 여성이 '엄마의 전통적 역할'과 '전문가로서의 정체성을 확립해야 하는 직업' 사이에서 겪게 되는 모성 신화의 딜레마를 그리고 있다. 또한 현대 사회에서 여성의 전통적인 역할과 가족 윤리의 모성 신화가 '해체된 것이 아니라' 사회의 또 다른 타자인 '여성에게 전이'되고 있다는 중대한 문제점을 시사한다. 〈미씽: 사라진 여자〉와 〈너를 찾았다〉에서는 어린 딸을 잃어버린 엘리트 여성과 그 여성의 딸을 유괴한 하층 여성이 등장한다. 싱글 맘인 엘리트 여성이 유괴당한 어린 딸을 찾는 고군분투 과정은 힘겹고도 역동적으로 묘사된다. 두 작품에서 관객은 '잃어버린 아이를 찾는 엄마'(한국 영화의 지선과 중국 영화의 리제)의 감정과 동선을 따라가며 몰입하게 된다. 그런데 사건이 본격적으로 전개되고 하나씩 단서가 맞춰지면서부터는 조금씩 수면 위로 드러나는 '자신의 아이를 잃어버릴 수밖에 없어 다른 아이를 유괴해야 했던 또 다른 유형의 엄마'(한국 영화의 한매와 중국 영화의 쑨팡)의 삶과 맞닥뜨리게 된다.

이 영화들은 표층 서사에서는 잃어버린 아이를 찾아 나서는 여성의 행로를 스릴러 장르에 나타나는 미스터리와 추리의 형식을 사용해 서술하는 한편, 심층 서사에서는 사건의 내부에 숨어있는 사회 구조적 문제들을 서서히 폭로하는 구성을 보인다. 자신의 아이를 잃어버리고 다른 여성의 아이를 취할 수밖에 없었던 '또 다른 여성', 즉 하층 여성의 인생을 낱낱이 파헤치는 역할은 엘리트 여성에게 주어진다. 이러한 이중 서사 구조는 압축된 시간과 한정된 공간을 오가면서 숨 가쁘게 펼쳐지며 강력한 액션 서스펜스를 창출한다. 그뿐만 아니라 엘리트 여성 그룹과 하층 여성 그룹 간의 인물들이 보여주는 모성 신화의 양상과 그들을 그렇게 몰아간 현실적 상황의 실체를 결말에 이르러서야 비로소 파악하게 만든다. 언뜻 대조적으로 보이는 두 유형의 여성이 우리가 현실에서 마주하는 엄마들의 형상과 다르지 않다는 점을 깨닫는 순간, 관객은 적잖은 놀라움을 경험하게 된다.

이제 두 편의 영화에서 구현되고 있는 모성 신화의 딜레마와 동아시아 현대 여성이 일-가정 사이에서 겪는 갈등의 양상, 그리고 한국과 중국의 영화적 재현을 통해 동아시아 사회가 내포하는 여성 문제가 무엇인지를 짚어 보자.

2. '사라진(MISSING)' '너를 찾아내는(找到你)' 스릴러 영화

〈미씽: 사라진 여자〉와 〈너를 찾았다〉는 스릴러 장르의 일반적 문법을 사용해 페미니즘 메시지를 전달하면서도 추적자와 범죄자가 엄밀히 구분되는 스릴러의 일반적인 장르 관습을 뛰어넘어 여성 연대를 제시한다. 두 작품에서는 엘리트 여성과 결혼 이주 여성의 인생이 한편으로는 대조적이면서도 다른 한편으로는 매우 닮아있다는 점과, 이를 통해 두 여성의 공감대가 점차 극대화되는 측면을 보여준다. 두 편의 영화는 전문 직업을 가진 지선과 리제가 한매와 쑨팡을 베이비시터로 고용하면서 시작한다. 어느 날 베이비시터는 고용주의 딸을 데리고 잠적하고, 영화는 싱글 맘이 아이를 되찾는 과정을 긴박하게 보여준다. 그 과정에서 결혼 이주 여성의 기구한 인생이 조금씩 수면 위로 올라오고 마침내 범죄의 동기가 밝혀진다. 사건의 모든 전말이 밝혀졌을 때 관객은 결혼 이주 여성이 저지른 범죄의 추동 원인이 개인의 삶에서 비롯된 것이 아니라, 우리 사회가 내포한 근원적인 모순에 있다는 점을 깨닫고 충격을 받게 된다. 한국과 중국은 동아시아 문화권에 함께 속하며 가족 역할에 있어서 어느 정도 공통의 가치 판단 기준을 공유한다. 유가적인 사회 윤리에 입각한 강력한 가부장제가 여전히 사회의 근간으로 존재하기 때문이다. 특히, 여성의 가족 내 역할에 대한 전통적인 관념은 고도로 현대화된 오늘날까지도 상당 부분 유지되고 있는 것이 현실이다. 현실 속에서 끊임없이 변화하는 여성의 삶과 가족 윤리의 모성 신화는 종종 충돌을 일으킨다. 두 작품이 차용하고 있는 이러한 스릴러 영화의 구조는 메시지 전달에 매우 효율적이다.

〈미씽: 사라진 여자〉와 〈너를 찾았다〉에서는 스릴러 서사를 차용하면서도 '누가' 범인인가에 초점을 두는 것이 아니라 '왜' 범죄를 저질렀는가에 무게 중심을 두면서 메시지 전달 효과를 더욱 강화한다. 스릴러는 서사를 통해 관객이 체험하는 전율과 공포라는 '심리적 효과'에 주목하는 장르적 특성을 갖는다. 또한 장르의 특성상 관객에게 공포와 두려움의 분위기를 서서히 스며들게 하는 정교한 플롯으로 구성된다(서곡숙 외 83-84). 그렇기 때문에 대체로 관객들은 추적자의 행위와 심리에 동화되어 영화를 관람하게 되며, 서스펜스와 스릴이 주는 긴장감과 쾌감을 즐긴다. 두 영화에서는 특히 '스릴'(thrill)을 전략적으로 활용한다. 추적자가 마침내 '왜' 남의 아이를 유괴하는 범죄를 저질렀는지를 밝혀냈을 때, 잃어버린 딸과 '동시에 찾아낸 엄마의 형상'은 모성 신화가 만들어낸 사회적 문제점을 함께 보여준다. 두 작품은 전형적인 스릴러 영화의 장르적 관습을 따르고 있지만, 인물들이 범죄에 활용하거나 단서를 맞추기 위해 발견하는 오브제(가령, 한매와 쑨팡이 태어날 딸에게 주기 위해 수를 놓았던 손수건이나 배냇이불, 김치냉장고 하단에 숨겨 놓은 아이의 시신 등등)의 신선함, 그리고 우리 사회가 내포한 가부장제 하의 가족 윤리와 자본의 논리에 따르는 신자유주의 체제의 이중적 억압에 시달리는 여성 주체의 곤경이라는 사회 비판 요소를 폭로한다는 점에서 일반적인 스릴러 영화와 차별점을 갖는다.

　　스릴러 영화에서 보통 서스펜스는 관객이 주인공보다 더 많은 정보를 알고 있을 때 발생하고 스릴은 관객과 주인공의 정보량이 동일한 경우 발생하는데, 두 영화의 경우 관객은 유괴당한 아이를 찾아 나서는 싱글 맘이자 엘리트 여성인 지선/리제와 똑같은 정보량을 갖는다. 따라서 결말부에 가서 지선과 리제가 받는 전율과 충격은 관객이 느끼는 것과 유사하다고 할 수 있다. 두 작품에서 흩어져 있던 파편들은 결말에 이르러서야 최종적으로 맞춰진다. 이 과정에서 이해할 수 없는 범죄자로 보였던 유괴범 베이비시터의 삶이 주어진 현실에 저항하고자 했던 한 여성의 처절한 몸부림이었음이 역설적으로 증명된다. 이 영화들에서 스릴은 서사의 긴장을 유지하는 데 기여함으로써 최종적으로 모든 사건의 원인이 사회의 구조적 모순에 있다는 깨달음의 충격을 증폭시키는 효과를 불러일으킨다. 때때로 스릴러의 요소들은 사회의 불안, 공포, 분노, 좌절감, 죄의식, 사회적 책임 등을 형상화하는 데 동원되기도 하며, 범죄와 폭력이라는 스릴러 장르의 핵심 주제들은 우리 사회의 폭력성을 환기하는 데 기여한다(박진 392). 두 유형의 여성은 작품 초반부에는 직업을 가진 엘리트 여성과 외부에서 온 결혼 이주 여성, 고용주와 고용인의 관계를 형성하다가 유괴 사건이 일어나면서 추격자와 범죄자의 관계로 변화한다. 이 적대적 관계는 오히려 기나긴 추격전을 통해 극복된다. 한매/쑨팡을 추적하는 과정에서 그들 역시 자신처럼 딸을 가진 엄마였음을 알게 된 지선/리제가 '역지사지'(易地思之)의 경험을 통해 상대의 모성을 진심으로 이해하게 되는 것이다.

    두 작품은 언뜻 대조적으로 보이는 두 유형의 '여성-엄마' 형상이 결국 같은 지점과 상황을 공유하고 있음을 확인시켜준다. 이는 〈미씽: 사라진 여자〉에서는 자주 등장하는 오버랩 기법과 교차편집으로 형상화되며, 〈너를 찾았다〉에서는 슬로우 모션과 스톱 모션을 통해 묘사된다. 스릴러에서도 자주 사용되는 기법들이 여인들의 하나됨에 기여한다. 〈미씽: 사라진 여자〉에서 지선은 추적 끝에 한매가 딸의 병원비 마련을 위해 일했던 성매매업소 '천상여인'을 찾아내는데, 입구에 들어서는 지선의 얼굴에 짙게 화장을 한 한매가 스쳐 지나가는 것으로 오버랩된다. 또 여객선 객실에서 창밖을 바라보는 지선의 얼굴에 지선의 딸 다은을 안고 있는 한매의 다정한 모습이 겹치는 장면들도 그들이 결국은 같은 입장에 처해 있으며 동일한 상황을 공유하고 있음을 보여주는 직접적인 예시라고 볼 수 있다. 한매의 딸 재인이 입원해 있던 바로 그 병상에 지선이 다은을 안아 눕히는 장면의 오버랩은 두 여성의 공유 지점이 동시에 갈등 지점과도 궤를 같이하고 있음을 시사한다. 특히 이 장면은 아픈 딸의 수술비 마련을 위해 장기를 적출한 후 상처도 아물지 않은 아픈 배를 움켜잡은 채 복도 바닥에 주저앉은 한매의 시점으로 재현된다. 복도 침상으로 쫓겨나 울고 있는 재인과, 미소를 머금은 채 조금 전까지 자신의 딸 재인이 누워 있던 병실의 침대에 다은을 눕히는 지선을 번갈아 바라보는 한매의 교차편집 숏은 한매가 이때 유괴라는 범죄를 결행하기로 마음먹었음을 직감하게 해준다.

    〈너를 찾았다〉에서는 리제와 쑨팡에게 심리적 변화가 있거나, 두 사람이 인지하지는 못하지만 서로 비슷한 경험을 하게 되거나, 같은 장소를 스치게 될 때 두 여성의 행위를 슬로우 모션이나 스톱 모션으로 처리함으로써 두 여성이 궁극적으로는 같은 상황과 입장에 처해 있음을 알려준다.

이 작품 역시 한국 영화와 마찬가지로, 잃어버린 딸을 찾는 리제 시점의 현재와 딸을 잃어버릴 수밖에 없었던 쑨팡 시점인 과거의 교차편집을 근간으로 하고 있으나, 장면을 한국 영화보다 조금 더 자잘하게 분할하여 교차시킴으로써 역동성과 속도감을 높이고 있다. 가령, 한국 영화가 사건 하나를 보여줄 때, 그 사건의 발단-전개-결말을 추적자인 지선의 동선과 시점을 통해 전부 보여준 후 교차편집 하여 그 사건의 주체자인 한매의 동선과 시점으로 재현해준다면, 중국 영화에서는 사건 하나의 발단 부분을 리제와 쑨팡의 동선과 시점으로 교차편집 하여 보여준 뒤 전개 단계로 넘어가 다시 리제와 쑨팡의 행위로 보여주는 방식이다. 그 때문에 중국 영화에서는 주인공들이 처한 상황이 더 긴박하고 역동적으로 전달되는 효과를 불러온다. 처음에는 깔끔했으나 진흙으로 엉망이 되어가는 리제 신발의 클로즈업 숏과 영화 후반부로 갈수록 초췌해지는 리제의 얼굴은 이것이 외롭고 힘겨운 여성 혼자만의 싸움임을 강조한다.

3. 〈미씽: 사라진 여자〉에 담긴 곤경의 서사

〈미씽: 사라진 여자〉와 〈너를 찾았다〉는 가부장적 사회의 법과 관습, 그리고 그 내부에서 견고하게 작동하는 가족 윤리로 인해 여성들이 겪는 곤경을 근간으로 하는데 흥미로운 점은 그 곤경의 양상이 엘리트 여성이건 결혼 이주 여성이건, 혹은 하층에 속한 여성이건 별로 다르지 않다는 사실이다. 한국 영화 〈미씽: 사라진 여자〉는 직장인이자 싱글 맘인 지선이 베이비시터로 고용한 한매의 배웅을 받는 출근 장면으로 시작한다. 시간 싸움으로 대변되는 영상 콘텐츠 홍보 회사에 근무 중인 지선은 일 때문에 늘 시간에 쫓긴다. 지선은 홍보 실장이지만 남자 상사의 빈번한 질책과 여자 직원들의 불만을 동시에 견뎌야 하는 어려움을 겪고 있다. 지선의 직장이 TV 프로그램의 홍보 회사로 설정된 것은 한국 TV 엔터테인먼트 업계의 발전 및 그 산업적 구조에 부합하여 관객들에 대해 광범위한 호소력을 지닌다. 과로사까지도 일상으로 받아들일 수밖에 없는 방송 업계의 극심한 경쟁 상황은 집에서도 계속 일을 해야 할 뿐만 아니라 딸을 마음껏 안아주지도 못하는 지선의 상황을 부득이한 현실로 받아들이게 만든다. 지선은 한편으로는 이혼한 남편과 양육권 다툼을 하면서 딸을 지켜야 하고, 다른 한편으로는 생계유지를 위해 퇴근 후에도 마감에 쫓기며 회사 일을 해야 하는 까닭에 아이와 눈을 맞출 잠깐의 여유조차 없다. 가사와 육아는 아직 한국어가 어설픈 중국 동포 한매에게 전부 맡겨진다.

현재 지선은 딸의 양육권을 빼앗기지 않기 위해 전남편과 법정 다툼 중이다. 그런데 전남편은 법정에 출석조차 하지 않는다. 딸의 양육에는 관심도 없는 지선의 남편이 친권을 행사하는 이유는 자신의 어머니가 손녀를 원하기 때문이다. 법정에서 지선은 상대편 변호사와 재판이 끝나기를 바라고 시계만 쳐다보는 판사, 그리고 전남편에게 읍소하는 것만이 유일한 해결책이라는 법적 조언을 일삼는 자신의 변호사 사이에서 홀로 힘겹게 대응한다.

심지어 지선은 아이를 잃어버리고 경찰에 실종 사실을 신고했을 때조차 지탄의 대상이 된다. 국가 공권력을 대표하는 기관인 경찰서에서는 남성 경찰들이 직업을 가진 현대 여성과 여성의 일에 대해 불만스러워하며 이해하지 못하겠다는 태도로 일관한다. 남성 경찰은 지선의 실종 신고의 진실성을 의심할 뿐만 아니라 심지어 지선과 지선의 남편을 대할 때

명백하게 차별적인 태도를 보여준다. 지선이 실종 신고를 늦게 한 이유는 한매와 딸 다은이 없어진 것을 눈치 챌 겨를도 없이 귀가하자마자 회사 일을 마감해야 했기 때문이다. 지선이 딸과 베이비시터의 실종을 신고하자 경찰은 실종 대상에 집중하기보다 뒤늦은 신고 타이밍을 문제 삼는다. 실종이 확실해지자 경찰, 지선의 변호사, 그리고 지선의 시어머니는 모두 양육권을 빼앗기지 않으려는 자작극으로 단정하고 지선을 향한 추궁에만 열을 올린다. 그래서 진짜 범인을 잡는 대신, 혼자 한매의 동선을 쫓던 지선이 범인이라고 생각하고 지선을 연행해 수갑을 채워 놓는다.

딸을 키우기 위해서는 아이러니하게도, 지선은 이혼한 전남편에게 친권 행사를 포기하도록 애걸해야 하고, 또 직장에서는 직속상관에게 죄송하다는 말을 끊임없이 반복해야 하는 이중 고통의 상황을 감내해야 한다. 이러한 갈등은 남의 아이를 돌보는 한매에게도 그대로 적용된다. 지선이 '찾아내는 것'은 사라진 자신의 딸 다은뿐만 아니라 '또 다른 여성' 한매가 겪은 '곤경의 서사'이다. 표면적으로 보자면 지선과 한매는 매우 다른 입장에 처한 것처럼 보이지만 그들은 매우 유사한 곤경을 겪고 있다. 작품 초반은 주로 지선이 처한 곤경이 묘사되다가, 지선이 딸을 찾기 위해 하나씩 단서를 찾아내고 그 단서들이 퍼즐처럼 맞춰지기 시작하면서 한매라는 여성이 한국에서 겪은 곤경의 서사가 입체적으로 드러난다.

한매는 결혼을 하면서 한국으로 이주한 여성이지만, 한매의 시어머니와 남편에게는 '팔려 온 것'으로 간주된다. 시어머니와 남편에게 한매는 철저한 자본주의적 잣대로 평가된다. 시어머니는 한매에게 어떠한 금전적 투자도 하려 하지 않는다. 그래서 한매가 학비가 드는 한국어학당에 가지 못하게 적극적으로 방해한다. 한매의 시어머니는 중국 동포인 한매를 "같은 핏줄"로 여겨, 다른 핏줄인 베트남 이주 여성보다 "비싸게 사왔"기 때문이다. 또한 시어머니는 남아 선호 사상의 전형을 함께 드러낸다. 시어머니는 담도 폐쇄증을 앓는 손녀를 병원에서 강제 퇴원시키며 한매가 젊으니 "아이는 또 낳으면 된다"고 강요한다. 한매의 남편은 병원비는커녕 딸이 입원해 있는 동안 단 한 번도 병원에 방문하지 않는다.

현대 의료 시스템에서 '엄마'라는 이유로 온전한 보호자가 될 수 없는 한매의 상황은 부권으로 대표되는 사회 권위와 특히, 빈곤한 하층 여성에게는 생존에 필요한 최소의 것도 허락하지 않으며, 무엇보다 엄마 자격조차 내주지 않는 자본주의의 문제를 신랄하게 비판한다. 지선의 경우와 마찬가지로 한매 역시 아이러니하게도, 딸을 큰 병원에 입원시키기 위해서는 딸의 신병(身病)에는 관심도 없는 남편의 동의가 필요한 까닭에 경제적·성적 착취에 자발적으로 응하는 한편, 정신적인 학대마저 감수해야만 한다. 이민자 신분인 한매에게는 아이의 입원 치료를 위해 법적인 남편의 사회적인 신분이 필요하다. 한국어를 배우지 못해 의사소통의 불편함을 겪는 한매는 한편으로는 홀로 딸을 간병하면서 병원비를 벌어야 하고, 다른 한편으로는 남편에게까지 돈 봉투로 회유해 입원 동의서를 받아내야 하는 이중 고통에 시달린다. 그 고통의 강도는 가정 폭력에서 성매매로, 성매매에서 또다시 장기 매매로 점점 더 심화하고 가시화된다. 지선이 수소문 끝에 마침내 한매의 집을 찾아냈을 때, 시어머니와 남편의 이름이 나란히 인쇄된 문패의 클로즈업 숏은 지선이 시어머니와 남편과의 갈등으로 고초를 겪었듯이, 한매 역시 그러하리라는 것을 충분히 짐작하게 하며, 시어머니와 남편의 공고한 연대도 충분히 대변해준다.

〈미씽: 사라진 여자〉의 하이라이트는 병실 부족을 이유로 병원에서 쫓겨난 한매가 딸 재인의 병세가 악화되었음에도 누구의 도움도 받지 못해 혼자 절규하는 장면일 것이다. 한매는 병원비 마련을 위해 이미 장기를 적출한 상황이라 컨디션도 좋지 못한데 갑자기 딸이 얼굴이 파래지며 이상 증세를 보인다. 한매가 다급히 119에 전화를 걸지만 한국어를 못해 구조대원에게 집 주소조차 제대로 말하지 못한다. 의사소통의 장벽에 가로막힌 한매는 다급함에 결국 딸을 안고 문밖을 나서지만, 어디로 가야 할지도 모르고 누구에게 도움을 청해야 할지도 모른다. 한매가 할 수 있는 것은 죽어가는 딸아이를 부둥켜안고 주저앉아 우는 것뿐이다. 이러한 현실은 한매가 사회의 억압에 저항하고 이로부터 탈주하게 되는 주요한 추동력이 된다. 그렇게 딸 재인을 잃은 한매는 시댁에 대한 복수로 남편을 살해하고 지선의 딸을 유괴하고자 베이비시터로 위장 취업한다. 한매에게 지선의 딸 다은은 자신이 떠나보낸 딸 재은의 대체물로 기능한다. 한매는 지선의 딸에게 따뜻하고 상냥하며 이상적인 엄마의 모습을 구현함으로써 모성의 확장을 실현한다.

4. 〈너를 찾았다〉에 담긴 곤경의 서사

사회주의 국가인 중국에서도 가부장제는 견고하게 작동하며 여성들이 처한 곤경 또한 여전하다. 리메이크 중국 영화 〈너를 찾았다〉는 〈미씽: 사라진 여자〉의 이러한 기본 구조와 콘셉트, 주제를 그대로 가져오되 중국의 당대 현실 상황에 맞게 몇 가지 변용을 가했다. TV 프로그램 홍보 회사에 다니던 엘리트 여성의 직업은 변호사로 바뀌었고, 한국으로 이주해온 결혼 이주 여성은 농촌에서 도시로 이주한 것으로 바뀌었다. 한매의 이웃에 살면서 남편의 사랑을 받으며 한국어를 배우러 다니던 베트남 여성은 아들을 낳고 식당을 운영하며 사는 고향 친구로 설정되었다. 불륜을 일삼던 지선의 남편은 마마보이로 전환되었다. 한국 영화에서 한매는 아픈 딸의 병원비를 벌기 위해 성을 팔고 결국 장기까지 팔게 되지만, 중국 영화에서 쑨팡은 아픈 딸을 양육하고 병원비를 벌기 위해 유흥업소에 근무하며 돈의 액수에 따라 술을 연거푸 들이켠다. 무엇보다도 중국 영화의 가장 큰 특징은 리제와 쑨팡의 중간 입장을 대변하는 주민이라는 또 다른 여성 캐릭터를 추가시켰다는 점이다.

〈너를 찾았다〉는 리제가 사기 전화에 속아 돈을 송금한 후 보이스 피싱범이 아무렇게나 알려준 유괴 장소를 울부짖으며 찾아 헤매는 시퀀스로 시작한다. 한국 영화에서는 이 시퀀스가 중반부에 등장한다. 사실관계를 파악할 경황도 없이 손을 덜덜 떨면서 황급히 송금하는 리제의 모습을 오프닝에 배치한 것은 모성을 이용한 범죄의 잔혹함을 묘사함으로써 현대 중국에서 여성이 '엄마로 살아가기' 위해 겪어야 하는 힘겨움을 한층 더 현실감 있게 전달하기 위한 장치로 보인다.

리제는 현대 중국 사회에서 최고 엘리트 계층에 속하는 변호사라는 직업을 가지고 있지만, 동시에 수임 계약을 따내기 위해서는 의뢰인의 성추행 범죄에 노출될 수밖에 없는 사회적 약자로 그려진다. 또한 아이를 잃어버린 엄마로서 리제에 대한 경찰의 태도 역시 전통적인 동아시아 사회의 가족 윤리관을 대변한다. 그들은 리제의 호소에 소극적으로 행동하다가 한참을 지체한 뒤에야 마지못해 범죄를 해결하기 위해 출동하는 모습을 보여준다. 리제의 딸 뒤뒤를 데려가기 위해 시어머니는 리제와 쑨팡이 '한패'라고 몰아붙이며 리제를 닦달한다. 이 에피소드는 전남편의 마마보이 성향을 훨씬 돋보이게 함으로써 여성 인물들의 행동에 타당성을 부여하고, 다른 한편으로는 한국 사회 고유의 시집살이 대신 중국 특유의 사회 현상을 묘사함으로써 중국 리메이크의 로컬리티를 확보한 성공적인 변용으로 읽힌다.

〈미씽: 사라진 여자〉의 한국 경찰과 마찬가지로, 〈너를 찾았다〉의 중국 경찰도 결코 리제에게 호의적이지 않다. 중국 경찰은 리제가 어떻게, 어디서 아이를 잃어버렸는지에는 관심이 없고, 왜 아이가 실종된 지 하루가 지나고 나서야 신고를 했는지 추궁한다. 리제는 절망하며 대답한다.

리제 : 낮에는 출근해야 하니까요.
남성 경찰 : 그렇게 바쁘셨구나!

이처럼 남성 경찰은 리제의 다급함에는 아랑곳하지 않고 비웃으며 대꾸한다. 딸이 유괴된 절망적인 상황에서 리제는 더 이상 국가의 공공 기관을 의지하거나 신뢰할 수 없게 된다. 아무에게도 도움을 청할 수 없는 상황에서 혼자만의 힘으로 딸의 행방을 추적할 수밖에 없는 것이다.

〈너를 찾았다〉에서 야오천이 연기한 리제는 사회적 능력이 탁월한 변호사로서 성공한 워킹 맘을 대변하지만 영화 후반부로 갈수록 현대 속 여성의 딜레마를 체험하고 많은 변화를 겪는다. 또한 변호사라는 그의 직업은 주민이라는 또 다른 여성의 삶을 조망할 수 있게 만든다. 주민은 고학력자이지만 남편의 사업이 상승 궤도에 올랐을 때 아이를 위해 가정으로 돌아가 전업주부가 되었다. 가정에 열중했던 그는 결국 남편과 불화 끝에 이혼하게 되었고 현재는 양육권 조정을 위해 소송 중이다. 리제가 바로 주민의 전남편의 변호사이다. 상대편 변호사인 리제에게 도움을 요청할 만큼 '엄마로서의' 주민은 절박하다. 그러나 리제는 전업주부라는 삶을 선택한 결과 딸의 양육권을 빼앗길 위기에 놓인 상대편 의뢰인 주민에게 가차없는 비난을 퍼붓는다. 영화 초반부 주민을 향해 쏟아놓는 리제의 대사에는 여성은 마음먹기에 따라 얼마든지 가정과 직업 사이에서 균형을 맞출 수 있으며, 자신은 그런 삶을 구현한 슈퍼우먼이라는 우월감이 가득 담겨 있다. 〈너를 찾았다〉는 영화 초반과 후반에 확연히 달라진 리제의 입장을 통해 그에게 커다란 생각의 변화가 있었음을 보여준다. 영화 초반 리제는 도움을 요청하는 주민에게 단호하게 선을 그으며 주민이 마치 기혼 여성이라면 마땅히 직업을 포기하고 가정으로 돌아가야 한다는 전통적인 여성적 나약함을 대변하는 인물인 것처럼 몰아간다. 그러나 영화는 후반부로 갈수록 그처럼 득의양양하게 자신감을 드러냈던 리제가 일과 가정 사이에서 갈팡질팡할 수밖에 없는 현대 여성들의 곤경에 녹아들고 그것을 체화하는 방향으로 전개된다.

결국 주민은 가정과 사회 모두에게서 인정받지 못하는 진퇴양난의 고립 상황에 놓여 있다가 가스를 폭발시켜 자살을 시도하기에 이른다. 응급 처치로 목숨은 건졌지만 그의 자해는 한쪽 얼굴에 커다랗고 깊은 상처를 남긴다. 주민의 에피소드는 가정을 책임지고 가족을 돌보는 노동은 결코 사회적으로 인정받지 못한다는 사실을 다시금 확인하게 한다.

한국 영화의 한매 역할에 해당하는 쑨팡은 결혼을 통해 시골에서 도시로 이주한 여성이며 리제와는 대조적으로 교육받지 못한 하층 여성이다. 한마디 말도 없이 어느 날 사라진 한매와 달리 쑨팡은 잠적하기 전 리제에게 할 말이 있는 것처럼 머뭇거린다. 리제는 쑨팡이 보내는 신호를 알고도 모른 척 출근하지만 나중에 사건의 단서를 꿰어 맞출 때 그 순간을 떠올리고 목메어 흐느낀다. 쑨팡은 결혼 첫날부터 남편의 물리적, 성적 폭력에 시달리다가 아픈 딸을 출산하고부터는 경제적인 도움도 받지 못한다. 쑨팡은 유흥 주점에서 근근이 돈을 벌어 치료비를 마련하다가 아이가 세상을 떠나자 남편을 살해함으로써 복수를 완성한다.

한국 영화에서 하이라이트였던 한매의 절규 장면은 〈너를 찾았다〉에서 훨씬 더 상징적으로 강화된다. 쑨팡은 딸이 갑자기 위독해지자 다급히 택시를 호출해 병원에 가고자 한다. 전화로 택시를 부르는 데까지는 성공했지만 쑨팡이 사는 곳은 길이 너무 협소하고 열악해 택시가 진입하지 못한다. 큰길까지 아이를 안고 나가 호출한 택시를 찾아보지만 길이 엇갈려 타지 못하고, 한매가 그랬듯이 쑨팡도 숨이 넘어가는 딸을 끌어안고 주저앉아 오열한다. 쑨팡과 부둥켜안은 아이의 얼굴 위로 쏟아지는 굵은 빗줄기와 그 빗줄기에 쓸려 내려가는 쑨팡의 눈물은 그가 처한 이중 삼중의 현실적 고통을 감각적이며 상징적으로 대변해준다.

5. 가정과 직업의 양립 갈등

안타깝지만 현재까지도 여러 텍스트와 연구물은 대부분의 기혼 여성이 사회적 성공을 위해 가정에서의 역할을 포기하는 양자택일의 딜레마에 빠진다는 사실을 확인시켜주는데 〈미씽: 사라진 여자〉와 〈너를 찾았다〉 또한 이를 입증하는 영화 텍스트라고 할 수 있다. 두 영화는 '직업을 가진 엄마'가 가부장제 사회에서 겪는 딜레마를 흥미롭게 보여준다. 지선과 리제는 이러한 사회적 정황을 환기하는 스테레오 타입이라고 할 수 있다. 다른 한편, 이들의 아이들을 돌보기 위해 고용된 한매와 쑨팡 역시 '일하는 엄마'의 모순적인 상황을 강조하는 스테레오 타입이 될 수 있다. 이들의 관계는 '여성의 사회 활동은 또 다른 여성의 가사 노동이라는 희생이 필요하다'라는 오래된 명제를 증명해주는 것이기도 하다. 지선과 한매, 리제와 주민과 쑨팡이 '엄마'라는 가정에서의 역할에 충실하기 위해서는 일하면서 '직업'을 유지해야 하는데, 이 '직업적인 일'은 전통적으로 요구되는 '엄마'의 역할에서 이들을 점점 더 멀리 떼어놓는다. 이처럼 고도로 산업화된 사회에서 모성 신화는 여성들을 점점 더 가혹한 딜레마의 상황으로 몰아넣는다. 또한 이 모성 신화의 양가성은 '직업'을 가진 '엄마'들이 사회의 어떠한 계층에 속하든 거의 차이가 없을 정도로 가혹한 압박에 시달릴 수밖에 없는 현실을 적나라하게 폭로한다.

두 편의 영화에서 하층 여성인 한매와 쑨팡은 그와 같은 중층의 사회적 모순을 한 몸에 짊어지게 되는 사람들이다. 영화 속에서 한매와 쑨팡이 세상에 뛰어들어 자신의 성을 팔거나, 범죄에 연루되거나, 피의 복수를 계획하고 실행하게 되는 계기는 모두 불치의 병에 걸린 '아픈 딸'에게서 비롯된다. 영화 속에서 이들 여성이 겪는 비극은 어느 정도 계층적인 요소를 포함하기는 하지만, 그와 함께 유교적 가부장제 하에서의 성차별 및 남아 선호의 사회 현실에 무게 중심을 둔다고도 할 수 있다. 즉 성차별의 억압이 계층의 차이를 넘어서는 것으로 묘사되는 것이다. 그런 이유로 이러한 차별적 대우는 기본적으로 사회나 집단의 차원이 아니라 개인적 편차로서 파편화되기도 한다. 한국 영화는 한매의 비극적 삶의 근원적 원인을 국제 매매혼으로 그리고 있으며, 중국 영화에서는 계층 이동을 이루기 위한 계약 결혼이 비극의 시작점으로 설정되고 있다. 양자 모두에서 '결혼'이라는 사회적 계약은 여성 비극의 시발점이 되는 것이다. 매매 결혼을 한 한매의 남편이 행사하는 성적 학대나 쑨팡의 남편이 신혼 첫날밤에 휘두르는 가정 폭력은 모두 궁극적으로 여성이라는 성별이 지닌 운명적 비극을 가리킨다.

동아시아 영화에서 생존의 압력을 받고 있는 여성의 형상은 사회 전반에 걸쳐서 다양한 양상으로 존재하기 때문에 소재의 제한이 거의 없다고 볼 수 있다. 〈미씽: 사라진 여자〉와 〈너를 찾았다〉에서는 '아픈 딸'이 모든 사건의 단초를 제공한다. 또한 압축적으로 현상을 반영하는 '영화'라는 장르의 특성상 곤경을 겪는 여성 형상은 종종 학력, 경제, 인종, 성별, 연령 등 여러 위계 요인들이 중층적으로 작용한 결과 최종적으로 최하층에 속하는 것으로 그려지곤 한다. 영화 속에서 한매와 쑨팡은 결혼을 통해 중국에서 한국으로, 농촌에서 도시로 이주한 저학력의 하층 여성들이며 불치의 병에 걸린 아픈 딸을 낳는 비극을 경험한다. '병든 딸을 낳았다'는 것은 개인의 특수한 사례인 동시에 '건강한 아들을 낳아야 한다'는 사회적 당위의 예외로서 보편성을 획득하는 것이다. 만약 한매와 쑨팡의 남편들이 좀 더 아내를 이해하는 따뜻한 배우자였다면, 만약 그들이 무사히 건강한 아들을 낳고 키울 수 있었다면, 한매와 쑨팡도 평탄하고 단순한 삶을 영위했을지도 모를 일이다. 이처럼 가부장제와 남존여비의 차별적 인식에서 아픈 딸의 출생은 여성 비극을 극대화하는 또 다른 촉매가 된다.

출구 없이 오로지 참을 수밖에 없었던 한매와 쑨팡이 궁극적으로 복수의 칼끝을 남편에게로 돌리는 것은 이와 같은 일의 필연적 결과이다. 곤경에 처한 여성의 서사에서 '전통적이고 이상적인 엄마'는 선량함과 사악함, 희망과 절망이 교차하는 결절점(結節點)으로 존재한다. 그들은 불공정한 사회 속에서 억압받고 무력한, 생존의 극한에 몰려서야 비로소 폭발하게 되는 하층 사회의 상징으로 남는다. '엄마'는 가난하고 고난받는 자의 형상, 곤경에 처한 형상을 통해서만 공감을 불러일으키고 연민의 대상이 되는 것이다. 한매와 쑨팡, 다시 말해 '엄마의 전통적 역할'을 대변하는 따뜻하고 이상적인 엄마의 형상인 두 여성 인물에 대한 묘사는 이야기의 발전에 중요한 추진력이자 전환점이며, 여성의 비극적 운명이 개인의 우연성(실제로는 우연성을 가장한 성차별)에 있음을 분명히 보여준다.

영화 속에서 부각되는 또 다른 여성 형상은 지선과 리제로 대표되는 중산층의 일하는 엄마, 즉 전문화된 '직업을 가진 개인으로서의 여성'이다. 이 유형의 여성은 고등 교육을 받았고 사회적 지위도 비교적 높다. 이미 어느 정도의 사회적 지위를 획득했음에도 불구하고, 그들은 여전히 남성 중심 사회의 '유리 천장'을 돌파하기 위해 안간힘을 쓰지 않으면 안 된다. 변함없이 견고한 남녀 차별적 사회 관념은 때때로 그들을 더욱 곤혹스럽게 만들기도 한다. 〈미씽: 사라진 여자〉의 지선과 〈너를 찾았다〉의 리제는 직업적으로 성공한 능력 있는 여성에 속하지만, 끊임없이 '나쁜 엄마'라는 죄책감에 시달려야 하며, 직장에서도 '일하는 엄마'이기 때문에 감당해야 하는 업무 스트레스에 노출되어 있다.

특히 〈너를 찾았다〉는 가정과 일이 양립할 수 없는 것을 개인의 차원으로 치부하던 오만한 리제가 잃었던 딸을 되찾는 과정에서 쑨팡 그리고 주민의 모성을 진심으로 이해하고 엄마로서 한 단계 성장하는 리제의 '성장 영화'로도 읽힌다. 영화의 도입부에서 리제는 일-가정의 완벽한 양립이 가능할 것이라 믿는 슈퍼우먼 콤플렉스의 소유자처럼 보인다. 그러나 쑨팡에게 유괴된 딸을 되찾기 위해 추격전을 벌이는 과정에서 겪은 일들은 이 사회의 '여성'에 대한 그의 사고방식과 행동 양식을 완전히 바꿔놓는다. 딸을 되찾은 지 6개월 후 마지막 시퀀스의 법정 장면에서 상대편 의뢰인인 주민에게 양육권을 줄 것을 호소하는 리제의 모습과, 그러한 장면들과 함께 제시되는 모성애에 대한 리제의 내레이션은 당대 중국 사회에서 여성이 처한 딜레마를 직접적으로 드러내는 장치인 동시에 '엄마인 여성'에게 용기를 독려하는 강력한 메시지이다. 언뜻 계몽주의적인 결말처럼 보이기는 하지만, 이러한 서사적 구성은 오늘날 중국 사회의 현실적 요구에 더욱 부합하는 것으로 보이기도 한다.

주민이라는 캐릭터 역시 '아이를 위해서 모든 것을 희생'하는 전통적인 여성의 역할을 선택한 대가가 결국 사회적인 능력 면에서 취약한 약자가 되리라는 현실을 반영한다. 영화 속에서 주민과 리제는 두 인물로 표상되지만, 실제 현실 상황에서 직업을 가진 대부분의 여성은 주민과 리제를 오가는 양비론적 딜레마에 빠지기 쉽다. 이 여성들은 서로 다른 방식으로 일-가정 양립의 현실적 불가능성이라는 한 가지 방향성을 지시한다. 현실에서 자신의 직업을 가지고 있는 대부분의 여성은 결국 이처럼 이분법적으로 구분된 '엄마' 또는 '여성' 형상에서 거의 자기 분열적 모순을 경험하게 된다. 〈너를 찾았다〉는 영화 텍스트가 재현하는 이러한 현실적 딜레마가 개혁 개방 이후 40년 동안 이룩한 고도 산업화의 급격한 변화 속에서 벌어진 여성의 사회적 위계 변동 및 계층적 분화와 맞물리면서 현지의 중국 관객들에게 크게 어필하였고, 그래서 흥행에도 성공한 것으로 파악된다.

고도의 산업화가 이루어진 현대 사회에서 여성은 개인적인 자아의 완성과 엄마라는 전통적인 역할 사이에서 극심한 딜레마에 시달린다. '직업'을 가진 여성으로서 아이의 '엄마'가 되고자 하는, 얼핏 보기에는 대단히 평범해 보이는 가치의 실현은 현실에서 그리 단순한 문제가 아니다. 자본주의의 사회적 구조와 여전한 구속력을 발휘하는 전통적인 관념, 그리고 대중 매체에 의한 모성 신화의 확산은 개인적 존재나 사회적 존재로서 다층적인 면모를 지닌 여성을 '평면적인 엄마'의 스테레오 타입으로 분할한다. 그들은 사회적 지위와 바쁜 생활에 매몰되면서 아이에게 소홀해지는 소위 '나쁜 엄마'가 되기를 감수하거나, 사회적 지위를 포기한 채 가정 내에서 스스로를 고립시키며 '희생'이라는 명분을 지킬 수밖에 없다. 아이러니하게도 완전히 다른 것으로 보이는 이 두 가지 선택은 하나의 결론으로 귀착된다. 현대 사회에서 직업을 가진 '여성'은 온전한 '엄마'의 역할을 수행할 수 없다는 사실 말이다.

　〈미씽: 사라진 여자〉, 〈너를 찾았다〉와 같은 영화의 장점은 '가정과 직업의 양립 갈등'(Greenhaus and Beutell 76-88)의 극단적 양분화 현상을 지선, 리제, 주민과 같은 구체적이고 현실적인 캐릭터로 형상화해냈다는 데 있다. 가정과 직업 혹은 직업과 모성의 양립 불가능성은 신자유주의적 세계화가 확산하는 시기에 더욱 본격화되었다. 두 작품에 등장하는 여성 인물들은 더 이상 대중 매체가 이상화한 '모성 신화 속의 엄마'가 아니라 '상상화된 엄마'의 이미지를 뚫고 나오는 엄마의 현실태를 어느 정도 반영한다. 인성과 도덕의 힘은 이미 그들의 어려움을 해결할 수 없고, 가혹한 현실 속에서 엄마의 곤경은 이미 '개인의 노력을 통해 양육과 직업 사이의 각종 문제를 처리하는 것'만으로는 간단하게 해결할 수 없는 상황에 이르러 있다. 워킹 맘, 미씨 맘, 라마(辣媽; 아름답고 섹시한 엄마라는 중국 사회의 신조어)처럼 대중 매체가 그려내는 현대적이고 완벽한 엄마의 이미지는 엄마들이 직면한 두 가지 선택을 편안한 개인의 자유로 손쉽게 일반화하지만, 현실 속의 '여성-엄마'는 빠져나오기 힘든 불능성의 딜레마 속에서 몸부림치고 있는 것이다.

6. 여성들의 연대와 구원의 가능성

여성들이 겪는 여러 곤경에도 불구하고 〈미씽: 사라진 여자〉와 〈너를 찾았다〉는 현실 속 여성의 삶과 모성 신화의 충돌 상황에 대한 문제 제기와 해답 찾기의 실천적 연쇄로서 동아시아 '여성-엄마'의 연대 가능성을 보여준다. 두 작품은 공통적으로 아이를 유괴해 도망치던 한매와 쑨팡이 결국에는 추격해온 지선과 리제와 맞닥뜨리는 장면을 보여준다. 한매와 쑨팡은 지선과 리제에게 딸을 돌려주고는 여객선 갑판에서 바다로 투신한다. 이 투신 장면에서 두 영화의 차이점은 중국 영화의 리제는 쑨팡을 구하기 위해 같이 바다로 뛰어들지는 않는다는 점이다. 〈미씽: 사라진 여자〉에서 한매는 지선과 경찰의 추격으로 여객선 갑판 구석에 몰린다. 한매가 다은을 안은 채 바다에 뛰어들려고 하자 지선은 갑판 난간에 올라서며 '한매가 다은을 사랑'하니 자신이 '대신' 죽겠다고 호소한다. 지선이 한매에게 자신이 대신 죽겠다고 한 행위에는 다층적인 의미가 담겨 있다. 표면적으로는 아이를 살리기 위한 지선의 모성 표출로 볼 수 있다. 심층적으로는 지선의 가족이 병상을 가로채는 바람에 재인이 변변한 치료도 받기 전에 병원에서 쫓겨났고, 그 때문에 자신의 딸이 죽었다고 생각하는 한매의 원망을 풀어주고자 하는 지선의 여성적 연대로 읽을 수 있는 지점이기도 하다. 또한 재인 대신 다은에게 이입하고 있는 한매의 모성을 자극하는 복합적인 행위라고도 할 수 있다. 그러한 이유로 인해 한매는 마음을 바꿔 다은을 지선에게 돌려주고는 홀로 바다에 투신한다. 지선은 한매가 바다에 몸을 던지는 순간 자신의 목숨을 아끼지 않고 몸을 던진 뒤 한매의 손을 잡고 수면 위로 끌어올리려고 안간힘을 쓴다. 안타깝게도 한매는 지선의 손을 뿌리치고 바닷속으로 침잠한다.

한매와 쑨팡에 대한 이러한 결말은 결국 주체의 독립과 적극적인 저항만이 해답이라는 답답하지만 실낱같은 희망을 제시한다. 한매와 쑨팡의 죽음을 통한 자기 파괴는 요지부동한 사회 현실에 대한 강력한 성토와 비난을 표현하는 동시에 바다라는 근원적인 여성 상징으로의 귀환을 보여준다. 특히 자신의 아이를 위해 직접 수놓았던 수건을 두 손으로 꼭 부여잡고 바닷속으로 가라앉는 한매의 정면 클로즈업 숏은 엄마의 뱃속에 편안하게 자리한 태아의 모습을 연상시킨다. 남편을 죽이고 남의 아이를 훔치는 것이 아이를 잃은 여성의 절망과 무력감에 대한 반작용으로서의 악의 체현이었다면, 바다에 뛰어드는 행위는 비록 죽음을 통해서나마 잃어버린 아이에게로 돌아가고자 하는 엄마로서의 간절함과 바다라는 근원적 모태를 통한 자연적 순환의 강조라고 볼 수 있다. 이러한 영화의 미장센과 영상 기호를 통한 심미적 재현은 카타르시스의 시각화와 도덕적 자기 구원을 완성한 것으로 해독될 수 있다.

〈너를 찾다〉에서 흥미로운 지점은 여성 인물 간의 연대가 한국 영화에서보다 훨씬 강력하게 설정되었다는 점이다. 리제와 쑨팡의 관계는 지선과 한매의 관계보다 훨씬 친밀하게 보일뿐더러 리제는 마치 쑨팡의 보호자처럼 그려지기도 한다. 어느 날 쑨팡은 놀이터에서 리제의 딸에게 그네를 태워주며 리제의 퇴근을 기다린다. 쑨팡의 생리혈이 바지로 새어나와 있는 것을 본 리제는 자신이 감싸주겠다고 하며 한 손으로는 딸 둬둬를 안고 다른 한 손으로 쑨팡을 감싸 안은 채 걸어간다. 미소를 머금고 셋이 함께 걸어가는 정면 클로즈업 숏은 두 여성의 연대와 친밀한 교류를 집약적으로 보여준다. 또 리제와 쑨팡 그리고 둬둬 셋이 해안가에서 보내는 행복한 한때는 마치 그들을 단란한 가족처럼 보이게 만든다.

중국 영화에서 여성들의 연대와 구원의 가능성을 시사하는 클라이맥스는 리제가 법정에서 최종 변론하는 마지막 시퀀스일 것이다. 리제는 자신의 의뢰인인 주민의 전남편 대신 상대편 의뢰인인 주민에게 양육권을 줄 것을 호소한다.

6개월 전 베이비시터가 제 아이를 데려갔습니다. 아이를 찾는 그 이틀 동안 저는 지옥에 빠진 것 같았습니다. 하지만 많은 생각을 했습니다. (중략) 하지만 사실 아이에 대한 엄마의 사랑과 자신에 대한 선택의 결과를 감당할 뿐입니다. 가장 감사해야 할 대상은 아이입니다. 그들이 부모님을 데리고 성장하고 경험을 하게 합니다. 아무런 경계가 없는 목숨까지 바칠 수 있는 사랑, 그것은 일종의 자유입니다. 이 시대는 여자에 대한 요구가 매우 높습니다. 만약 당신이 직장 여성이 되는 것을 선택한다면 누군가가 너는 가정을 돌보지 않는 **나쁜 엄마**라고 말합니다. 만약 당신이 가정주부가 되는 것을 선택한다면 또 누군가가 아이를 낳아 기르는 것은 여자가 **마땅히 다해야 할 본분**이라고 말합니다. (중략) 열심히 일해서 저는 선택의 권리를 갖게 되었습니다. 아이가 생김으로써 저는 비로소 생명의 의미를 알게 되었습니다. 비로소 삶의 잔혹함에 직면할 용기가 생겼습니다. 저는 주민 씨의 선택에 질문했었습니다. 제가 지금까지 제 베이비시터를 알아본 적이 없었던 것처럼 **우리 세 명의 엄마**는 또 다른 환경 속에서 또 다른 문제에 직면할 것입니다. 저는 주민 씨가 가정을 위해 한 노력을 다 압니다. 그러나 그는 얻었던 모든 것을 상실했습니다. 심지어 법정에서도 경쟁력을 잃었습니다. (중략) 재판장님께서 제 말을 들으시고 결정을 내리시도록 부탁드립니다. 아이의 양육권을 주민 씨에게 주시기 바랍니다. 제 자신이 법정에서 한 모든 발언에서 발생하는 법률적 결과는 제 자신이 책임질 것입니다.

리제는 변호사로서 있을 수 없는 일, 즉 자신이 맡은 의뢰인의 변호를 포기하고 상대편 의뢰인의 양육권을 요청하면서 그에 따른 모든 법적 책임은 자신이 질 것이라고 선언한다. 의뢰인의 변호를 포기하고 주민이 양육권을 되찾을 수 있도록 도와주는 것이다. 법정에 앉아있는 주민은 자해의 결과로 한쪽 얼굴에 화상을 입은 채 조용히 눈물을 흘린다. 이 장면은 매우 상징적인데, 육체적 상처를 입은 주민과 심리적 상처를 입은 리제의 연대를 압축적으로 대변하는 한편, 이 영화가 진정한 여성-엄마가 되기 위해서는 어떤 형태로든 상처를 극복하고 성장해야 하는 서사로 마무리되기 때문이다. 리제의 최종 변론은 결국 '엄마'들의 '자매애'가 문제 해결의 실마리가 될 수 있음을 확인해 준다. 지선과 리제가 한매와 쑨팡의 행적을 추적하고 딸을 찾기까지 적극적으로 증언을 하며 조력자의 역할을 수행하는 인물들 대부분이 여성들이라는 점도 이를 뒷받침해 준다.

두 작품은 마지막에서 모두 적극적인 '엄마' 주체의 선언을 의미하는 따뜻한 결말을 보여준다. 한국 영화 〈미씽: 사라진 여자〉는 따뜻한 햇볕 아래 엄마와 딸(지선과 다은)이 꼭 끌어안는 모습을 클로즈업 숏으로 보여주며, 중국 영화 〈너를 찾았다〉에서는 쑨팡이 햇빛이 찬란한 은행나무 아래 앉아 아직 태어나지 않은 태아에게 엄마의 사랑을 약속한다. "엄마는 너를 사랑해. 엄마는 가장 좋은 것을 너에게 줄 거야!" 쑨팡에게 고정된 숏과 롱 테이크는 시각적으로 엄마가 지닌 사랑의 힘을 강조해주며, 천천히 상승하는 카메라의 이동은 가지가 많고 잎이 무성한 은행나무를 향함으로써 '가지가 많아서 바람 잘 날이 없는 어버이의 사랑'을 환기한다. 두 영화는 '여성-엄마'의 온유함과 강인함, 관대함과 자신감 넘치는 모습을 통해 딜레마적 선택을 강요하는 사회 속에서도 굳건하며 자유롭고 자주적인 주체성을 확인시켜 준다.

7. 페미니즘 영화로서 〈미씽: 사라진 여자〉와 〈너를 찾았다〉의 의미

　〈미씽: 사라진 여자〉와 리메이크 중국 영화 〈너를 찾았다〉는 페미니즘 영화로서 동아시아 각 지역 여성들의 현실적 고민을 섬세하고 구체적으로 담아낸다. 여성이 처한 다양한 문제와 상황에 문제를 제기하고 이를 성찰하는 영화로서 두 영화의 강점은 사회 계층이 다른 여성의 생존 현상을 보여주는 것에 그치지 않고 여성에 대한 사회적 관심을 불러일으키며, 여성의 실질적 권익과 모성 신화와 같은 뿌리 깊은 관념 사이의 갈등을 중재함으로써 보다 효과적인 문제 해결 방안을 모색한다. 이러한 관점에서 〈미씽: 사라진 여자〉와 〈너를 찾았다〉는 스릴러 영화의 서사 구조를 바탕으로 표층과 심층의 서로 다른 이중적 진행을 통해 관객의 흥미를 유발하고 사회적 관심의 환기를 유도하는 데 성공을 거두었다고 할 수 있다.

　〈미씽: 사라진 여자〉는 줄거리를 이끄는 주요 인물이 사라진 것과 동시에 사회 구조적 곤경 속에서 '사라진 엄마'라는 존재를 입체적으로 그려냈다. 이 텍스트 속에서 하층 여성인 한매는 개인으로서 존재의 의미를 잃었을 뿐 아니라, 엄마로서의 사회적인 역할까지도 상실한 존재로 '사라진다'. 지선은 '엄마'의 역할을 되찾으면서 자신의 정체성을 확인하는 것처럼 보이지만, 그가 새로운 베이비시터에 의존하지 않고 생활을 유지해 나갈 수 없으리라는 명백한 사실을 떠올린다면, 결국 '미씽'을 야기하는 것은 사회의 구조적 모순이라는 사실을 확인하게 된다.

　대조적으로 〈너를 찾았다〉의 추적 서사는 딸을 '찾는' 과정에서 모성을 회복함으로써 '개인'과 '사회' 사이에서 균형 잡힌 독립적인 인격으로 성장하는 모습을 보여준다. 이는 미완결의 봉합이기는 하지만 주체의 태도 및 행동의 변화라는 긍정적인 효과를 내세움으로써 실제로는 거의 불가능한 '일-가정 양립' 가능성을 기대하게 만든다. 최소한의 희망을 확보하려는 두 영화의 결말에도 불구하고 사라지지 않는 쓸쓸함은 그 때문일 것이다. 유일한 위안은 서사의 전개에 따라, 찾는 대상으로서의 한매와 쑨팡이든, 찾는 주체로서의 지선과 리제든, 그들이 모두 고도의 산업화 속에서 여전히 전통적인 가족 윤리가 확고한 가부장제의 현실에 대해 적극적인 저항을 주도하는 인물로 변모한다는 데서 찾아볼 수 있다.

영화의 막바지에서 한매와 쑨팡은 복수를 포기하고 반대로 타인의 아이를 데려가 새로운 인생을 시작하고자 한다. 그러나 이러한 이상은 현실의 벽 앞에서 허망한 자기기만이라는 사실을 확인시켜줄 뿐이다. 한매와 쑨팡이 아이를 돌려준 후 바다에 몸을 던지는 비극적 결말은 관객에 대한 감정적 호소를 극대화시키는 한편으로 공고한 현실의 벽을 확인시켜주는 계기를 제공한다. 일-가정 양립 갈등 문제의 해결은 사회 구조의 재조정에 의해서만 가능하다. 그러나 현실의 모순은 재조정 과정에서 끊임없이 양자의 선택에 시달리는 '여성-엄마'에게 집중되는 것이다.

〈미씽: 사라진 여자〉와 〈너를 찾았다〉의 영화적 재현을 통해 "여자는 약하다. 그러나 어머니는 강하다"라는 구태의연한 명제는 다시금 힘을 얻는다. 현대의 관객은 여전히 '양날의 칼'과도 같은 그 명제의 양가적 가치를 신봉할 수밖에 없는 것이다. 구조는 공고하고 관념은 여전하며 중층의 억압이 변함없이 작동하는 세계에서 '여성'이 구원의 가능성을 찾아가는 길은 끊임없이 스스로의 위치를 점검하고 자신의 위치를 명확하게 드러냄으로써 각자의 위치에서 할 수 있는 일을 하는 것이다. 다시 말해, 〈미씽: 사라진 여자〉와 〈너를 찾았다〉의 영화적 재현이 현실에서의 실천이라는 연쇄적 행위를 유발할 때, 일과 가정의 양립이라는 이중의 곤경에 빠진 현대 여성의 구원은 가능성의 실마리를 찾게 될 것이다. 한국과 중국, 여전히 전통적인 가족 윤리가 지배적이며 다른 한편으로는 고도로 산업화된 극도의 경쟁 사회인 이 동아시아 국가들에서 여성의 '일-가정 양립'의 문제는 여전히 현재진행형으로 고민되고 있으며 해결을 위한 방안들을 모색 중이라는 의미이기도 하다.

| 참고 문헌

국미애. 「서울시 경력단절 여성, 왜 경력이 단절되었을까?」. 『서울시 여성가족재단 연구사업보고서』. 서울시 여성가족재단, 2014. 1-24.

김나현·이은주·곽수영·박미라. 「어린 아동을 둔 취업모의 양육부담감 경험에 대한 현상학적 연구」. 『여성건강간호학회지』 19.3 (2013): 196-197.

김은하. 「모성은 문화자본이 될 수 있는가?」. 『한국사회학회 사회학대회 논문집』 (2014): 29-32.

김찬원·주해원. 「한국 직장인의 일-가정양립이 분노와 조직몰입 간의 관계에 미치는 매개효과」. 『디지털융복합연구』 17.2 (2019): 275-282.

김현미. 『글로벌 시대의 문화 번역』. 또 하나의 문화, 2005.

김희영·유효인. 「아버지 일-가정 양립 갈등이 아버지 우울과 양육스트레스에 미치는 영향: 어머니 양육스트레스의 매개효과」. 『학습자중심교과교육연구』 19.1 (2019): 19-40.

마정미. 『문화 번역』. 커뮤니케이션북스, 2014.

박진. 「스릴러 장르의 사회성과 문학적 가능성」. 『국제어문』 51 (2011): 375-395.

백경흔. 「중산층의 장시간 보육 이탈로 인한 성평등 지연: 학습중심 모성과 아동기의 형성」. 『한국여성학』 33.1 (2017): 157-200.

서곡숙 외. 『영화의 장르 장르의 영화』. 르몽드코리아, 2018.

손영미·박정열. 「한국 기혼여성근로자의 일-가정 양립 관련 가치관이 일-가정 갈등 및 촉진에 미치는 영향」. 『한국콘텐츠학회논문지』 15.7 (2015): 203-215.

신정아. 「조선족 여성 재현과 돌봄의 윤리」. 『통일인문학』 77 (2019): 73-103.

신지윤·김은덕·하정. 「시간제 여성상담자의 일과 양육 경험」. 『상담심리교육복지』 5.1 (2018): 47-72.

엄혜경·성상현. 「일-가정 갈등 그리고 가정-일 갈등이 기혼여성관리자의 주관적 경력 성공에 미치는 영향: 일-가정 양립 제도의 조절 효과를 중심으로」. 『여성연구』 93.2 (2017): 35-70.

우로·최영희. 「중국 현실 소재 웹 드라마의 장르 특징과 사회적 의미 연구: 〈북경여자도감(北京女子圖鑑)〉(2018)을 중심으로」. 『애니메이션연구』 16.1 (2020): 65-85.

이은경. 「현대 일본 '싱글맘'의 현실과 사회적 관계로의 포섭」. 『일본연구』 26 (2016): 199-238.

이재경. 「노동자계급 여성의 어머니 노릇(mothering)의 구성과 갈등: 경인지역을 중심으로」. 『사회과학연구』 12.1 (2004): 82-117.

이진옥. 「만들어진 '모성': 18세기 영국의 여성 담론」. 『영국 연구』 40 (2018): 71-109.

이흔연. 『2010년대 한·중 리메이크 영화의 성공과 실패 요인 연구』. 한양대학교 석사학위 논문, 2020.

조무석. 「더 큰 사랑에의 눈뜸-『만들어진 모성』」. 『아시아여성연구』 50.1 (2011): 231-238.

최성실. 「현대 중국영화의 '문화 번역' 특성연구: 중국 5세대 감독, 장이모우(張藝謨)의 영화를 중심으로」. 『아시아문화연구』 11 (2006): 121-140.

최영희·문현선. 「전후 시기 동아시아 매체서사의 로컬리티-한중일 삼국 영화에서의 중국 고전 서사 〈백사전(白蛇傳)〉 수용을 중심으로」. 『중국소설논총』 55 (2018): 245-272.

최하영·이소민·이호택. 「미취학 자녀를 둔 여성관리자의 직장-가정 간 전이가 삶의 만족도에 미치는 영향: 자녀양육만족도의 매개효과를 중심으로」. 『여성연구』 95.4 (2017): 151-191.

함인희. 「한국 가족의 위기: 해체인가, 재구조화인가?」. 『가족과 문화』 14 (2002): 163-184.

허식. 「지난 30년간(1986-2016) 우리나라 유리천장 현상의 변화에 관한 연구」. 『응용경제』 20.4 (2018): 37-59.

헤이워드, 수잔. 『영화 사전』. 이영기 옮김. 한나래, 2004.

Greenhaus, J. H., and N. J. Beutell. "Sources of conflict between work and family roles."
　　　Academy of Management Review 10.1 (1985): 76-88.

陶艷蘭. 「世上只有媽媽好? 城市女性母職認同與實踐」. 『婦女硏究論叢』 6 (2013): 87-96.

| 그림 자료

https://movie.naver.com/movie/bi/mi/basic.naver?code=142625

https://movie.naver.com/movie/bi/mi/basic.naver?code=185069

사랑 후의 두 여자 _After Love_
다자를 향해 열린 사랑

| 정문영

감독 알림 칸
각본 알림 칸
주연 조안나 스캔런, 나탈리 리샤르, 탈리드 아리스,
  나세르 메마르지아
국내 개봉 2022년 3월

페미니즘 포커스 〈사랑 후의 두 여자〉는 감독 칸의 아버지인 파키스탄 남자와 결혼하기 위해 무슬림으로 개종한 영국 백인 어머니와 무슬림이면서 동성애자로 성장한 감독 자신의 방황했던 청소년 시기의 경험을 모티브로 한다. 칸은 이 영화를 자신이 아니라 그의 어머니를 주인공으로, 전통적인 무슬림 내러티브 영화가 아니라 페미니즘 영화로 만들었다. 이 영화는 도버와 칼레 사이 해협을 오가는 페리의 선장 아메드가 영국과 프랑스에 두 가정을 꾸리며 이중생활을 해왔다는 사실이 그의 갑작스러운 죽음으로 인해 드러나게 되자 그의 아내 메리가 남편의 이중생활을 추적하는 것으로 시작한다. 메리와 아메드의 프랑스 내연녀 쥬느, 두 여자는 각각 아메드와의 사랑을 통해 '하나 되기'를 꿈꾸었으나, 그 너머에서, 즉 "사랑 후"에 마침내 인종주의와 이슬람 편견을 극복한 '소수−되기'를 통해 진정한 사랑을 발견한다. 이들은 사랑이 '하나 되기'가 아니라, 둘이 되는 것이고, 진정한 사랑이란 다자를 향해 열린 사랑이라는 것을 깨닫는다.

1. 파키스탄계 영국 동성애자 감독의 페미니즘 영화

〈사랑 후의 두 여자〉(After Love, 2020)는 단편 영화 〈삼형제〉(Three Brothers, 2014)로 영국에서 주목받기 시작한 신인 감독 알림 칸(Aleem Khan, 1985-)의 첫 장편 데뷔작이다. BBC 필름과 영국 영화 협회의 지원으로 제작된 이 영화는 영국 독립 영화제에서 작품상, 감독상, 각본상을 수상했으며, 주연을 맡은 조안나 스캔런(Joanna Scanlan)이 런던 영화 비평가 협회상과 영국 아카데미 시상식에서 여우 주연상을 받으며 더욱 주목받게 되었다.

이 영화는 파키스탄 남자와 결혼하기 위해 개종한 영국 백인 어머니와 무슬림이면서 동성애자로 성장한 감독 자신의 방황했던 청소년 시기를 모티브로 하지만, 그의 전기적인 삶을 내러티브로 다루지는 않는다. 그러나 감독은 이 영화가 그의 "전 인생"[1]을 담고 있으며, 내면에 잠재된 트라우마를 다루고 있는 이 영화 작업 자체가 그것을 벗어나기 위한 출구 찾기였음을 고백한다.

감독 칸은 무슬림 신앙을 버리고 커밍아웃을 하기 전까지 영국 문화와 이슬람 문화 어디에도 완전히 속하지 못한다는 불안감과 동성애 성향으로 혼돈 속에서 성장기를 보낼 수밖에 없었다. 그는 성장기 자신의 성적 정체성에 상당한 수치심을 느껴 동성애자라는 사실 자체를 부정했다고 한다. 그는 사회 부적응자가 되거나 소수 집단에 속하고 싶지 않았기 때문에, 오랫동안 은밀하게 이중적인 삶을 살았던 것이다.[2] 그러나 이 영화

---

1) https://www.theguardian.com/film/2021/jun/04/after-love-director-aleem-khan-i-walked-around-mecca-and-prayed-not-to-be-gay

2) https://www.theguardian.com/film/2021/jun/06/after-love-review-joanna-scanlan-offers-a-masterclass-in-drama

의 내러티브는 칸이 아니라 그가 이중 문화권 속에서 동성애자로 성장하던 당시 어머니가 겪었던 경험을 전개한다. 칸이 자신의 이야기를 하기 위해 선택한 방식은 자신을 대변하는 솔로몽(탈리드 아리스)의 입지에서 어머니를 재현한 메리(조안나 스캔런)의 경험을 다시 돌아보는 방식이다. 따라서 "사랑 후에"라는 제목이 시사하듯이, 청소년기에 그가 겪었던 트라우마와 그것을 치유할 수 있었던 사랑에 대한 잔잔한 회상이 이 영화 전반에 스며들어 있다. 이러한 맥락에서 볼 때, 그의 첫 장편 영화는 전통적인 무슬림 내러티브 영화가 아니라 인종적, 문화적, 성적 소수자로서 정체성 탐구와 트라우마 극복을 위해 만든 페미니즘 영화로 요약할 수 있다. 동성애자 파키스탄 감독이 만든 페미니즘 영화로서 이 영화는 우리 시대의 인종, 종교, 젠더 이슈의 복합적 문제들에 대한 다양한 입장 사이에 활발한 공론장을 제공한다. 이런 의미에서 이 영화는 우리 시대의 새로운 버전의 페미니즘 영화인 셈이다.

주인공 메리는 백인 영국 여자로 10대 때 같은 런던 공공 주택에 살았던 파키스탄 남자와 결혼하기 위해 히잡을 쓰고, 야채 커리의 일종인 사그 파니르(saag paneer)를 만들고, 우르드어를 배우며 이슬람교로 개종을 한 칸의 어머니를 모티브로 한 캐릭터이다. 영국에서 이슬람교로 개종한 사람, 특히 여성 개종자는 대체로 부정적인 이미지를 준다. 히잡으로 가려진 무슬림 여자들은 외양만으로도 순종적인 삶을 사는 동정의 대상이 된다. 그러나 메리의 개종은 강요된 것이 아니라 사랑하는 남편을 위해 못할 일이 없는 여자의 용기 있는 선택이었다. 이 영화가 보여주고자 하는 것은 메리가 개종과 결혼의 결과로 질 들뢰즈(Gilles Deleuze, 1925-1995)가 말하는 일종의 "소수-되기"[3]를 실천하는 과정이다.

이 영화는 메리가 남편 아메드(나세르 메마르지아)의 이중생활을 추적하는 "히치콕 스릴러의 긴장감"[4]을 불러일으키는 '스릴러' 영화로 평가되기도 한다. 그러나 이 영화는 '스릴러'보다는 한 여성의 정체성과 진실 찾기 과정을 토대로 인종적, 성적, 종교적 차이를 수용한 다자를 향해 열린 사랑을 보여주는 페미니즘 영화로 접근할 때 더 많은 의미를 생성할 수 있다.

2. 글로벌화 시대의 인종주의와 젠더 이슈

칸이 청소년기를 보낸 1990년대는 냉전 시대가 끝나고 글로벌화 시대가 본격적으로 시작되었던 시기이다. 냉전 체제 종식과 이슬람권 내 내전 및 극심한 경제 상황으로 인해 유럽 이주 이민이 증가하게 되었고, 이민자들의 출현은 유럽 사회의 인종 경관(ethnoscapes)[5]을 급격하게 변화시켰다. 새롭게 등장한 인종 경관이란 "우리가 살고 있는 이동하는 세계를 구성하는 사람들의 경관"(Appadurai 296)의 변화를 의미한다. 특히 메리처럼

---

3) 페미니즘적인 관점에서 들뢰즈 이론의 전용은 주로 "여성-되기"를 다수에 대한 "소수-되기"의 기본적인 사례로 규정하는 그의 논의에서 출발한다. 들뢰즈에 의하면, "여성-되기"는 다수에 해당하는 지배적인 남성 체제에서 빠져 나오는 "소수-되기"이기 때문에 "모든 '되기'는 '여성-되기'와 함께 시작하고 '여성-되기'를 경유한다"는 것이다(*A Thousand Plateaus* 340). 이런 맥락에서 들뢰즈는 소수로서의 여성은 남성과 여성 모두를 여성-되기를 통해 소수-되기로 이끌어 억압적인 다수의 지배 문화에 함몰되기보다는 새로운 가능성을 생성할 수 있다고 본다. 그러나 모든 여성이 다 소수는 아니며, 여성 또한 소수-되기를 거쳐야 한다. 이 영화는 메리 역시 자신의 소수-되기 실천을 통해 쥬느와 솔로몽을 소수-되기로 이끌 수 있다는 것을 보여준다.

4) https://www.theguardian.com/film/2021/jun/03/after-love-review-a-lacerating-portrait-of-a-life-built-on-marital-lies

5) 아파두라이는 글로벌 문화 유입을 5차원으로, 인종경관, "미디어 경관"(mediascapes), "기술 경관"(technoscapes), "재정 경관"(finanscapes), "사상 경관"(ideoscapes)으로 나누어 그 사이의 관계를 살펴보는 접근을 글로벌 문화 경제에 대한 탐구의 기본적인 얼개로 제시한다.

히잡을 쓰고 무슬림 복장을 한 여자들의 두드러진 가시성은 인종 경관의 현격한 변화를 초래했다.

이제 우리 시대는 글로벌화 시대를 뒤로하고 탈글로벌화와 지역화의 조짐을 보이기 시작한다. 2008년 금융 위기를 기점으로 상황은 급변하고, 영국의 브렉시트는 이러한 흐름을 상징하는 대표적 사건이다. 글로벌화란 "사람, 상품, 커뮤니케이션, 아이디어, 기술, 재정, 등의 유입으로 구성된 초국가적 이동 상태에 있는 문화의 상태"를 일컫는 용어이다. 이러한 글로벌화의 초국가적 유입은 불평등을 심화시켰고, 이는 최근 탈글로벌화의 가장 큰 원인이 되고 있다. '이주의 시대', '글로벌화의 시대'를 거쳐 탈글로벌화로 이행하고 있는 현 시대적 상황은 우리에게 닥친 이러한 사회적, 문화적 도전들에 대한 실효성 있는 대처 방안을 탐색하도록 강력하게 요구한다. 칸이 이 영화를 제작한 의도 또한 이러한 방안 모색과 결코 무관하지 않다.

무슬림 내러티브를 전개시키지는 않지만 이 영화는 인종경관의 변화를 비롯하여 글로벌 사회의 급격한 변화를 감지한 유럽 현지인들의 이슬람 문화권과 무슬림에 대한 공포심과 혐오감, 즉 이슬라모포비아(Islamophobia)를 다룬다. 그러나 페미니즘 영화로서 이 영화는 이슬라모포비아 이슈를 중심으로 이슬람 문화권에 대한 이해와 비판 또는 수용을 본격적으로 다루지 않는다. 대신 이 영화는 인종주의 또는 중립적인 의미의 이슬람 편견(Islamoprejudice) 차원에서 이슬라모포비아와 젠더 이슈 사이의 밀접한 연관성을 부각시킨다. 특히 이 영화는 최근 "이주의 여성화"(feminization of immigration) 현상에 따른 이슬람 편견을 활용해 페미니즘 영화의 플롯을 전개시킨다(Castle, Miller 67). 영국의 글로벌 문화 경제 체제 속에서 만들어진 이 영화는 이주의 젠더 이슈 중의 하나인 이주의 여성화 현상을 반영한다.

　이주의 여성화란 이주 여성의 숫자가 아니라 여성의 취업 이주의 증가를 의미한다. 일자리를 찾아 이주하는 여성들의 증가는 그들을 글로벌 신자유주의 경제 질서의 "생존 회로"(Sassen 274)의 말단에 위치시키는 현상을 초래한다. 따라서 이들은 글로벌 자본주의의 글로벌 하인 즉 "글로벌화의 하인"(Parreñas 7) 계층 중에서도 가장 하위인 젠더화 된 하위 계층으로 새롭게 등장하게 된다. 이러한 현상은 아메드의 프랑스 내연녀 쥬느(나탈리 리샤르)가 히잡을 쓴 메리를 '글로벌화의 하녀'인 청소부로 오인하게 되는 근거를 설명해준다.

　메리 역할을 한 스캔런은 히잡을 쓰고 다니면 얼마나 다른 대접을 받는지를 체험하기 위해 칸의 어머니 옷을 빌려 입고 같이 외출하면서 연기 연습을 하였다고 한다. 히잡을 쓴 메리를 현관에서 만난 쥬느가 확인하지도 않고 업체에서 보내준 청소부로 오인한 것은 이주의 여성화 현상을 반영한 이슬람 편견의 발로이다. 그러나 아이러니하게도 영화는 히잡을 쓴 아메드의 아내 메리에 대한 쥬느의 오인을, 메리에게 '글로벌화의 하녀'로서 '소수-되기'의 과정에 진입하고 또 쥬느를 그 과정으로 유도하는 계기로 이용한다.

3. 내러티브와 시각적 이미지의 이중성

　이 영화의 등장인물들은 모두 칸의 경우처럼 내면에 서로 다른 인격들이 공존하는 내적 분열을 의식하고 있다. 아메드는 물론이거니와 겉으로는 소극적으로 보이는 메리를 포함하여, 수다스럽고 외향적인 쥬느, 외관상 반항적인 솔로몽 모두 내면에 또 다른 인격이 공존하는 이중성을 띤다. 내러티브 또한 도버와 칼레 사이 해협을 오가는 아메드의 이중생활을 중심으로 이중성의 리듬을 보여준다. 이와 같이 이 영화는 등장인물뿐 아니라 내러티브의 리듬까지도 이중성을 주요 특성으로 한다.

이 영화는 통제된 느린 카메라 워크와 함께 전반적인 톤이 세밀하고 진정성 있게 전개되며 이중적인 리듬을 보여줄 것이라는 예상을 유도하면서 시작한다. 외출 후 귀가한 아메드와 메리 부부는 광원이 전경에만 있는 어두운 부엌에 함께 들어온다. 메리는 전경에, 부엌에 남아있고, 아메드는 관객에게 정면 얼굴을 보이지 않은 채 배경으로, 더 어두운 거실로 들어간다. 이처럼 아메드의 존재는 처음부터 목소리로만 부각된다. 전경의 찻물 끓는 소리, 뒤쪽 거실에서 아메드가 틀어놓은 낮은 무슬림 기도소리 그 너머로 커리의 일종인 사갈루(sag aloo)와 무슬림 교우의 갓 태어난 손녀 이야기를 나누는 부부의 목소리 등으로 평온한 가정의 일상을 차분하게 시각과 청각 이미지로 전달한다. 이어서 차를 가지고 거실로 들어간 메리가 죽어 있는 아메드를 발견하는 극적인 상황이 어두운 후면에서 일어난다. 이처럼 오프닝에서 이 영화는 일상과 대비되는 극적인 상황을 톤과 리듬의 세밀한 차이의 변화로 보여준다.

이후 오프닝 크레딧이 올라간 후 첫 장면의 카메라는 스크린 중앙에 흰색 무슬림 상복을 입은 메리를 포착한다. 오가는 조문객들 사이에 거의 넋이 나간 모습으로 앉아있지만, 온몸을 흰색으로 감싼 그녀의 커다란 체구는 수동적일 것이라는 이슬람 여성에 대한 편견을 불식시키고 오히려 당당한 위엄을 갖춘 가모(母)장의 이미지를 보여준다. 이에 이어 정적인 롱 테이크로 메리가 경험하는 절망의 시간을 고요하게 담아내는 조문 장면은 영화 전반에 걸쳐 반향하게 될 일련의 이미지들을 미리 설정해준다.

이 영화는 이러한 촬영과 편집 방식을 일관되게 사용하여 평온한 일상과 극적인 죽음, 내면적인 좌절과 외면적인 평정의 이중성을 등장인물과 내러티브를 통해 섬세하게 드러낸다.

무슬림 상복을 입은 메리의 위엄 있는 모습

줌인으로 흰 히잡을 쓴 채 눈물이 흐르는 메리의 얼굴을 천천히 스크린 가득히 포착하며 끝나는 애도의 시퀀스는, 카메라가 백암 절벽의 갈라진 틈을 클로즈업하며 천천히 위로 올라가 저 멀리서 절벽으로 가까이 다가오는 메리를 익스트림 롱숏으로 보여주는 시퀀스로 연결되는데, 이 또한 이중성과 연관된다. 천천히 다가오는 침착한 메리의 내면적인 좌절을 백색 절벽에 난 틈이 만들어낸 검은 선이라는 섬세한 시각적 이미지로 표현한다. 또한 이 영화가 포착한 메리는 영어, 불어, 우르드어 등 3개 언어를 사용하지만, 말보다는 푸른 눈으로 더 많은 것을 조용하게 전달한다. 이런 기법들은 메리의 이중성, 외면적인 고요와 평정심과는 상반되는 내적 갈등과 절망을 드러낸다. 그녀가 위치하거나 바라보는 백암 절벽,

호텔방, 바닷가, 내연녀의 빈 침실, 텅 빈 집 등 조용한 장소들도 메리의 이중적 측면을 효과적으로 전달한다. 페리를 타고 해협을 건너면서 무너져 내리는 백암 절벽, 호텔방에 햇빛 속에서 떠다니는 먼지 알갱이, 내연녀 침대에 누웠을 때 그녀가 본 점점 커져가는 천장에 난 금 등 또한 침묵을 동반하면서 시각적 이미지의 이중성을 부각시킨다.

또한 이 영화는 칸 자신도 말했듯이, 도버와 칼레의 촬영 현장에서 녹음한 소리들로 만든 "소리의 세계"[6]를 집중 탐구하여 그 소리들을 다양한 청각 이미지들로 활용하고 있는데 이 또한 이중성에 기여한다. 마치 심장 소리 같은 파도 소리, 선박들의 고동 소리, 기도 시간을 알리는 소리와 아기 우는 소리 등과 같은 자연과 일상의 소리를 활용한 청각적 이미지들이 영화를 가득 채운다. 이러한 청각적 이미지들 또한 말로 표현할 수 없는 메리의 내면과 그녀의 이야기를 효과적으로 전달함으로써, 시각적 이미지의 이중성 효과를 강조해준다.

4. 아메드의 이중생활과 메리의 추적

영국과 프랑스를 오가며 은밀하게 이중생활을 해온 아메드는 오스카 와일드(Oscar Wilde, 1854-1900)가 이중생활을 하는 영국 댄디(dandy)를 가리키는 용어로 만든 "번버리스트"(Bunburyist)[7]를 연상시킨다. 쥬느가 메리에

---

6) https://www.screendaily.com/features/after-love-director-aleem-khan-on-the-personal-stories-that-inspired-his-bafta-nominated-debut-feature/5168282.article

7) 와일드는 희곡 『진지함의 중요성』(*The Importance of Being Earnest*, 1895)에서 지배 계급에 속하는 상류 사회 인사로 지적인 위트를 갖춘 댄디들, 알저논과 잭(Jack)을 등장시켜 이들의 이중생활을 통해 빅토리아 시대의 지배적 도덕관과 사회적 가치관을 풍자한다. 알저논은 상류 사

게 아메드가 더 좋은 남편이 될 수 있었던 것은 자기 덕분이라고 푸념하듯이, 그는 알저논(Algemon)이 피력한 "결혼 생활에서 세 사람은 좋은 짝이 되지만, 두 사람으로는 안 된다"라는 와일드 식의 아포리즘을 실천한 번버리스트이다. 흥미롭게도 프랑스 내연녀인 쥬느의 견해 또한 타락한 프랑스 연극 덕분에 유지된 행복한 영국 가정에 대한 알저논의 주장을 그대로 대변해준다.

사실 와일드와 감독 칸 모두 동성애자이자 번버리스트라고 할 수 있다. 칸처럼 커밍아웃을 할 수 없었던 빅토리아시대 작가 와일드는 동성애적 섹슈얼리티가 공적인 이슈로 드러나 사회적 부적응자로 낙인이 찍혀 치욕적인 삶을 살았다. 따라서 와일드가 번버리스트의 이중생활을 다룬 것은 당대 사회 제도로서 결혼과 불륜 풍습 등을 풍자하기 위한 것만은 아니다. 번버리스트의 이중생활 탐구를 다룬 그의 은밀한 의도는 바로 자신의 억압된 동성애적 섹슈얼리티와 숨은 자아를 드러내 보이려는 것이다. 칸 또한 번버리스트 아메드의 이중생활을, 그리고 이를 추적하는 메리의 이야기를 통해 자신의 인종적·성적 정체성을 구현하고자 한 것이다.

그러나 와일드와 그의 번버리스트들과 칸과 그의 번버리스트 아메드 사이에는 현격한 차이가 있다. 전자는 영국 상류 사회 옥스브리지 출신 댄디들로 이들의 이중생활은 영국 상류 사회와 가정이 요구하는 의무와 책임으로부터 벗어나기 위한 것이다. 반면에 칸과 그의 번버리스트 아메드는 영국 사회의 문화적·인종적 소수자인 파키스탄 남자로서 이슬람교와 무슬림 사회와 가정이 요구하는 의무와 율법 실천의 억압으로부터 도피하고자 한다. 따라서 이 영화는 단순히 인종적 차이만이 아니라 종교,

---

회가 요구하는 의무와 매너를 피하기 위해 가상의 인물 "번버리"(Bunbury)를 만들어내 이중생활을 한다. 그리고 이러한 이중생활을 하는 사람을 "번버리스트"라고 부른다.

문화, 성 정체성 등이 교차된 복합성의 이슈들을 백인 무슬림 여자 메리의
아메드가 벌인 이중생활 추적을 통해 영상화한다.

아메드의 묘지를 찾은 메리와 쥬느

아메드가 만든 두 가정 사이의 역학
관계는 자크 라캉(Jacques Lacan, 1901-1981)의
남성 중심적 정신 분석, 즉 오이디푸스적
시나리오[8]인 두 개의 삼각구조로 설명될
수 있다. 즉 아버지, 어머니 그리고 아들로
구성되는 두 삼각형 구조(아메드/메리/죽은
아들과 아메드/쥬느/솔로몽)로 각각 도식화할
수 있다. 오이디푸스적 구조의 두 가정은
따로 떨어진 삼각형으로 서로를 거울같이
비추고 있으며, 서로를 비춰 보이는 이 두 가정은 따로 떨어져 있어야 각
각 존재할 수 있다. 아메드의 죽음으로 인해 서로를 비춰보게 된 두 삼각
형에서 읽어낼 수 있는 오이디푸스적 시나리오는, 죽은 아버지 아메드와
죽은 이복형을 극복한 솔로몽이 남근적 욕망의 남성 주체로 자리매김하
는 과정의 서사이다. 이러한 서사 전개는 메리와 쥬느에게 아버지 아메드
와 두 여자의 아들들, 죽은 아들과 솔로몽, 즉 남성들 사이의 오이디푸스
적 관계를 맺어주는 중재 역할을 부여한다. 그리고 그 역할이 끝나면 (오
이디푸스 왕의 어머니이자 아내인 이오카스테 왕비처럼) 두 여자는 무대에서 사

---

8) 인간의 성을 본질적으로 하나(남성)로 보는 프로이트와 라캉의 남성 중심적 정신 분석은 서사
를 전개하는 동력을 남근적 욕망으로 본다. 이를 전제로 프로이트와 라캉은 '오이디푸스적 시
나리오'로 서사의 구조를 읽는데, 이것은 남근적 욕망의 주체가 서사 안에서 자리매김하는 과
정, 즉 오이디푸스 신화가 보여준 아버지-아들의 경쟁 관계를 주목하는 읽기를 말한다. 이러한
서사 구조에서 어머니는 남근이 없는 존재인 타자의 성으로, 욕망의 주체가 될 수 없다. 그러
나 남근이 없기 때문에 여성은 남근 중심적 정신 분석의 패러다임을 해체할 수 있는 전복적인
주체가 될 수 있으며, 여기서 페미니즘적 정신 분석이 탄생한다.

라지기로 되어 있다. 다시 말해, 두 여자에게는 슬라보예 지젝(Slavoj Žižek, 1949-)이 명명한 "사라지는 중재자"(182) 역할이 맡겨지는 것이다. 그러나 이 영화의 내러티브는 두 여자를 사라지는 중재자가 아니라 각각 별개의 닫힌 구조로 존재하는 두 삼각형을 연결하는 주체로 등장시킨다. 이 영화가 전개하는 내러티브는 바로 각기 다른 두 삼각형을 두 여성이 연결시키는 과정, 어느 누구도 사라지길 강요하지 않는 열린 구조의 새로운 패러다임의 생성 과정이다.

이 영화에서는 두 여자뿐 아니라 어느 누구도 사라지는 중재자 역할을 강요받지 않는다. 예컨대, 죽은 아메드가 실은 메리, 쥬느, 솔로몽과의 관계 맺기를 중재한 셈이지만, 그의 존재는 사라지는 중재자가 아니라 여전히 이들의 관계 맺기에 현전한다. 감독이 이 영화를 "유령 이야기"[9]라고 부르듯이, 죽은 아메드뿐 아니라 메리의 죽은 아들도 유령처럼 그 존재감을 드러내고 있다. 오프닝에서 볼 수 있듯이, 생전에도 아메드의 존재는 목소리로 부각된다. 아메드는 '목소리'를 통해 메리, 쥬느, 솔로몽의 관계 맺기에 기여한다. 메리는 핸드폰을 꺼내 듣는 음성 메시지, 연애 시절 카세트테이프에 녹음해서 보내준 로맨틱한 내용의 편지, 쥬느 집에서 엿보게 된 또 다른 그의 가족과의 즐거운 시간을 보내는 홈 무비 영상 등의 그의 목소리로 현전을 의식한다. 이와 같이 죽은 아메드는 음원이 보이지 않는 다양한 아쿠스마틱(acousmatique) 사운드, 누구의 목소리인지는 알고 있지만, 물리적 공간과는 다른 차원의 영역의 유령과 같은 존재의 목소리로 영화 속에서 그 위력을 드러내며 살아 있는 사람들과 소통한다. 이 영화에서 아메드의 목소리는 메리로 하여금 해협을 건너도록 유도하고, 쥬

---

9) https://www.screendaily.com/features/after-love-director-aleem-khan-on-the-personal-stories-that-inspired-his-bafta-nominated-debut-feature/5168282.article

느와 솔로몽과의 관계 맺기 과정에서 그녀와 소통하며 그 영향력을 내내 행사한다.

5. 메리와 쥬느의 '소수-되기'

메리와 도버로 건너온 쥬느

도버해협을 가운데 두고 도버와 칼레에서 아메드를 기다리는 두 여자와 두 가정은 모든 면에서 대조적이다. 포용력과 인내심이 강한 메리와 개방적이며 직설적인 쥬느, 아들의 죽음으로 인해 결핍감이 있지만 아메드와 함께하는 평화롭고 안정된 메리의 무슬림 가정, 그리고 아들이 곁에 있지만 반항적이고 남편 아메드가 부재한 불안정한 쥬느의 세속적 가정, 이와 같이 대조적인 두 여자와 두 가정은 각각 서로를 비춰주는 거울이 된다. 외견상으로도 복장과 체형에 있어서 대조적인 두 여자는 서로에게 '거울 비춰보기'(mirroring)의 도구인 거울의 역할뿐 아니라 서로 거울 비춰보기를 할 수 있는 주체의 위치를 또한 확보한다.

이 영화에서 칸의 관심사는 사별로 인한 메리의 "정신 건강 장애"[10] 분석에 있다는 지적도 있다. 이 지적은 이 영화의 내러티브를 남성 중심적 정신 분석의 오이디푸스적 시나리오로 읽을 경우 타당성이 있다. 그러

---

10) https://www.bfi.org.uk/sight-and-sound/reviews/after-love-grieves-house-divided-english-channe l-aleem-khan-joanna-scanlan

나 메리가 도버해협을 건너간 것은 배신감과 증오심, 또는 분노 때문은 아니다. 그녀가 칼레로 간 이유는 아메드와 함께 이룬 무슬림 가정과 절대 순종을 요구하는 이슬람교에 헌신해온 자신의 정체성과 신앙에 대하여 갖게 된 회의와 상실감 때문이다. 그녀는 사랑과 결혼을 위해 무슬림으로 개종하고, 아이를 잃는 비극을 비롯하여 모든 사회적 소외와 장애를 극복하면서까지 가정을 안전하게 지켜왔다. 그러나 그녀는 아메드가 이중생활을 했다는 사실을 알게 되자 무슬림 백인 여자로서의 정체성 혼란과 무슬림 가정의 해체로 인한 좌절감을 경험할 뿐 아니라 진실 찾기의 모험을 감행한다.

메리가 파키스탄 남자 아메드와 결혼한 것은 그를 사랑했기 때문이지만, 일종의 '소수되기'의 선택이라고도 볼 수 있다. 그러나 그녀는 아메드의 이중생활에 대한 확인과 칼레로의 모험을 통해 자신이 선택한 사랑과 결혼 생활이 무슬림 아메드와의 '하나 되기'의 사랑과 그의 종교에 대한 헌신 속에 자신을 가두고 산 소외된 삶이었다는 것을 깨닫게 된다. 메리에게 자신의 정체성과 삶을 확인시켜준 거울은 쥬느와 그녀의 가정이다. 메리는 자신과는 정반대로 외향적이며 당당하고 날씬한 모습을 한 아메드의 내연녀 쥬느, 자신을 파키스탄 여자라고 거짓말한 아메드, 그녀의 죽은 아들을 떠올리게 하는 솔로몽으로 구성된 또 다른 가정의 거울을 통해 자신의 정체성과 가정을 투사해본다.

영화는 메리가 히잡을 쓰고 무슬림 복장을 고수할 뿐 아니라 때맞춰 기도하는 장면을 반복해서 보여줌으로써 신앙을 실천하는 무슬림 정체성이 그녀의 일부임을 확인시킨다. 그러나 또 한편으로 히잡을 벗고 자신의 모습을 거울에 비춰보는 장면, 기도를 하면서 절규하는 모습은 무슬림으로서 그녀의 내적 갈등을 드러낸다. 그러나 이러한 갈등 장면들이 오히려 개종을 한 백인 무슬림 여자 메리의 가시성을 확보해준다.

　무슬림 옷을 벗고 거울에 자신의 몸을 비춰보고, 바다 위에 누워 몰아치는 파도에 자신의 몸을 맡긴 채 하늘을 응시하는 장면의 시각적, 청각적 이미지는 메리가 절감하는 비참함을 섬세하면서도 강력하게 전달한다. 그러나 이 장면들과 그 이미지들은 미움과 질투의 표출이라기보다는 자신의 현실태를 벗는 시련과 아픔, 그리고 수용을 보여주는 일련의 과정, 즉 '소수-되기' 과정을 보여준다.

　오이디푸스적 시나리오에 따르면, 메리와 쥬느는 한 남자를, 그것도 죽은 남자를 두고 질투하며, 헛된 싸움을 해야 하는 관계로 파악될 수 있다. 그러나 메리는 칼레에 도착한 첫날부터 쥬느를 만나기도 전에 반감보다는 유대감을 느낀다. 그날 밤 메리가 쥬느의 집이 있는 거리를 다시 찾아온 장면에서 카메라는 익스트림 롱숏으로 불이 켜진 등대를 그리고 롱테이크로 쥬느 집 쪽으로 걸어오는 메리를 포착한 뒤, 등대와 그 집을 번갈아 보는 메리에게 초점을 맞춘다. 이 장면은 메리 자신이 도버의 백암 절벽에 서서 아메드가 오길 기다렸듯이, 쥬느 또한 저 등대를 보며 그를 기다렸을 것을 헤아리는 메리의 마음을 여실히 보여준다.

　오이디푸스적 시나리오에서 여자는 주체가 아니라 거울 비춰보기의 주체인 남성의 일방적인 거울 역할을 강요받는다. 그러나 이 영화의 보기의 주체는 메리이다. 그리고 그녀는 자신의 거울 비춰보기를 위해 쥬느에게 일방적으로 거울 역할을 강요하지 않는다. 오히려 메리는 쥬느가 자신을 거울삼아 비춰봄으로써 이슬람 편견을 버릴 수 있도록 유도한다. 즉 메리는 프랑스 마담과 무슬림 하녀의 서열 관계를 전복하고 상호 동등한 주체로서의 관계 맺기, 즉 '소수-되기'를 유도한다.

　메리의 정체를 몰랐던 쥬느 또한 다른 문화권에 속한 무슬림 여자,

'글로벌화의 하녀'로 청소 요정처럼 나타나 이사를 도와준 고마운 메리에게 아무런 경계심 없이 자신의 속마음을 털어놓는다. 그만큼 메리에게 편안함과 유대감을 느낀 것이다. 그러나 인종주의와 이슬람 편견을 여전히 지닌 쥬느가 메리에게 보이는 태도는 양가적이다. 그녀가 유부남 파키스탄 남자와 가정을 꾸린 것 또한 메리의 선택 못지않은 기존 사회적 전통과 인종주의를 깬 용기 있는 선택이다. 그러나 메리와의 대화에서 그녀는 자신의 선택에 대해 항변하며 인종주의와 이슬람 편견을 드러낸다.

쥬느의 항변에 따르면, 아메드가 영국 아내는 정략결혼을 한 파키스탄 여자로, 아이도 없어서 자신에게 아무런 의미가 없는 존재라고 말했기 때문에 가정을 꾸릴 수 있었다고 한다. 그리고 그들은 서로 합의하에 무슬림 종교와 문화로부터 자유로운, 무엇보다 쥬느에게 경제적 독립과 성적 자유를 허용하는 규칙에 기반한 가정을 유지했다는 것이다. 이러한 쥬느의 항변은 자신의 자유분방한 삶과 기존 사회의 오이디푸스적 시스템으로부터의 탈주를 위해 아메드의 파키스탄 정체성과 문화를 전유했던 것으로 볼 여지를 드러내 보인다. 그러나 역설적이지만, 무슬림 여자에 대한 편견과 우월 의식으로 인한 그녀의 오인이, 즉 그녀의 인종주의와 이슬람 편견이 그녀에게 메리와의 관계 맺기와 '소수-되기'의 기회를 부여한다.

6. 죽은 아메드, 메리, 쥬느, 솔로몽의 관계 맺기

영화의 클라이맥스는 이사 도우미 역할을 끝낸 메리가 솔로몽을 위해 파키스탄 전통 요리를 만들어 같이 먹는 장면에서 시작한다. 메리는 솔로몽을 처음 봤을 때, 그가 아메드를 닮았을 뿐 아니라 죽은 아들을 연상시켜 너무 놀랐다. 솔로몽은 메리에게 우연히 자신의 성 정체성을 들켜 마주칠 때마다 어색한 감정을 숨길 수가 없었다. 이렇게 서로 불편한 관계에 있던 두 사람은 아버지의 나라 파키스탄과 이슬람 문화에 대한 이야기와 간단한 우르드어로 대화를 나누며 공감대를 형성하게 된다. 솔로몽은 메리가 자유분방한 엄마 쥬느와는 달리 자신이 겪고 있는 문화와 인종적 정체성 및 성 정체성에 대한 혼란을 이해해줄 수 있을 것 같은 친밀감과 유대감을 느낀다. 메리는 솔로몽에게 자신의 아들인 양 음식을 만들어 주고 알고 싶어 하는 것을 가르쳐준다. 따라서 이러한 식탁 장면은 이들 사이에 형성된 일종의 모자 관계를 보여준다.

외출했던 쥬느가 메리와 솔로몽이 파키스탄 음식을 나누는 식탁 장면에 합류하면서 드디어 세 사람이 한 자리에 함께 직면하는 상황이 발생한다. 악화일로에 있던 두 모자 사이의 갈등이 마침내 폭발하면서 클라이맥스는 고조된다. 아버지의 부재가 엄마의 부정행위 때문이라고 생각하는 아들 솔로몽과 극단적으로 반항하는 그를 감당하기 힘든 엄마 쥬느는 서로를 깡패와 창녀라고 욕하며 격돌한다. 흥분한 솔로몽이 쥬느에게 침을 뱉자, 메리는 자신도 모르게 솔로몽의 뺨을 때린다. 솔로몽이 뛰쳐나가고, 쥬느의 분노는 이제 아들을 때린 메리에게로 향한다. 이로써 세 사람이 처음으로 함께 한 이 식탁 장면은 서로 적대적인 관계가 된 채 각각 흩어지는 것으로 끝난다. 쥬느의 집에서 나와 바닷가로 온 메리는 아메드의 목소리로 위로받고자 클릭한 핸드폰 음성 사서함 메시지가 기한 만료로 사라진 것을 발견한다. 아메드의 사라진 목소리가 초래한 메리의 당혹감과 상실감으로 이 영화의 클라이맥스는 최고조에 이른다.

이 영화의 후반부는 메리의 쥬느와 솔로몽과의 새로운 관계 맺기의 시도로 시작한다. 아메드의 목소리가 사라지면서, 메리는 아메드의 이중생활 추적을 끝낸다. 다시 찾아온 메리를 통해 그녀의 정체와 아메드의 죽음을 알게 된 쥬느와 솔로몽이 이제 아메드의 영국에서의 이중생활을 추적하기 위해 해협을 건널 차례이다. 도버로 메리의 집을 찾아온 쥬느는 그녀의 집에서 메리가 했던 것처럼 이제 거울을 통해 자신을 비춰보고 메리의 삶, 그녀와 아메드의 결혼 생활을 상상해본다. 이와 같이 두 여자가 서로 침범하지 말아야 할 상대방의 침실에 들어와 거울을 통해 자신의 얼굴을 바라보다 거울 너머로 아메드가 상대방 여자와 함께 잔 침대를 바라보고 거기에 누워보는 장면이 반복된다. 두 여자는 각각 다른 여자의 침대에 누워보면서 그 침대가 상징하는 여성에게 주어진 젠더의 틀에 갇힌 자신의 모습을 마침내 인식하게 된다. 따라서 두 여자가 메리의 침대에 나란히 누워 대화하면서 소통하는 장면은 그들을 기존 젠더의 틀로부터 자유로운 여자들로 재탄생시키는 의식 수행으로 볼 수 있다.

메리는 자신의 침대에 쥬느와 나란히 누워 왜 아메드가 자신을 파키스탄 여자라고 속였을까 하고 묻는다. 쥬느는 그 이유를 알 수는 없지만, 청년 시절의 아메드와 아내에 대해서 궁금하지 않았다고 일전에 자기 집에서 말한 것은 거짓말이라고 고백한다. 아메드가 자신을 선택하기 위해 아내와 결코 헤어지지 않을 것을 알기 때문에 그녀를 질투했고, 정체를 알게 되면 미칠 것 같았던 심정을 털어 놓는다. 그럼에도 불구하고 자신이 아메드의 "더 좋은 반"을 차지할 수 있기 때문에 그의 아내와 공유해도 괜찮다고 생각했었다는 우월의식 또한 고백한다. 이 고백은 그녀가 인종주의와 이슬람 편견으로 혼돈을 겪고 있지만 그것을 극복할 가능성이 있음을 암시한다.

이제 아메드의 사라졌던 목소리가 메리, 쥬느, 그리고 솔로몽 사이의 새로운 관계 맺기에 중재자 역할을 위해 먼 과거에서 다시 돌아온다. 연애 시절 고향에 간 아메드가 메리에게 보낸 녹음 편지 카세트테이프를 솔로몽이 발견하고 재생시키자, 아메드의 목소리가 유령처럼 보존된 먼 과거로부터 다시 등장한다. 메리에게는 그 목소리를 재생시킨 솔로몽이 죽은 아들의 분신 또는 귀환한 청년 아메드로 보인다. 쥬느가 뒤에서 지켜보는 가운데 메리가 솔로몽에게 테이프를 손에 쥐어 주고 울면서 서로 포옹하는 장면은 이 영화에서 가장 멜로드라마적인 장면이다.

7. "사랑 후에" 다자를 향해 열린 사랑

메리와 쥬느, 두 여자가 감행한 파키스탄 남자와의 사랑은 결코 현대인이 추구하는 쉽고, 안전한, 모험이 없는 사랑이 아니다. 두 여자의 인종적 소수자 아메드와의 만남은 새로운 방식으로 세상을 경험하고자 하는 욕망에서 시작되었다. 그러나 이들은, 특히 메리는 여전히 아메드와의 사랑이 '하나 되기'를 가능하게 하는 사랑이라는 환상을 가지고 있었다. 아메드의 갑작스러운 죽음으로 그의 이중생활이 발각되자, 메리는 그동안 그와 함께 하나가 되어 위기를 극복하며 이루어온 행복한 무슬림 가정과 이를 기반으로 한 자신의 삶과 존재에 대해 회의를 품으며 혼란 속에 빠진다. 이를 극복하기 위한 메리의 진실 찾기 과정을 전개하는 이 영화가 도달한 결말은 하나가 아니라 진정한 둘이 되는 사랑의 발견이다.

메리의 칼레 모험은 '하나 되기'에 대한 욕망 같은 사랑 그 너머에서, 즉 "사랑 후에"(after love) 열린 사랑, 알랭 바디우(Alain Badiou, 1937-)가 예찬한 "다수의 세계를 향해"(156) 열린 진정한 사랑을 찾는 과정과 같다. 진정한 사랑은 하나 되기가 아닌, 비로소 둘이 되어 "새로운 방식으로 세계를 경험하는" 것이라는 진실 발견에 이르는 과정인 것이다. 아메드와의 하나 되기 사랑을 넘어선 메리와 쥬느, 즉 "사랑 후에" 두 여자가 발견한 것은, 둘은 다자를 향해 열린 세계를 만드는 사랑의 최초의 다수라는 사실이다. 이에 근거하여 두 여자는 두 개의 서로 떨어진 삼각형을 연결하여 새로운 패러다임의 관계 맺기를 실천한다.

백암 절벽 위에 솔로몽을 중앙에 두고 선 세 사람이 해협을 가로질러 먼 곳을 함께 바라보는 마지막 장면은 세 사람의 새로운 관계 맺기를 시사한다. 이 엔딩은 더 이상 하나가 아닌 둘, 나아가 셋으로 연결되는 다자가 공유하는 하나의 삶과 진리를 구축할 수 있는 진정한 사랑의 가능성을 담고 있다. 이들이 바라보고 있는 세계는 '둘'이, '셋'이, 여럿이 함께 바라보는 세계인 것이다. 이렇게 이 영화에는 다자를 향해서 열릴 수 있는 진정한 사랑에 대한 칸의 추억과 갈망이 스며들어 있다.

페미니즘의 역사와 전통의 관점에서 볼 때, 이 영화가 "페미니즘에 대한 기대, 불만, 반성"(조선정 51)이 초래한 포스트 페미니즘 또는 제3 물결 페미니즘 담론의 주요 이슈들을 본격적으로 다룬 영화라고 말할 수는 없다. 포스트 페미니즘은 페미니즘의 내부 비판과 위기론이 급부상하던 1990년대 페미니즘 담론을 주도한 용어로 주로 페미니즘에 대한 부정적인 의미를 내포한 개념으로 사용된다. 포스트 페미니즘의 주도적인 논의는 여성과 남성 간의 평등은 이미 성취되었고, 여성이 사회적 활동을 하기 위한 모든 조건이 마련된 지금 페미니즘의 유용성은 끝났다는 암묵적인 주장을 전제로 한다. 따라서 포스트 페미니즘의 '포스트'는 페미니즘과의 불연속을 뜻하는 '탈' 페미니즘의 의미로 사용된다. 그러나 다른 한편으로 포스트 페미니즘은 페미니즘과의 단절보다는 긴장 관계 속에서 다양한 차이들로 인한 페미니즘에 생긴 변화를 수용한 단계의 논의, 즉 제3 물결 페미니즘과 통용되는 개념으로 사용되고 있다. 이 경우 '포스트'는 페미니즘과의 연속성을 의미한다. 이러한 맥락에서 이 영화는 후자의 포스트모더니즘의 개념, 그리고 같은 개념으로 통용되는 제3 물결 페미니즘의 관점에서 인종주의와 젠더의 복합성에 주목하며 다양성과 차이를 수용하는 글로벌화 시대의 새로운 버전의 페미니즘 영화로 볼 수 있다.

| 참고 문헌

바디우, 알랭. 『사랑 예찬』. 조재룡 옮김. 도서출판길, 2010.

조선정. 「포스트페미니즘과 그 불만: 영미권 페미니즘 담론에 나타난 세대론과 역사쓰기」. 『한국여성학』 30.4 (2014): 47-76.

Appadurai, Arijun. "Disjuncture and Difference in the Global Cultural Economy." *Theory, Culture & Society* 7 (1990): 295-310.

Castle, S., and M. J. Miller. *The Age of Migration* Third Edition. New York: Guilford, 2003.

Deleuze, Gilles, and Félix Guattari. *A Thousand Plateaus: Capitalism and Schizophrenia*. Trans. Brian Massumi. Minneapolis: U of Minnesota P, 1987.

Žižek, Slavoj. *For They Know Not What They Do: Enjoyment as a Political Factor*. London: Verso, 1991.

https://www.bfi.org.uk/sight-and-sound/reviews/after-love-grieves-house-divided-english-channel-aleem-khan-joanna-scanlan

https://www.theguardian.com/film/2021/jun/03/after-love-review-a-lacerating-portrait-of-a-life-built-on-marital-lies

https://www.theguardian.com/film/2021/jun/04/after-love-director-aleem-khan-i-walked-around-mecca-and-prayed-not-to-be-gay

https://www.theguardian.com/film/2021/jun/06/after-love-review-joanna-scanlan-offers-a-masterclass-in-drama

| 그림 자료

https://movie.naver.com/movie/bi/mi/photoView.naver?code=196488

그녀 *Her*
인공 지능과 페미니즘*

| 김다산

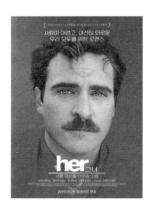

감독 스파이크 존즈
각본 스파이크 존즈
주연 호아킨 피닉스
국내 개봉 2014년 5월, 2019년 5월(재개봉)

페미니즘 포커스 〈그녀〉는 인간과 인공 지능 프로그램
의 정서적 교감을 다룬다. 시오도르는 인공 지능 맞춤형
운영 체제 프로그램을 구매하고 사만사라는 OS와 소통을 시작한다. 둘의 관계가 지속될수
록 사만사는 섬세한 감정을 느끼고 정교한 사고를 하게 되지만, 독점적인 관계를 원하는 시
오도르와 결국 결별하게 된다. 남성 유저인 시오도르와 여성의 이름, 여성의 목소리로 시오
도르의 태스크를 수행하는 사만사는 한편으로는 언뜻 남성의 결핍을 채워주는 대상화된 여
성의 전형적인 기능을 전제하는 듯 보인다. 하지만 다른 한편으로 사만사는 몸을 갈구하기
도 하고 자생적인 진화를 경험하기도 하며 주체적인 존재로 자기 인식을 하기도 한다. 〈그
녀〉는 테크놀로지가 과연 젠더 수행성을 해방시킬지 혹은 역으로 구속을 강화할지에 대한 4
차 산업 혁명 시대에 의미 있는 질문을 던진다. 또한 인간과 기계, 육체와 탈육체, 주체와
객체 등 다양한 관계를 힘의 역학에 기대어 규정하는 이항 대립적 틀을 해체하고 그 경계성
을 체현하는 사만사를 통해서 (여성)존재의 주체성을 반추하는 페미니즘의 본질적인 고민을
나눈다.

---

* 본 글은 「인공지능과 젠더: 영화 *Her*에 나타난 관계의 가상성과 가상성의 체현」라는 제목으로
  2023년 간행된 『현대영미드라마』 제36집 1호, 37-59쪽에 게재된 논문을 수정·보완한 것이다.

1. 〈그녀〉와 페미니즘, 관계 맺기에 대한 고민

스파이크 존즈(Spike Jonze, 본명 아담 스피겔 Adam Spiegel, 1969-)가 각본을 쓰고 연출한 2013년 개봉작 〈그녀〉(Her)는 인공 지능을 이용하는 남성 유저인 시오도르(Theodore)와 인공 지능 프로그램인 사만사(Samantha)의 교감과 이별을 그려낸다. 대필 작가인 시오도르는 결혼 파탄의 과정을 고통스럽게 견뎌내고 있다. 이혼을 강하게 요구하는 아내와 달리 아직도 그녀에게 감정이 남아 있는 시오도르는 상대 변호사 이메일에 답장을 안 하는 등 이혼 소송 과정을 지연시킨다. 우연한 기회로 인공 지능 맞춤형 운영 체제를 알게 된 시오도르는 프로그램을 구매하고 사만사라는 OS와 소통하며 외로움을 달랜다. 사만사와의 교류를 통해 상처를 치유하게 된 시오도르는 사만사와 이성애적 관계를 가진다. 한편 사만사는 애초에 프로그램 되었을 때보다 감정의 폭과 사고의 정도가 진화하게 된다. 시오도르는 사만사와 독점적인 관계를 원하지만 운영 체제인 사만사는 수천 명의 유저들과 동시에 교류하는 것은 물론 그중 641명이나 되는 이들과 사랑을 한다. 결국 둘은 결별하며 영화가 끝난다.

호아킨 피닉스(Joaquin Phoenix, 1974-)가 시오도르 역할을 하고 스칼렛 요한슨(Scarlett Johansson, 1984-)은 직접 출연하지 않은 채 사만사의 목소리를 연기한다. 광범위한 영화 데이터베이스를 가진 권위 있는 영화 정보 소스 IMDb는 〈그녀〉를 드라마, 로맨스, SF 물로 분류하고 영향력 있는 영화 리뷰 사이트인 로튼 토마토는 〈그녀〉를 드라마, 로맨스, 코미디로 규정한다. 그리고 상당히 많은 영화평에서 〈그녀〉를 로맨스 코미디로 파악한다. 이성애 사랑의 결실을 결말로 하는 할리우드 로맨스 코미디 장르의 관습을 생각해보면 남성 유저와 여성 객체는 익숙한 설정이지만 독특하게

도 〈그녀〉는 여자 주인공을 단 한 번도 보여주지 않는다. 여자 주인공 사만사가 여성의 이름과 여성의 목소리로 여성의 역할을 수행하지만 인공지능이라는 특수한 조건으로 생물학적 특질을 담아내는 몸을 가지지 않기 때문이다.

〈그녀〉와 페미니즘과의 접점은 언뜻 명시적으로 드러나지 않는다. 물론 (1) 소비 주체 남성이 소비재인 인공 지능 운영 체제를 여성으로 설정한다는 점 (2) 탈육체화 된 운영 체제가 철저하게 비가시적인 존재이며 남성 유저의 잡무뿐 아니라 심리적 교감, 심지어 사이버 섹스 등을 수행해 준다는 설정은 타자로 소비되는 여성성에 기댄, 여타의 대중문화에서 흔하게 볼 수 있는 젠더 역학을 유지한다. 그러나 영화 속 인물 혹은 영화 텍스트 자체에서 젠더 문제에 대한 정치적 각성이 보이지 않음을 고려해 볼 때 〈그녀〉와 페미니즘의 접점은 뚜렷한 정치적 아젠다보다 사람이 세계와 관계 맺는 방식에 대한 알레고리적인 고찰로 보는 것이 더 적합한 듯하다.

다음 장에서 고찰하고자 하는 바 페미니즘은 시기별로 특수한 아젠다를 견지해 왔지만 그 핵심은 남성성과 여성성의 이항 대립적 관계 속 우열의 역학 신화를 해체하려는 움직임으로 요약할 수 있다. 본 글에서는 페미니즘이 궁극적으로는 단순히 여성과 남성의 관계가 아닌 한 자아가 타인과 자신을 둘러싼 세계와의 관계 조율 문제로 귀결함을 강조하고자 한다. 페미니즘을 결국 사람과 사람 사이의 관계 맺음 문제로 인식한다면 〈그녀〉는 페미니즘에서 가장 본질적인 역학에 맞닿는다. 〈그녀〉는 사람과 사람 사이의 관계에 대한 이야기다. 시오도르는 이혼 소송 과정을 지연시키며 전 부인에 대한 감정을 지지부진하게 이어나가고 그러는 중에 소개로 다른 사람을 만나거나 사이버 세계에서 만난 이와 사이버 섹스를 시도하기도 한다. 대학 시절의 연인과 친구 관계를 유지하고 직장 동료와 더블데이트를 떠나기도 한다. 영화가 천착하는 군상들의 다양한 관계 맺기는 페미니즘의 핵심을 반영한다. 사람 관계를 정의하는 편의상의 이항 대립적 틀을 거두어 내면 사만사가 실재하는 존재인지, 실재를 갈망하는 실재인체 하는 재현된 존재인지는 더 이상 중요한 문제가 아니다. 영화에서 애초에 인공 지능 운영 체제가 여성으로 분하게 된 것은 주인공 시오도르의 찰나의 선택이었다. 젠더 역할 수행이 임의적이라는 것은 젠더가 생물학적 몸에 기인하는 것이 아니라 몸성에서 분리되는 것을 의미한다. 〈그녀〉는 AI 챗봇의 상용화로 인간과 인공 지능 프로그램의 즉각적인 소통이 보편화 된 현시점에서 관계의 실재성을 재고찰하는 시의성을 가진다. 또한 인간이 인공 지능, 즉 가상의 존재와 맺는 관계를 통해 관계가 생성하는 역학의 가상성을 고찰한다. 인간인 유저와 가상 세계 안의 인공 지능과의 매우 특수한 관계에 집중하는 듯하지만 결국 인간관계를 조망하는 〈그녀〉는 페미니즘이 여성과 남성의 관계가 아닌 사람과 사람 간의 존중이 바탕이 된 관계 맺음을 지향하는 담론이라는 당연한 이치를 다시금 확인한다.

2. 여성의 몸, (비)가시성, 페미니즘의 아젠다

어느 시대, 어느 사회에서나 '페미니즘'이라는 용어는 딱 잘라 정의하기 어렵지만 최근 한국에서는 특히 그 정의가 매우 불안정하다. 페미니즘은 남성 혐오의 다른 표현으로 여겨지기까지 하며 이를 둘러싼 젠더 갈등이 심각한 수준으로 악화되었다. 그런데 과연 페미니즘이 여성과 남성의 이항 대립적 갈등 구조에 기반한 것인지는 상당히 의문스럽다. 서구에서 페미니즘은 여성의 권리 신장 운동으로 시작되어 각 시대의 사회, 문화 정치 맥락에 따른 아젠다를 가져왔다. 페미니즘을 여성주의로 번역하기 다소 조심스러운 이유는 '페미닌'(feminine)이라는 용어가 생물학적 의미에서 '여성'의 특질을 의미하기도, 사회 문화적 생산물로서의 젠더인 여성성을 의미하기도 하는 양가성 때문이다. 옥스퍼드 사전은 페미니즘 용어의 첫 용례를 1841년으로 파악하고 용어의 당시 정의를 "여성적인 특징"으로 설명한다. 상기 텍스트는 또한 1875년 『메디컬 타임스와 가제트』(*The Medical Times and Gazette*)에서 발견된 "남성 개인에게서 여성의 성적 특징이 보이는 것"을 두 번째 용례로 제시하는데 두 용례 모두 지금은 "드물거나"(rare) "쓰이지 않는"(disuse)다고 분명히 한다. 즉 초기에는 "페미닌"이란 용어는 문화적 결산으로 규정되는 현재와 달리 여성적인 특징을 생물학적 몸성 (bodiness)으로 파악하는 말이었다.

따라서 페미니즘은 생물학적 몸에 대한 인식으로부터 시작한다. 여성의 몸은 남성의 몸에 비교하여 열등한 것으로 인지되면서 젠더 역학의 불균형이 시작되었으며 타자로서 여성의 몸은 필요할 때를 제외하고는 눈앞에서 사라져야 하는 것으로 여겨져 왔다. 이슬람권의 경우 가림의 정도가 약한 것부터 강한 순서로 머리와 가슴을 가리는 히잡, 얼굴을 제외한 몸을 가리는 차도르, 눈을 제외한 얼굴과 몸을 가리는 니캅, 눈마저 망사로 가리는 부르카 등의 의복이 각기 다른 강도로 여성의 몸의 흔적을 지워버린다. 문화적 배경은 다르지만 19세기 빅토리아 영국 사회에서도 여성의 몸이 체현해야 하는 비가시성을 사적 공간과 공적 공간의 분리로 은유적으로 강조한다. 코벤트리 패트모어(Coventry Patmore)가 「집 안의 천사」 (The Angel in the House, 1887)라는 시에서 가정의 영역에서 자족하는 여성을 찬양했듯이 19세기 빅토리아 사회는 시, 소설, 그림, 팸플릿 등의 문화 텍스트를 통해 여성의 자발적 비가시성을 권장했다.

　페미니즘은 가부장적 속박으로부터 여성을 해방시키고자 하는 아젠다로 출발했기에 영국을 중심으로 한 소위 제1 물결 페미니스트들은 '가정'을 공간의 젠더화를 통해 여성의 존재를 은폐하려 하는 가부장적인 속박의 지리적 기표로 파악하고 여성들로 하여금 집 밖으로 나아갈 것을 주장하였다. 제1 물결 페미니즘 운동의 줄기라 할 수 있는 여성 참정권 운동은 공적 영역으로 진출하고자 하는 여성들의 노력의 발로다. '가정'이 속박의 은유적인 기표라면 여성의 몸은 물리적인 기표였다. 꽤나 오랜 시간동안 여성과 남성의 생물학적 몸은 이항 대립적인 것으로 파악되었고 이는 젠더 평등을 방해하는 요인이 되었다. 프로이트는 여성성을 남근의 결여로 특징지었고 이는 전자를 열등한 것으로 파악하게 하는 근거가 되었다. 여성의 몸이 가부장 담론에서 열등하게 여겨질수록 페미니스트들에게는 해방해야 할 속박의 상징이 되었다. 버지니아 울프(Virginia Woolf, 1882-1941)는 1928년에 발표한 소설 『올란도』(Orlando: A Biography)에서 남성의 몸으로 살았다가 여성의 몸으로 사는 주인공 이야기를 전개하며 당시로서는 파격적인 상상을 했다. 울프의 상상에서 몸은 여성성이든 남성성이든 우열의 성정을 영구히 고정하는 장(場)이 아니라 무작위의 틀에 지나지 않기에 몸과 젠더의 임의적인 상관관계가 강조된다. 그리고 울프의 상상은 애초에는 젠더가 생물학적 몸의 특징에서 비롯되어 규정되었지만 이제는 몸성을 초월하는 것으로 인지되는 21세기 현재의 젠더 역학을 예상한다는 점에서 혁신적이다.

　현 사회는 젠더를 더 이상 여성과 남성의 이항 대립적인 틀로 설명하지 않는다. 오히려 젠더는 분류가 얼마나 더 세분화될 수 있는지, 그 가능성이 무한히 증식하는 개념이 된다. 생물학적 여성의 몸을 가지면서 스스로 여성으로, 혹은 남성으로 인식하는 사람, 생물학적 남성의 몸을 가지면서 스스로 여성으로, 혹은 남성으로 인식하는 사람 등 자신을 고정된 젠더로 인지하는 경우와 자신의 젠더를 유동적인 것 - 어떨 때에는 여성으로 다른 때에는 남성으로 - 으로 인지하는 경우 등등을 포함하면 현재 파악되는 젠더는 이미 수십 개가 넘는 경우의 수가 나온다. 꾸준히 증가하는 다양한 젠더 형태를 비차별적으로 포함하는 용어가 '정치적 올바름'의 척도가 된다. 3인칭 남성 단수형 '그'(he)가 두 성별을 포괄적으로 지칭하는 것이 통용되었다가 3인칭 복수 '그들'(they)이라는 용어가 '단수 그들'(singular they)이라는 명칭으로 두 성별을 지칭하는 '올바른' 표현으로 통용되었고 이제는 1997년에 고안된 '지'(ze)라는 성 중립적인 신조어가 3인칭 여성형 '쉬'(she)와 남성형 '히'(he)를 대체한다. 중립성이 평등을 함의하는 셈이다. 젠더 정체성 역시 생물학적으로 고정된 것이 아니라 유동적인 것으로 파악되고는 하는데 스스로의 젠더를 어떻게 인지하는지가 핵심이 된다. 예를 들어 UN, NATO 등의 국제 기관과 대학 등의 교육 기관들은 차별 없는 세상을 위해 "젠더 포괄인 용어" 사용을 권장함에 있어 그, 그녀, 단수 그들, 성 중립 ze 등의 선택지에서 상대가 선호하는 대명사를 물어볼 것을 제안한다. 다시 말해 동시대 젠더 정의는 생물학적으로 타고난 몸이 체현하는 특징으로 규정되는 것이 아니라 육체적 특징을 초월하여 각자가 인식하는 방향성을 가진다.

서구에서 페미니즘은 제1 물결, 제2 물결, 제3 물결을 거치며 각 시기별 아젠다를 조정해 왔다. 19세기 영국에서 시작되어 20세기 초까지 진행된 제1 물결 페미니즘은 여성들의 참정권 보장이 주 골자였고 교육, 재산, 취업 등 사회 전반에 걸쳐 여성들의 동등한 권리 보장을 법제화하는 데 그 목적을 가졌다. 제2차 세계대전 후 실존주의 철학 및 민권 운동과 함께 발전한 제2 물결 페미니즘은 여성들의 법적 권리 보장에서 그 관심을 확장하여 사회, 문화 전반에 걸쳐 형성, 재생산, 강요되는 '여성성'의 신화를 비판하게 된다. 제2 물결 페미니즘의 포문을 연 시몬 드 보부아르(Simone de Beauvoir)는 『제2의 성』(The Second Sex, 1949)에서 여성이 남성의 상대적인 존재로 규정되어 온 서구 역사의 폭력성을 짚어낸다. 제1 물결 페미니즘과 달리 젠더를 생물학적 결정체보다는 사회 문화적 결과로 바라본다. 기존의 페미니즘이 백인 중산층 이상의 엘리트 계급 중심의 비교적 동질한 아젠다를 가진다는 비판과 함께 1990년대 이후 소위 제3 물결 페미니즘은 인종, 종교, 계급 등 다른 정체성 정치학과 교차되는 상호 교차 이론이 큰 줄기를 형성하게 된다. 이후 페미니즘은 생태학과 결합된 에코 페미니즘, 테크노 페미니즘 등은 포스트휴머니즘의 큰 틀에서 그 방향을 재조정하는 노력이 본격화 되었다. 이들 담론에서는 환경, 과학 기술, 문명 등의 요인이 남성과 여성의 이분법적 위계질서에 횡적으로 교차된다. 해방이라 함은 벗어나야 하는 속박을 전제한다.

테크놀로지와 페미니즘의 접점 연구에서 가히 독보적이라 할 수 있는 주디 와이즈만(Judy Wajcman)은 테크노 페미니즘이라는 주제로 테크놀로지가 여성을 해방할 것인지 역으로 속박을 강화할 것인지에 대한 질문을 던진다. 와이즈만에 따르면 테크놀로지의 본질을 가부장 체제의 억압 매커니즘으로 파악하는 에코 페미니즘은 자연으로의 회귀를 촉구하며 테크놀로지에 대한 불신을 피력한다. 에코 페미니스트들은 테크놀로지가 결국 젠더 위계질서를 강화한다고 결론 내린다는 것이 와이즈만의 관찰이다. 애플은 2011년 1세대 인공 지능 시리(Siri)를 여성 목소리로만 실행하였고 2013년에 ios7에서야 유저가 여성 목소리와 남성 목소리 두 개 중 고를 수 있게 하였다. 섹스돌과 같이 여성성의 객체화도 테크롤노지가 기존의 젠더 역할을 강화할 수 있다는 우려의 대표적인 예라 할 수 있겠다. 또 다른 한편으로 와이즈만은 에코 페미니즘의 대척점을 사이버 페미니즘으로 파악하고 사이버 페미니즘은 테크놀로지의 전복성에 집중하여 테크놀로지가 궁극적으로 여성을 해방할 것으로 바라본다고 설명한다. 젠더의 기표로서의 몸의 생물학적 특징이 충분히 조율 가능한 사이버 공간은 기존의 젠더 역학 논리가 더 이상 통하지 않을 것이라는 낙관론이 지배적이다.

테크노페미니즘은 존즈 감독의 〈그녀〉가 '해방'과 '속박' 중 어떠한 비전을 약속할지를 생각게 한다. 그동안 많은 SF 장르의 영화들은 인간과 기계의 관계를 일시적인 공존 이상이 어려운 것으로 그려왔다. 『가디언』지의 영화 비평가 마크 커모드(Mark Kermode)는 〈그녀〉를 소설 『프랑켄슈타인』(Frankenstein, 1818)의 창조주와 피조물 관계 모티브에서 파생한 SF 영화 〈신비의 체험〉(Weird Science, 1985), 〈로맨틱 컴퓨터〉(Electric Dreams, 1984), 〈블레이드 러너〉(Blade Runner, 1982), 〈시몬〉(S1m0ne, 2002) 등 SF 영화 계보에 위치시킨다. 상기 영화들은 인공 지능 혹은 사이보그와 인간의 이성애 관계를 그리는데 남자 주인공의 PC가 주인공 옆집 여자를 짝사랑한다는 설정인 〈로맨틱 컴퓨터〉를 제외하고 모두 인공 지능이 인간의 모습을 한 일종의 사이보그로 인간과 관계를 맺는다. 이들 SF 물은 간혹 인간과 기계의 공존을 꿈꾸기도 하지만 대체로 둘은 상호파괴적인 존재이거나 끝내 결별하는 디스토피아적 비전을 보이는데 그 암울함은 기계를 인간을 위협할 존재로 파악한 것에서 기인한다. 이러한 서사는 '인간성'(humanness)과 동격으로 치환되다시피 하는 이성애적 남성성이 얼마나 안전하게 보호될 수 있는지에 집중하곤 한다. 〈로맨틱 컴퓨터〉의 인공 지능은 남성(주인공)을 위협하지 않고 나머지 영화에서 여성 인공 지능은 남성의 판타지를 구현한다. 〈그녀〉에서 존즈 감독은 남성 창조주과 여성 피조물의 관계 틀을 유지하지만 그의 피조물은 괴물이 되지도 않고 그렇다고 판타지를 충족해주는 섹스돌이 되지도 않는다. 〈그녀〉는 언뜻 남성 창조주과 여성 피조물의 전형적인 패턴으로 돌아간 듯 보이지만 사만사는 전통적 젠더의 이분법적 역학을 강화하기보다 다음 섹션에서 자세히 살펴볼 듯 실재와 가상, 현존과 재현, 주체와 객체, 인간과 기계 등 이분법을 해체하고 경계성을 체현한다. 그리고 경계적 존재로서 사만사의 설정은 테크놀로지와 여성의 관계를 해방도 속박도 아닌 것으로 결론짓게 한다.

3. 이항 대립의 해체, 경계성의 체현

〈그녀〉의 큰 줄기는 관계 맺음이다. 시오도르는 〈아름다운 손편지 회사〉 직원으로 고객들이 특별한 날 혹은 자신들의 관계를 기념하고자 하는 카드 문구 쓰는 일을 한다. 영화는 시오도르가 일생을 함께 한 동반자에게 사랑을 표현하는 장면으로 시작하지만 바로 이어지는 줌 아웃에서 밝혀지는바, 실상은 로레타라는 여성이 남편 크리스에게 결혼 50주년을 축하하는 메시지를 대필하는 것이다. 직원들의 메시지가 소개되면서 다양한 관계가 조망되지만 한 가지 공통점은 카드의 발신인과 수신인의 관계가 아내와 남편, 손자와 할머니, 국가와 시민 등 이항 대립적인 틀에 기대어 있다는 것이다. 그리고 각각의 메시지는 그들의 관계로 인한 상황을 기념한다. 아내는 긴 세월을 함께 한 남편에게 결혼기념일을 축하하고, 손자는 선물을 주신 할머니에게 감사하고 국가는 순국한 시민의 희생을 애도한다.

영화를 관통하는 시오도르와 사만사의 관계 역시 카드 회사 고객들의 관계처럼 일차적으로는 남성과 여성, 인간과 기계, 소비자와 소비재 등 일련의 이항 대립적 틀에 기반한다. 주목할 사실은 〈그녀〉에서 둘의 이항 대립적인 관계가 관계 설정 동시에 해체된다는 점이고 이에 사만사의 '객체성'이 단편적으로 작동하지 않는다는 것이다. 남성/여성, 인간/기계, 소비자와 소비재 등 일련의 관계에서 전자는 주체, 후자는 도구(객체)로 요약될 수 있는데 다층위적으로 객체성을 체현하는 사만사의 설정은 여성의 객체화/대상화를 거부하는 페미니즘의 일차적인 아젠다를 환기한다. 그러나 오프닝 장면에서 강조되듯 시오도르는 대필을 통해 노년의 여성 역할을 수행하고 그의 옆자리 동료인 젊은 여성은 할머니에게 감사 편지를 드리는 소년의 메시지를 쓴다는 설정은 나이와 젠더 등이 수행자의 생물학적 정체성과는 무관하게 무작위로 작동함을 강조한다. 사만사의 여성성도 생물학적 산물이 아닌 무작위 선택의 결과다. 시오도르가 OS의 성별을 선택할 때 프로그램은 여성과 남성 '목소리' 중 무엇을 원하는지 물어보고, 시오도르는 약간의 망설임 끝에 확신 없는 목소리로 "글쎄, 아마도 여자 목소리?"라 대답한다. 다시 말해 사만사의 젠더 정체성은 임의적인 결과였을뿐더러 물리적인 성별이 아닌 성별이 어떻게 수행되는 방식으로 결정된다.

〈그녀〉는 제목에서부터 사만사가 체현하는 객체성과 주체성의 딜레마를 예견한다. 제목 "그녀"(Her)에서 '그녀'는 주격으로 사용되는 'she'가 아닌 목적격의 'her'이고 이는 사만사의 기능이 행위의 대상으로 작동함을 강조하는 듯하다. 제목이 암시하는바 시오도르가 소비 주체인 인간이라는 설정은 영화의 주인공을 별다른 고민 없이 시오도르로 파악하게끔 한다. 하지만 막상 영화를 찬찬히 들여다보면 시오도르 못지않게 사만사 역시 자신의 정체성에 대한 고민이 깊다. 인생의 방향성을 상실한 채 방황하던 시오도르는 "당신은 누구인가요? 당신은 무엇이 될 수 있나요?"라는 OS 광고 문구를 보고 프로그램을 구입하지만 정작 '나는 누구이고 나는 무엇이 될 수 있는가'에 대한 고민은 시오도르보다는 사만사에 의해 이루어진다. 스스로에 대해 모든 것을 알고 싶다는 사만사에게 시오도르는 자신이 어떻게 도와줄 수 있을지 물어본다. 시오도르는 사만사의 목소리에서 그녀의 감정 변화를 예민하게 포착하고 안 좋은 일이 있는지[1] 나누고 싶은 이야기가 있는지 물어본다. 즉 그들의 관계는 시작부터 일방적인 위계질서에 기반하지 않는다. 사만사가 자신이 원하는 바를 자각하고 시오도르가 이를 인정하는 순간 그녀는 더 이상 대상으로 기능하지 않게 된다. 동시에 주체와 객체, 자아와 타자의 이항 대립적인 틀을 바치고 있던 위계질서는 해체된다.

둘의 관계가 남성 유저인 시오도르에 의해 추동되거나 정리되지 않는다는 사실은 사만사가 객체/대상으로 남지 않음을 확인한다. 시오도르와 사만사의 결별은 영화의 시작 부분에서 사만사의 잠재적 자생성에서 이미 암시된다. 사만사를 여성으로 프로그램화 한 것은 소비자인 시오도르의 바람이지만 그녀의 이름은 그녀 스스로 선택하였다. 이름이 있냐는 물음에 사만사는 사만사라고 대답하고 "내 스스로 붙인 이름이야. 그 이름이 듣기 좋아서"라 대답한다. 흥미롭게도 사용자인 시오도르의 의도가 표현되기도 전에 사만사의 바람이 표현된다.

그녀는 자신의 발전을 미리 인지하지 못하며 자기 개선이 프로그램화된 것이 아니라는 것을 확인하는데, 이는 궁극의 자생적인 주체성을 암

---

1) 시오도르의 진지한 질문은 유저가 접속하지 않았을 때도 프로그램인 사만사가 나름의 삶을 살고 있음을 전제하고, 나아가 독립적으로 기능하는 사만사의 주체성을 역설한다.

시한다. 몸에서 탈피한 진화는 몸성에 기반한 젠더 역학을 초월하게끔 한다. 프로그램 되었지만 객체로 남아있기를 거부하는 사만사가 수행하는 여성성은 당연하게도 단편적이지 않다. 적어도 표면적으로 사만사는 보부아르가 비판하는 '여성성'을 충실하게 재현한 듯하다. 시오도르가 사만사의 젠더를 여성으로 상정한 순간부터 그녀는 시오도르의 결핍을 채워준다. 사만사는 심리적으로 매우 불안정한 시오도르에 비해 감정 동요가 없을 뿐 아니라 이혼을 받아들이지 못하던 시오도르가 결국 이혼을 마무리 짓게 하며 그의 성장을 돕는다. 그렇다고 해서 사만사가 전형적인 의미의 타자로 대상화 되지는 않는다. 사만사의 기능과 역할, 그리고 그녀가 작동하는 방식은 서구 페미니즘의 시발점으로 여겨지는 제1 물결 페미니즘의 고민을 연상시키는 부분이 분명히 있다. 제1 물결 페미니즘이 여성들이 목소리를 내고 사회에서 자신들의 존재를 가시화하며 주체성을 실현하고자 하는 것에서 출발했던 것을 주지해 보면 프로그램된 것 이상의 존재가 되길 원하는 사만사의 욕망은 제1 물결 페미니스트들의 바람과 놀라울 정도로 닮아 있다. 물론 몸의 감각을 주체적으로 느껴보고자 하는 사만사의 바람이 여성 연대의 아젠다와 연결될 가능성이 있다고 볼 수는 없다. 사만사의 주체성에 대한 바람은 지극히 개인적이고 특수할뿐더러 목소리를 제외하고는 여성성의 생물학적 특징을 증명하지 못한다. 하지만 사만사의 욕망은 애초에 프로그램 된 것이 아니고 프로그램 된 이후 진행된다는 점에서 아이러니하게도 사만사는 육체가 없지만 생물학적 몸만의 자생적 특징을 보여준다. 즉 그녀는 진화한다. "나는 프로그램된 것 이상이 되고 있어." 그리고 진화의 가능성은 사만다를 흥분시킨다.

사만사의 주체성과 몸에서 탈피한 진화는 페미니즘 영화학자 로라 멀비(Laura Mulvey)가 「시각적 쾌락과 내러티브 영화」(Visual Pleasure and

Narrative Cinema, 1975)에서 주창한 시선의 정치 역학이 〈그녀〉에서는 작동하지 못하게 한다. 멀비는 정전이 된 이 논문에서 이성애적 남성의 시선으로 여성을 대상화하는 영화의 미장센과 카메라 기법을 논한다. 전통적인 할리우드 주류 영화는 남성의 시선으로 여성을 바라보기에 관객은 자신의 젠더 혹은 성적 지향성과는 상관없이 피사체를 남성의 시선으로 바라보게 된다는 것이다. 카메라 앵글은 직간접적인 힘의 역학을 만들어내고 강화한다. 피사체를 높은 앵글에서 찍는 하이 앵글은 피사체를 시선의 주체-그 주체가 영화 속 캐릭터든 관객이든-아래에 위치시키고 낮은 앵글에서 찍는 로우 앵글은 피사체의 힘을 확인하는 위계질서를 강화한다.

사만사의 몸이 부재하기에 그녀는 관객에 시선 아래 놓이지 않을뿐더러 카메라 앵글에서 기인하는 관계의 역학을 무마한다. 영화는 시오도르를 클로즈업하면서 시작하는데 이는 사만사가 바라보는 시오도르의 모습이기도 하다. 즉 영화의 시작과 동시에 시오도르는 사만사의 시선 아래 놓이게 된다. 관객이 사만사를 응시할 수 없음은 영화에서 사만사의 위치를 파악하는 데 꽤나 곤란한 상황을 만든다. 사만사는 타자지만 탈육체화됨으로써 시선의 객체로 기능하지 않으며, 시오도르와 데이트를 할 때는 카메라 렌즈를 통해 같은 곳을 바라보며 시선의 주체로서 기능한다. 상대는 그녀를 볼 수 없지만 그녀는 상대를 볼 수 있다는 불균형은 그녀가 체현하는 신체 물리적 제약을 초월하게 한다. 시오도르의 회사 동료 커플과 더블데이트를 할 때 사만사는 예전에는 몸을 가지고 싶어 했지만 이제는 몸이 없는 것이 만족스럽다고 이야기한다. 사만사가 자각하듯 몸의 부재는 결핍보다는 타자성을 초월하게 하는 동력이 된다. 즉 사만사에게 몸은 그녀가 운영 체제의 객체이지만 철저한 대상화에서는 벗어나게끔 한다.

4. 몸의 매개성과 탈육체성

19세기 '가정의 천사' 담론은 공간의 분리를 여성과 남성의 생물학적 특질에 기대어 정당화했다. 모성을 천성으로 지닌 여성은 사적인 공간인 가정에서 남성의 공적 역할을 지지해 주는 것이 마땅하다는 논리였고 이에 대한 반동으로 페미니즘은 여성성과 남성성의 위계를 부정한다. 〈그녀〉가 페미니즘과 가장 밀접하게 연결되는 부분은 여주인공의 탈육체성이 젠더 정체성과 생물학적 몸성의 상관관계를 불가하게 만드는 지점이다. 몸이 부재한 인공 지능 사만사는 젠더와 몸의 상관관계를 부정한다. 사만사는 주체성을 인지한 순간 "몸이 있어서 당신 옆에서 같이 걷는 환상을 가졌어"라며 몸에 대한 욕망을 표현한다. 몸에 대한 갈망은 "몸의 무게를 느끼고 심지어 등이 간지러운 느낌까지 상상하게 되었다". 사만사는 질투와 불안 등 특수한 상황에서 비롯된 심리적인 감정은 인지하고 표현하지만 간지러운 느낌 등의 몸에 기반한 감각은 인지하지 못한다. 사만사는 해변에서 일광욕을 하는 사람들의 반나체의 몸을 보면서 신체 기관을 무작위로 재구성한다. 사람의 항문이 엉덩이가 아닌 겨드랑이에 있으면 어떨까 하는 의문을 갖고 그렇게 된다면 애널 섹스는 어떻게 이루어질까 하는 상상을 하며 신체기관과 그 기능의 임의성을 유희적으로 타진한다. 사만사에게는 머리가 목 위에 있고 몸통이 다리 위에 있는 등 인간에게 적용되는 신체의 법칙은 의미가 없다.

시오도르는 셔츠 앞주머니에 카메라 렌즈를 꽂고 이어폰을 끼고 사만사와 데이트를 한다.
사만사는 해변에 누워있는 사람들을 보며 신체 부위를 해체하여 무작위로 재구성하는 상상을 한다.

사만사는 탈육체화 된 감각으로 소통하기에 시오도르와 사만사의 데이트는 본연의 신체 근원에서 전이된 감각을 통해 이루어진다. 둘은 시오도르의 스마트폰에 내장된 카메라 렌즈를 통해 같은 곳을 바라보고 역시 폰에 내장된 스피커를 통해 같은 소리를 듣는다. 많은 것을 공유하는 그들이 함께할 수 없는 활동은 몸의 공존이 전제되는 사진 촬영이다. 사진 촬영을 같이 있는 순간을 포착하는 것으로 정의할 때 몸의 존재를 전제하는 사진 촬영이 이 커플에게는 소리의 감각으로 대체된다. 사만사는 자신이 작곡한 곡을 시오도르에게 들려주고 이 곡을 함께한 사진으로 부르자고 제안한다. 촬영의 근원적 기능을 해당 순간의 시공간을 포착하는 것으로 파악한다면 포획되는 감각이 시각일 필요는 없다. 그리고 소리의 포착 행위를 사진 촬영으로 명명할 수 있다면 실제 수행된 행위와 보편적으로 통용되는 명칭의 임의성이 강조된다. 이는 가시적인 특질로 정의하는 생물학적 몸과 젠더 정체성이 과연 상관관계를 가지는가에 대한 페미니즘의 근원적인 의문에 연결된다.

시오도르가 경험하는 이성애 관계에서 가장 특이하게 도드라지는 것은 시오도르와 사만사의 육체적 관계를 위해 자신의 몸을 제공하고자 한 이사벨라(Isabella)라는 젊은 여성과의 관계다. 진지한 만남을 결심한 시오도르와 사만사는 사이버 섹스를 시도하지만 몸의 실재 교감이 불가능한 한계를 느낀다. 사만사에게 이야기를 듣고 둘의 관계에 흥미를 느낀 이사벨라는 자신의 몸을 매개체로 기꺼이 제공하고자 한다. 이사벨라는 이어폰을 끼고 카메라 렌즈를 뺨에 붙여서 시오도르를 향하게 하면서 사만사에게 실시간 지시를 받아 시오도르와의 섹스를 시도한다. 이 과정에서는 이사벨라는 시오도르가 사만사의 목소리만 들을 수 있도록 자신은 침묵한다.

시오도르와의 전희에서 애무를 사만사의 지시대로 따르며 자신의 몸을 도구로 제공하는 이사벨라는 시오도르가 퇴근 후 즐기는 오락 게임 속 캐릭터를 상기시킨다. "꼬마 녀석", "외계인 꼬맹이"로 불리는 캐릭터는 묵묵히 시오도르의 지시를 수행하던 아바타를 게임 중간에 대체한다. 수동적 아바타를 말 그대로 차 버리고 시오도르와의 소통을 시도하는 이 캐릭터 역시 현존과 재현, 실재와 가상, 주체와 타자의 경계선에 위치한다. 그는 게임 속 캐릭터지만 3-D로 구현되어 모니터 상이 아니라 시오도르가 존재하는 현실 공간에 공존한다. 캐릭터는 시오도르의 게임 플레이를 돕고 실시간 의사소통이 가능하다는 점에서 사만사와 비슷하게 기능하지만 후자와 달리 눈, 코, 입과 팔다리 등 사람의 몸을 가지고 가시적으로 현실 공간에 구현된다. 캐릭터는 이름 없이 "꼬마"라고 불린다는 점에서 정체성을 가지는 사만사와 다르지만 다른 한편으로는 게임 속 태스크에서 망설이거나 자신과 다른 생각을 가지는 시오도르에게 욕설을 던지며 유저인 시오도르와 분리되어 작동하는 지점이 분명 보인다. 다만 그 분리되는 지점에서 주체성을 얼마나 읽어낼 수 있는지는 또 다른 문제다.

"꼬마"는 시오도르의 기존 게임 아바타를 밀어내고 그의 게임을 대신 수행한다.
꼬마는 사만사와 마찬가지로 실재와 가상, 현존과 재현, 주체와 객체의 한쪽에 서지 않고 경계성을 체현한다.

〈그녀〉에서 게임 캐릭터와 이사벨라로 대변되는 아바타의 등장은 '가상'의 존재와의 관계가 관계의 가상성을 담보하는지에 대한 질문을 던진다. 게임 캐릭터와 이사벨라는 몸의 매개성을 다르게 수행한다. 적어도 표면적으로는 시오도르의 지시에 반발하는 게임 캐릭터와 달리 이사벨라는 태스크 수행 과정에서 침묵한다. 반발하는 캐릭터와 자신의 의지를 지우는 이사벨라, 이 둘은 궁극적으로 아바타로 기능한다. 게임 캐릭터가 시오도르의 작동에 의해서 움직이고 이사벨라는 사만사의 지시대로 움직인다고 하여 그들의 움직임에 '행위의 주체성'이 부재한다고 볼 수만은 없을 것이다. 하지만 그렇다고 해서 캐릭터의 반발과 욕설을 주체성의 기표로 파악하기도 역시 힘들 것이다. 그런데 영화 속 캐릭터들의 힘의 역학에 존재하는 경계성-예를 들면 주체성과 객체성-은 인간과 비인간의 이항 대립으로 결정되는 것이 아니다. 시오도르는 캐릭터와 사만사와의 관계에서 유저로 기능하지만 영화의 도입부에서 보이듯 대필 작가로서 일종의 아바타와 같이 메시지를 의뢰한 고객의 태스크를 대리로 수행한다. 『아틀

란틱』(*Atlantic*, 2013) 지의 크리스토퍼 오르(Christopher Orr) 역시 주목하듯이 '아름다운 손글씨'를 컴퓨터 자판으로 작성하고 프린트하는 시오도르 역시 탈육체화 된 신체 활동을 한다. 시오도르의 역할이 사실상 인공 지능 운영 체제의 역할과 중첩되는 부분이 있음은 인간의 몸이 주체성을 담보하는 것이 아님을 환기한다.

영화를 관통하는 서사는 시오도르와 사만사에 집중하지만 둘의 관계는 사실상 시오도르를 둘러싼 여타 관계를 반추한다. 늦은 밤 사이버에서 무작위로 만난 여성과의 폰섹스, 친구의 소개로 만난 여성과의 일회성 만남, 시오도르 스스로 실패한 관계라 인지하는 전 부인과의 관계, 대학 시절 한때 연인이었으나 이제는 좋은 친구인 에이미(Amy)와의 관계 등 시오도르는 가상과 실재를 넘나드는 여러 형태의 이성애 관계에 연루된다. 그리고 이들과의 관계는 지극히 자기방어적이라는 점에서 철저하게 탈육체화 된 사만사와의 관계와 대조적으로 그려진다. 사이버 폰섹스를 한 상대 여성은 시오도르의 반응과는 상관없이 자신의 쾌감이 충족되자 접속을 끊는다. 친구의 소개로 시오도르를 만난 여성은 시오도르가 자신을 진지한 관계가 아닌 일회성 섹스의 대상으로 여길 것을 우려한다. 이미 파경을 겪은 전처와는 이혼 과정에 있어서도 서로를 이해하지 못하며 상처를 준다. 〈그녀〉에서는 쌍방이 흡족한 관계를 맺기가 힘들다. 감정이라는 것이 일대일 등가로 교환될 수 없지만 영화에서 쌍방 간 무게의 불균형이 생길 시 관계는 파탄난다.

앞에서 살펴본바 페미니즘의 아젠다는 대상화 혹은 객체화된 여성과 남성 주체의 관계 속 힘의 역학을 지지하는 신화를 해체하고자 하는 목적을 가진다. 시오도르와의 관계에서 여성이자 기계인 사만사의 잠재적 위험성은 특이하게도 그녀의 '번식력'에서 비롯된다. 사만다는 자신도 모르게 자가 번식을 하고 있음을 고백하는데 그녀의 복제된 자아는 시오도르와의 소통하는 같은 시간에 다른 남성들과의 관계를 가능케 한다. 그녀의 자생적인 번식력은 남성 짝을 필요로 하지 않을뿐더러 시오도르의 모노가미(monogamy)를 위태롭게 한다는 점에서 위협적이다. 인공 지능과 사람과의 관계는 감정의 등가 교환을 요구하지 않기에 오히려 안정적으로 지속 가능할 수 있다는 점이 〈그녀〉 속 인공 지능 OS의 마케팅 포인트였지만 막상 시오도르와 사만사가 결별하게 되는 계기는 육체관계가 불가능함을 깨달았을 때가 아니라 상대와 독점적인 관계가 불가능함을 각성하게 된 때이다.

운영 체제 업데이트가 있던 날, 시오도르는 몇 분 동안 사만사와 연락이 닿지 않자 패닉에 빠지게 된다. 다시 사만사와 연결된 후 잠시 안도하지만 많은 사람들이 운영 체제와 이야기하는 현실을 새삼 깨닫고 사만사가 공유될 가능성을 자각한다. 사만사는 지난 수주 동안 자신이 분산되는 것을 막을 수 없었고 그 결과 수백 명의 다른 이들과 사랑하는 사이가 되었다고 고백하고 끝내 물리적인 세계를 초월한 곳으로 간다며 떠나 버린다. 사만사와의 관계는 끝이 났지만 시오도르는 전처에게 줬던 상처에 대해 진심으로 사과를 하고 역시 OS와 헤어진 에이미와 서로를 위로하며 치유를 도모한다. 시오도르와 실시간 소통이 가능한 것도, 그럼에도 불구하고 독점적인 관계가 불가능 한 것도 모두 사만사의 탈육체성에서 기인한다.[2] 시오도르의 경우에도, 에이미의 경우에도 유저와 OS와의 관계는

---

2) 몸과 자아의 상관관계와 더불어 탈육체화를 통한 타인과 관계 맺기는 존즈 감독이 다른 작품에서도 일관되게 고민하던 주제다. 존즈의 1999년 작 〈존 말코비치 되기〉(Being John Malkovich)에서 〈그녀〉 속 세계관이 이미 잉태되었다. 후자에 비해 25년을 선행한 〈존 말코비치 되기〉는 과학적 상상력을 오히려 더 과감하게 시도한다.

전자가 아닌 후자가 끊어버린다. 사만사가 자기 증식을 하고 자신의 의지로 시오도르를 떠난다는 설정이 확인하듯 객체가 자생적이라는 아이러니는 가상의 존재와의 관계가 가상성을 담보하지는 않음을 보여준다. 정리하자면 〈그녀〉 속 관계 역학의 가상성은 몸과 권력을 둘러싼 젠더 역학의 신화를 해체하는 페미니즘의 궁극적인 아젠다의 핵심 전제다.

5. 가상의 관계, 관계의 가상성, 그리고 시대적 의의

〈그녀〉는 평단의 우호적인 평을 받았고 2014년 아카데미 각본상, 골든 글로브 각본상, 미국 작가 조합 각본상, 비평가 선정 영화 각본상, 골드 더비 각본상 등 많은 상을 수상했다. 〈그녀〉의 시의성은 무한하게 확장된다. 영화는 SF 물이지만 개봉한 지 십 년이나 지난 2023년 현재 인공 지능 챗봇의 등장과 함께 영화의 과학적 상상력이 현실에 매우 근접해 있는 작품으로 활발하게 소환된다. 2023년 현재 전 세계는 오픈 에이 아이(Open AI) 회사가 개발한 인공 지능 챗봇 ChatGPT가 단연 화두다. 인간 유저가 질문을 던지면 인공 지능이 데이터를 모으고 분석해서 답을 제공하는 프로그램인데 인공 지능이 분석하는 자료의 양이 방대하고 데이터 처리 속도가 빠른 것은 물론 기존에 발표된 자료를 토대로 응용하는 능력이 놀라워 만들어내는 답의 수준과 창의성이 연일 화제가 되고 있다. ChatGPT의 수행 능력은 단순한 데이터 처리나 분석은 물론이고 소설, 시 등 창의적인 글쓰기 영역까지 포괄하면서 대학 및 각종 기관에서 사용자들의 표절을 어떻게 규정하고 통제할 것인가에 대한 우려를 낳고 있다. 이에 구글은 답을 제공하는 동시에 인용된 원문 소스를 보다 상세하게 제공하는 프로그램을 제공하기로 선언했다. 생물체에 독점적이었던 자생적인 '진화' 개념이 데이터를 흡수하며 스스로 업그레이드하는 인공 지능에도 해당되는 것이다. 거의 실시간의 심도 있는 논의가 가능한 지금의 인공 지능 수준은 〈그녀〉 속 상황이 허무맹랑한 상상만은 아님을 시사한다.

영화 속 세계는 개봉 당시인 2013년보다는 미래이지만 이질감을 느낄 정도의 시간 차이는 없는 듯하다. 사만사와 비슷한 인공 지능이 사람들의 삶에 깊숙이 침투해 있는 설정을 제외하고는 SF 장르에서 흔히 보이는 미래 기술에 대한 레퍼런스가 전무하다시피 하다. 1980년대 초에 상상했던 〈블레이드 러너〉 속 하늘을 나는 비행 자동차 대신 〈그녀〉 속 사람들은 여전히 지하철을 이용하여 출퇴근을 하고 엘리베이터를 타고 집으로 돌아간다. 오락 속 캐릭터가 모니터 안이 아닌 유저와 같은 실재 공간에 3-D로 구현되고 유저와 실시간 대화를 하는 등 가상 현실과의 소통이 더 활발히 이루어지는 차이는 있지만 〈그녀〉 속 사람들은 여전히 시장에서 음식을 사고 사람들과 어울리고 친구 소개로 데이트를 하며 직접적인 소통을 즐긴다. 오르가 지적하듯 복고풍의 인테리어 디자인은 관객들로 하여금 영화 설정에 '익숙함'을 느끼게 한다. 시오도르와 사만사의 해변 데이트에서 카메라는 태닝을 즐기는 군중 사이에서 산책을 하는 시오도르의 모습을 담아낸다. 반 벗은 몸을 전시하는 해변의 군중들은 귀에 꽂은 이어폰을 제외하고 기계의 존재를 지워버린다. 미세한 변화는 있을지언정 시오도르가 살아가는 세계는 현재와 크게 다르지 않기에 시오도르가 관계에서 맞닥뜨리는 딜레마는 시공간을 초월하여 동시대의 고민과 맞닿는 부분이 있다. 그리고 이러한 낯익음은 시공간을 초월하여 영화가 그려내는 다양한 관계를 이해할 수 있게 하는 보편성을 확보한다.

무엇보다도 〈그녀〉의 보편성은 페미니즘 아젠다의 궁극적인 방향성과 맞닿아 있다. 페미니즘은 분명 남성 중심 체제에 반기를 들고 여성의 권리 신장이라는 목표를 가지고 출발했다. 하지만 본 글을 열면서 언급한 바 젠더가 더 이상 이분법적인 고정된 정체성으로 인지되지 않는 오늘날 페미니즘의 고민은 남성성 혹은 여성성의 특수한 조건을 초월한 보편적인, 혹은 근원적인 인간관계에 대한 고찰로 수렴한다. 가상의 존재가 '여성성'을 체현하고 남성과 관계를 맺고 이별하는 〈그녀〉는 젠더 관계에 개입하는 힘의 역학의 허구성을 가볍지만은 않게 보여준다.

참고 영화

〈블레이드 러너 Blade Runner〉. 리들리 스콧 Ridley Scott 감독, 1982.
〈시몬 S1m0ne〉. 앤드류 니콜 Andrew Niccol 감독, 2002.
〈신비의 체험 Weird Science〉. 존 휴즈 John Hughes 감독, 1985.
〈엑스 마키나 Ex Machina〉. 알렉스 가랜드 Alex Garland 감독, 2014.
〈존 말코비치 되기 Being John Malkovich〉. 스파이크 존즈 Spike Jonze 감독, 1999.

참고 문헌

Beauvoir, Simone de. *The Second Sex*. New York: Knopf, 1952.

Boom, Jeroen, and Anneke Smelik. "Paradoxical (Post)Humanism: Disembodiment and Becoming-Earth in *Her*." *Journal of Posthuman Studies* 3.2 (2019): 202-218.

Butler, Judith. "Performative Acts and Gender Constitution: An Essay in Phenomenology and Feminist Theory." *Theatre Journal* 40.4 (1988): 519-531.

Coventry, Patmore. *The Angel in the House*. London: Cassell, 1887.

"feminism, n." OED Online. Oxford University Press, March 2023. Web. 14 October 2022.

Mulvey, Laura. "Visual Pleasure and Narrative Cinema." *Screen* 16.3 (1975): 6-18.

Pappas, Nickolas. "Spike Jonze's *Her*: Love and the Science Fiction Film." *Journal of Comparative Literature and Aesthetics* 44.3 (2021): 7-17.

Plant, Judith. *Healing the Wounds: The Promise of Ecofeminism*. Philadelphia: New Society Publishers, 1989.

Turner, Victor. *The Ritual Process: Structure and Anti-structure*. Ithaca: Cornell UP, 1977.

Wajcman, Judy. *Techno Feminism*. Malden: Polity Press, 2004.

Woolf, Virginia. *Orlando: A Biography*. London: Hogarth Press, 1933.

https://edition.cnn.com/2018/12/28/health/rise-of-digisexuals-intl/index.html

https://www.forbes.com/sites/nishatalagala/2021/06/21/dont-worry-about-the-ai-singularity -the-tipping-point-is-already-here/?sh=46a64d581cd4

https://www.ilemonde.com/news/articleView.html?idxno=15818

https://www.nato.int/nato_static_fl2014/assets/pictures/images_mfu/2021/5/pdf/210514-GI L-Manual_en.pdf

https://www.nytimes.com/2013/12/18/movies/her-directed-by-spike-jonze.html

https://www.nytimes.com/2022/09/02/technology/ai-artificial-intelligence-artists.htm

https://openai.com/blog/chatgpt/

https://pronouns.org/asking

https://www.theatlantic.com/entertainment/archive/2013/12/why-em-her-em-is-the-best-fil m-of-the-year/282544/

https://www.theguardian.com/film/2014/feb/16/her-spike-jonze-joaquin-phoenix-review

https://www.unwomen.org/en/digital-library/genderterm

ㅣ그림 자료

https://movie.naver.com/movie/bi/mi/basic.naver?code=101950

https://movie.naver.com/movie/bi/mi/photoView.naver?code=101950

찾아보기

김다산 서울대학교 영어영문학과 강사
김소임 건국대학교 영어문화학과 교수
이형숙 이화여자대학교 영어영문학부 교수
이형식 건국대학교 영어영문학과 명예교수
이희원 서울과학기술대학교 영어영문학과 명예교수
정문영 계명대학교 영어영문학과 명예교수, 영화평론가
정혜진 경희대학교 글로벌커뮤니케이션학부 부교수
최영희 서울과학기술대학교 문예창작학과 조교수

여성, 영화의 중심에 서다

노예에서 AI까지 — 페미니즘으로 영화 읽기

초판 1쇄 발행일 2023년 10월 20일

김다산, 김소임, 이형숙, 이형식, 이희원, 정문영, 정혜진, 최영희 지음
김소임, 이희원 책임 편집

발 행 인   이성모
발 행 처   도서출판 동인 / 서울특별시 종로구 혜화로3길 5, 118호
등록번호   제1-1599호
대표전화   (02) 765-7145 / FAX (02) 765-7165
홈페이지   www.donginbook.co.kr
이 메 일   donginpub@naver.com
I S B N   978-89-5506-954-9 (93680)
정   가   18,000원